NACHHALTIGKEIT
IM KINDER–„GARTEN“

RAUM- UND ERLEBNISORIENTIERTE KONZEPTE
IN DER FRÜHKINDLICHEN BILDUNG
FÜR NACHHALTIGE ENTWICKLUNG

HINWEISE ZUR SCHREIBWEISE

Der Begriff „Nachhaltige Entwicklung" wird hier mit „NE" abgekürzt. Der Begriff „Bildung für Nachhaltige Entwicklung" wird in dieser Schrift stellenweise zur besseren Lesbarkeit durch die Abkürzung „BNE" ersetzt.

Die Begriffe „Erzieher" und „Erzieherinnen" wurden aus Gründen der besseren Lesbarkeit auf den Begriff „ErzieherInnen" zusammengefasst. Dies gilt auch für weitere Schreibweisen in Bezug zu anderen „Gender"-Zusammenhängen, wie beispielsweise „KollegInnen".

Das Drei-Säulen-Modell beinhaltet die drei Dimensionen der Nachhaltigkeit. Die Begriffe „Säulen" und „Dimensionen" werden teilweise synonym verwendet.

DANKSAGUNG

Kinder sind der Schlüssel zur Gestaltung des 21. Jahrhunderts und der Zukunft überhaupt. Gelungene Bildung für Nachhaltige Entwicklung trägt dazu bei, dass heutige und zukünftige Generationen ihre materiellen und kulturellen Bedürfnisse befriedigen können. Dieser Leitfaden basiert auf qualitativen und quantiativen Forschungen an Kindertagesstätten (kurz: Kitas) im Vorfeld und ist das Ergebnis vieler Diskussionen und Projekte. Für die Unterstützung und die Bereicherung durch differenzierte Impulse auf allen Ebenen geht ein Dank an alle Kooperationspartner unserer Hochschulen.

Jun. Prof. Dr. Dipl. Päd. Jeanette Alisch
Dipl. Ing. (FH) Monika Bühr
Prof. Dr. Ulrich Holzbaur

INHALT

GRUSSWORT DER BADEN-WÜRTTEMBERG STIFTUNG

LIEBE LESERINNEN UND LESER,
die Publikation leistet einen wesentlichen Beitrag zur Bildung für Nachhaltige Entwicklung (BNE) in Kindergärten, indem sie eine Orientierung zur Umsetzung für ErzieherInnen in ihrer pädagogischen Praxis leistet. Der Fokus wird auf die Nachhaltigkeitsorientierte Gestaltung der Lernräume von Kindergärten gelegt. Besondere Berücksichtigung finden dabei der Ansatz von erlebnisorientierter Pädagogik und das Lernen in naturnahen Lernorten. Dem 3-Säulen-Prinzip der Vernetzung von „Ökologie, Ökonomie und Soziales" kommt insgesamt besondere Bedeutung zu. Strategien und Prinzipien der Nachhaltigen Entwicklung, Zukunftsorientierung, sowie eigenes Erfahren und Gestalten prägen die Gestaltung von BNE zur frühkindlichen Bildung durch die ErzieherInnen.

Das Projekt wird umgesetzt im Rahmen des Programms „Nachhaltigkeit lernen – Kinder gestalten Zukunft" der Baden-Württemberg Stiftung in Kooperation mit der Heidehof Stiftung. Es richtet sich an Kinder im Kindergarten- und Grundschulalter. Ziel ist die Förderung von Umweltbewusstsein und Eigenverantwortung. Den Kindern sollen möglichst frühzeitig Möglichkeiten zu nachhaltigem Handeln bewusst gemacht und vermittelt werden. In Kooperation der Pädagogischen Hochschule Schwäbisch Gmünd mit der Hochschule Aalen für Technik und Wirtschaft wurde zur Vorbereitung von Schulungen von ErzieherInnen in Kitas diese Publikation erstellt.

Das Werk besteht aus zwei grundlegenden Elementen: Es liefert im ersten Teil Informationen, die zum Verständnis von BNE notwendig sind und es werden Strategien und Prinzipien zur Umsetzung von BNE aufgezeigt.

Der zweite Teil der Publikation liefert anhand von Beispielen konkrete Handlungs- und Umsetzungsvorschläge zu den Themen: Biodiversität: Pflanzen und Tiere, Klima, Boden, Wasser, Natürliche Ressourcen und Energie sowie Kreisläufe und Systeme. Integrativ betrachtet und darin eingebracht werden die Themen: Kulturelle Vielfalt, Frieden und Menschenwürde, Ernährung, Lebensqualität und Konsum.

Mit der Unterstützung des Projekts hat die Baden-Württemberg Stiftung einen sinnvollen Beitrag darin geleistet, dass eine ganzheitliche lebensraumorientierte und nachhaltige, frühkindliche Bildung in den Kitas realisierbarer wird.

Geschäftsführer Christoph Dahl

Christoph Dahl

Abteilungsleiterin
Gesellschaft & Kultur,
Prokuristin Birgit Pfitzenmaier

Birgit Pfitzenmaier

VORWORT NACHHALTIGKEIT IM KINDER-„GARTEN"

LIEBE LESERINNEN UND LESER,

wie wachsen eigentlich Pflanzen? Wie speichert der Boden das Wasser? Wie gelangt der Orangensaft in unsere Regale? Und was passiert mit all dem Müll dieser Welt? Diesen und weiteren Fragen geht die vorliegende Publikation nach, die sich gezielt an pädagogische Fachkräfte richtet. Theoretisch fundiert und für die Praxis anwendbar, reflektiert die Publikation Fragen unserer Gewohnheiten und unseres Handelns. Sehr schnell wird deutlich, wie wichtig es ist, diese Themen unter der Perspektive der Bildung für Nachhaltige Entwicklung (BNE) zu betrachten. Bildung für Nachhaltige Entwicklung ist dabei eben nicht nur als allgemeines Konzept zu verstehen, sondern möchte die Menschen in die Lage versetzen, nachhaltig zu denken und zu handeln. Dabei geht es auch darum, Entscheidungen für die Zukunft zu treffen und abzuschätzen, wie sich das eigene Handeln auf künftige Generationen, das Leben in anderen Weltregionen und die Natur auswirkt.

Gerade Kindertageseinrichtungen sind dafür der geeignete Lernort, da sie innerhalb der Bildungslandschaft eine Schnittstelle darstellen, die mehrdimensionale Zugänge zum Erwerb von Wissen und Orientierungen schafft. Denn ein Paradigmenwechsel zur Nachhaltigen Entwicklung kann nur gelingen, wenn bereits im frühen Kindesalter Möglichkeiten und Lernerfahrungen geschaffen werden,

sich mit dem Verhältnis zwischen Mensch und Natur sow den dazugehörigen Themen auseinanderzusetzen. Ende des vergangenen Jahres ist die von den Vereinten Nationen im Jahr 2005 ausgerufene Weltdekade „Bildung für Nachhaltige Entwicklung" ausgelaufen. Da die Herausforderungen bei der Implementierung von BNE jedoch in allen Bildungsbereichen nach wie vor groß sind, haben die Vereinten Nationen im Dezember 2014 ein fünfjähriges Weltaktionsprogramm als Fortführung beschlossen. Der Schwerpunkt dieses Programms besteht auf der kontinuierlichen Integration von BNE in die nationale wie internationale Bildungs- und Entwicklungspolitik. Fünf Prioritäten werden dabei als entscheidende Ansatzpunkte betrachtet: Politische Unterstützung, lokale Bildungslandschaften, ganzheitlich-institutionelle Ansätze der BNE sowie die Stärkung der LehrerInnen und ErzieherInnen als MultiplikatorInnen und die Stärkung der Jugend als wichtige Gestalter des Wandels.

Auch der Elementarbereich findet sich in diesen Schwerpunkten wieder. Hier muss es zukünftig darum gehen, BNE in den Bildungsplänen fest zu verankern sowie in die Aus- und Weiterbildung zu integrieren. Gut ausgebildete pädagogische Fachkräfte, als „Lernvermittler im Sinne der BNE" – wie es im Konzept des Weltaktionsprogramms heißt –, gehören zu den wichtigsten MultiplikatorInnen bei der Gestaltung einer Nachhaltigen Entwicklung. Um Lernprozesse im Sinne einer BNE anzustoßen, entsprechende Fragen zu stellen, Zusammenhänge aufzuspüren und kritisch zu reflektieren , müssen zu allererst ErzieherInnen durch relevantes Wissen und Methoden befähigt werden. Weiterhin ist die Zusammenarbeit und Netzwerkbildung von formalen und non-formalen Bildungs- trägern vor Ort von Bedeutung. Kindergärten, Schulen, diverse Freizeiteinrichtungen, aber auch Unternehmen und Verwaltungen soll- ten durch Kooperation sowie die Umsetzung gemeinsamer Projekte das gemeinschaftliche Lernen und Engagement fördern und so eine Nachhaltige Bildungslandschaft gestalten.

Diese Publikation soll pädagogischen Fach- kräften Impulse bei der Integration von BNE in ihren Arbeitsalltag geben und sie auf diesem Weg begleiten. Mit theoretischem Hintergrundwissen wird in die Thematik ein- geführt und deutlich, wie und warum BNE in der Kita integriert werden sollte. Biodiversi- tät, Klima, Boden und Wasser sind unter an- derem Themen des Praxisteils, die Anregun- gen für eine praktische Umsetzung bieten.

Gerhard de Haan, im Januar 2015

In diesem Sinne wünsche ich allen Leser- Innen eine anregende Lektüre und hoffe, dass Sie viele Impulse erhalten und diese für die eigene Umsetzung und Durchführung von BNE-Projekten in Ihrer Einrichtung nutzen.

DIE MOTIVATION FÜR DIE ERSTELLUNG DER PUBLIKATION

PÄDAGOGISCHE HOCHSCHULE SCHWÄBISCH GMÜND

Umweltbezogene Probleme betreffen jeden – und unsere Erde reicht nicht mehr aus! Nach Gerhard de Haan brauchen wir bis zum Jahr 2030 zwei Planeten (vgl. BNE Tagung bei der Didakta in Stuttgart am 13.06.2014). Wir haben es mit etlichen globalen Umweltproblemen zu tun: ein starkes Gefälle von Arm und Reich in der nördlichen und südlichen Welthalbkugel, Lebensmittelskandale, die Fukushima- Katastrophe, übermäßiger Konsum und Ressourcenknappheit, schrumpfender Regenwald und verhungernde Eisbären sowie die Umweltverschmutzung weltweit und der Klimawandel. Angesichts dieser Umweltprobleme, die nicht neu sind, wurde in der Nachfolge zur Konferenz für Umwelt und Entwicklung der Vereinten Nationen in Rio de Janeiro (1992) Bildung für Nachhaltige Entwicklung (BNE) in Kapitel 26 der Agenda 21 als Bildungskonzept verankert, das in allen Bildungsinstitutionen eingebracht werden soll. Entsprechend haben die Vereinten Nationen nach der Konferenz von Johannesburg 2004 die Jahre 2005 bis 2014 zur Weltdekade „Bildung für Nachhaltige Entwicklung" ausgerufen, um das Leitbild der Nachhaltigen Entwicklung in allen Bereichen der Bildung zu verankern.

Trotz der Dekade sind nach wie vor Defizite bei der Implementierung dieses Konzepts als grundlegende Orientierung im Bildungsbereich festzustellen. Allerdings habe ich auch bereits vor zehn Jahren im Jahr 2004 eine landesweite Untersuchung an allen Schulen in Baden-Württemberg (vgl. Alisch 2008) durchgeführt und festgestellt, dass an vielen Schulen Bildung für Nachhaltige Entwicklung (BNE) in Ansätzen und Umweltbildung von der Lehrerschaft aktiv betrieben wird. Doch schulische Umweltbildung allein reicht nicht aus.

Damit die Menschheit von Grund auf Gegenmaßnahmen ergreift, braucht es bereits in der frühen Bildung Strategien, um Nachhaltige Entwicklung umsetzen und anwenden zu können. Es braucht außerdem Themen, mit denen sich b ereits Drei- bis Sechsjährige identifizieren können. Deshalb habe ich mir zum Ziel gesetzt, die Bildung für nachhaltige Entwicklung in den Kindergärten stärker zu verankern und durch die Schulung von ErzieherInnen den Kindern eine Bildung für Nachhaltige Entwicklung angedeihen zu lassen. Auf der Basis vorangegangener Forschungsaktivitäten – dies geschah durch die Analyse aller Leitbilder des Ostalbkreises (N=221), durch 24 Leitfadeninterviews in Kitas des Kreises und durch eine landesweite Fragebogenstudie (N=5000), welche die strukturellen, personellen und organisatorischen Bedingungen für BNE an den Kitas erfasste – konnte ich Ansätze von BNE und etliche BNE-Potenzialen an den Kitas ermitteln.

Diese Beispiele von „good practice" aus der bestehenden Praxis der ErzieherInnen und weitere Ideen für eine erlebnisorientierte, projektorientierte und handlungsbezogene Praxis von BNE in der Kita, wurden in diese Publikation eingebracht. Die Publikation liefert theoretische Informationen und praktische Aspekte von BNE, Handlungsempfehlungen, Umsetzungshilfen sowie Tipps und wurde durch Internetlinks und Literaturhinweise ergänzt.

Als handlungsleitendes Motto soll in diesem Werk nach meiner Meinung eine grundsätzliche Weisheit gelten, die Johann Wolfgang von Goethe der Menschheit bereits im Jahre 1821 mitgegeben hat:

„Es ist nicht genug zu wissen, man muss auch anwenden; es ist nicht genug zu wollen, man muss auch tun." (aus „Wilhelm Meisters Wanderjahre"). In diesem Sinne: „Gehen wir es an – gemeinsam!"

Jun. Prof. Dr. Dipl. Päd.
Jeanette Maria Alisch

HOCHSCHULE AALEN – TECHNIK UND WIRTSCHAFT

DIE HOCHSCHULE AALEN hat in den letzten fünfzehn Jahren in relevanten Bereichen der Bildung für Nachhaltige Entwicklung Erfahrungen gesammelt. Vor allem in dem Umweltmanagementsystem „Grüner Aal", in der Erlebnisorientierung in der Nachhaltigen Entwicklung (NE), im Reallabor Aalen und der lokalen Agenda 21 sowie beim Thema Aktions- und Erlebnisorientierung durch Projekte in der Nachhaltigen Entwicklung wurden praktische Erfolge erzielt. Viele in diesen Bereichen verankerten Projekte wurden mehrfach ausgezeichnet, unter anderem von der UN-Dekade BNE.

Das von der Hochschule und Stadt Aalen entwickelte Umweltmanagementsystem „Grüner Aal" beruht auf der „Bildung für Nachhaltige Entwicklung" (BNE) und dem konkreten Handeln für Nachhaltigkeitsrelevante Themen an Schulen, so dass die Schüler bereits in jungen Jahren den Umgang mit unseren natürlichen Ressourcen lernen. Dadurch erfahren sie eine Bewusstseinsänderung und erfahren die Wirksamkeit ihres Handelns. Die Grundlage zum Erhalt des Zertifikates ist die individuell für jede Schule und Einrichtung verfasste Umwelterklärung. Weiterhin wird durch eine erlebnisorientierte Kommunikation über die Konzeption „Aalen Nachhaltig-er-leben", in Zusammenarbeit mit dem Agenda-Büro und -rat, die Nachhaltigkeit vermittelt.

Das dritte Standbein der Hochschule ist die systematische Verankerung von BNE an der Hochschule durch Projekte. In unseren Lehrveranstaltungen werden in Projekten gesellschaftliche Fragestellungen zur Nachhaltigen Entwicklung aufgegriffen und Lösungen gemeinsam mit den Akteuren in der Stadt erarbeitet. Dabei werden sowohl konkrete Verbesserungen erzielt und Konzepte erarbeitet als auch ein wichtiger Beitrag zur Integration von BNE in der Stadt und an der Hochschule geleistet. Durch Präsentationen und Publikationen der Projektergebnisse wird das Thema Nachhaltige Entwicklung in den Semestern, bei den Partnern und bei der Öffentlichkeit publik gemacht und durch weitere reale Projekte konkretisiert. Das Konzept wird in den Jahren 2013 bis 2015 durch das Baden-Württembergische Wissenschaftsministerium im Rahmen des Programms „Willkommen in der Wissenschaft" gefördert.

All diese Projekte haben eines gemeinsam, BNE wird bei unterschiedlichen Generationen umgesetzt und somit ein breites Wissen über BNE etabliert und durch NE-Aktivitäten weiterentwickelt und verstetigt. Genau diese Qualifikation in der Etablierung von BNE in unterschiedlichen Bereichen wird in dieser Publikation für ErzieherInnen genutzt und die praktische, erlebnisorientierte Bildung für Nachhaltige Entwicklung in der Kita eingebettet.

Dipl. Ing. (FH) Monika Bühr   Prof. Dr. Ulrich Holzbaur

NUTZUNGSHINWEISE

DIESE PUBLIKATION BESTEHT AUS ZWEI TEILEN:

TEIL I

Theorieteil mit Definitionen

- ► Dieser Teil dient dem Leser als Lernmaterial und Gedankenstütze für die eigene Schulung sowie als Arbeitsbasis für die spätere Arbeit im Kita-Team.

- ► Hier findet der Leser theoretische Basisinformationen zum Thema Nachhaltigkeit und Bildung für Nachhaltige Entwicklung. Außerdem werden Strategien zur didaktischen Umsetzung und geeignete Lernräume für BNE aufgezeigt.

- ► Alle diese Informationen werden exemplarisch am Beispiel „Kürbis" aufgezeigt und in allen Themen des folgenden Praxisteils II umgesetzt.

TEIL II

Praxisbeispiele zur Umsetzung von BNE in der Kita

- ► Im Teil II dieser Publikation werden didaktische Konzeptionen, NE-Strategien, NE-Prinzipien und die drei NE-Dimension (Drei-Säulen-Modell, vgl. www.bne-portal.de und Kapitel 1.2.4) „Ökonomie", „Ökologie" und „Soziales" mit den Themenfeldern verknüpft und detailliert aufgezeigt.
- ► Dieser Teil dient dem Leser als Planungsbasis für die Gestaltung und Umsetzung von BNE-Projekten und kann individuell weiterentwickelt und ergänzt werden. Er enthält wesentliche Inhalte, also „Wissenswertes" zu den Oberthemen sowie Lernmaterialien für die Planung und Vorbereitung konkreter BNE-Aktionen und BNE-Projekte in der praktischen Umsetzung in der Kita.

TEIL II

Die Oberthemen, welche den Schwerpunkt bilden, sind:

- ▶ Biodiversität: Pflanzen und Tiere
- ▶ Klima
- ▶ Boden
- ▶ Wasser
- ▶ Natürliche Ressourcen und Energie
- ▶ Kreisläufe und Systeme

Die folgenden Themenfelder wurden in den Oberthemen integriert:

- ▶ Zukunft
- ▶ Kulturelle Vielfalt
- ▶ Frieden
- ▶ Menschenwürde
- ▶ Lebensqualität
- ▶ Ernährung und Nahrungsmittel / Konsum

ZU JEDEM DER OBERTHEMEN WERDEN IN
TEIL II JEWEILS ZWEI UNTERTHEMEN MIT
AKTIONSVORSCHLÄGEN VORGESTELLT.

Kurzbeschreibungen:

▶ Slow Food:
Die nicht staatliche Organisation ist eine weltweite Vereinigung, welche die Kultur des Essens und Trinkens mit allen Facetten wahren möchte. (vgl. www.slowfood.de, letzter Aufruf am 29.09.2014)

▶ Win-win-Situation:
Laut Duden ist dies eine Situation, Gegebenheit, Konstellation, die für alle Beteiligten Vorteile bietet.

▶ Lokale Agenda 21:
Die lokale Agenda 21 ist ein Handlungsauftrag an die Kommunen im Rahmen der 1992 von 170 Staaten verabschiedeten „Agenda 21". Dabei sollen die Kommunen im Dialog mit ihren Bürgern einen langfristigen Aktionsplan für eine Agenda zu einer Nachhaltigen Entwicklung erarbeiten. (vgl. http://www.bpb.de/apuz/26785/lokale-agenda-21-in-deutschland-eine-bilanz?p=all, letzter Aufruf am 13.07.2015)

Abkürzungen:

▶ DDT:
Dichlordiphenyltrichlorethan - Verbotenes Insektizid

▶ WCED:
Weltkommission für Umwelt und Entwicklung - World Commission Environment and Development (englischer Originaltext des Brundtland-Berichtes, S.37)

▶ UNCED:
Vereinte Nationen für Umwelt und Entwicklung - United Nations Conference on Environment and Development

▶ SRU:
Sachverständigenrat für Umweltfragen

▶ BUND:
Bund für Umwelt und Naturschutz Deutschland

▶ DRK:
Deutsches Rotes Kreuz

▶ NGO:
Nicht staatliche Organisationen - Non Government Organizations (englisch)

TEIL I: THEORIE
GRUNDLAGEN ZUR NACHHALTIGEN ENTWICKLUNG
UND BILDUNG FÜR EINE NACHHALTIGE ENTWICKLUNG

[1] Theoretisches Wissen

1. GRUNDLAGEN

[2] Unsere Erde

Die folgenden Texte liefern Grundlagen-information, die wesentliche Prinzipien, Strategien und die drei Dimensionen von NE und BNE zusammenfassen. Sie bilden die theoretische Grundlage für die Umsetzung der praktischen Ideen, Aktionen, Projekte und Handlungsvorschläge in Teil II.

1.1 LEGITIMATION ZUR BILDUNG FÜR NACHHALTIGE ENTWICKLUNG IN KINDERTAGESEINRICHTUNGEN

Angesichts der globalen Situation der Menschheit im Zusammenhang zum Klimawandel, der Ressourcenkonflikte und dem ungleichen Verhältnis von Wohlstand und Konsum – also die ungleiche Verteilung von Reichtum – ist im Bildungsbereich das Thema „Nachhaltige Entwicklung" unumgänglich. Die drängenden globalen Probleme demonstrieren, dass die heutige sehr heterogene Gesellschaft in ihrer bestehenden Ordnung nicht zukunftsfähig ist. In Deutschland wird zum Beispiel das Vier- bis Fünffache verbraucht, „was uns bei einer gerechten, gleichen Verteilung aller verfügbaren Ressourcen unter allen Menschen zustünde" (de Haan 1999, S. 20).Hier besteht also ein dringender Handlungsbedarf.

Um sich aktiv für seine Umwelt einsetzen zu können, erfordert es ein Umdenken der Menschen. „Nachhaltigkeit" zu leben, erfordert eine entsprechende Haltung und es erfordert einen umfassenden Bewusstseinswandel auf allen Ebenen. Auch bedarf es entsprechender Kompetenzen. Nach Gerhard de Haan ist das die Gestaltungskompetenz. Gestaltungskompetenz ist die Fähigkeit, Wissen über Nachhaltige Entwicklungen anwenden und Probleme nicht Nachhaltiger Entwicklungen erkennen zu können.

Das Ziel der Bildung für Nachhaltige Entwicklung ist der Erwerb von Gestaltungskompetenz. Diese Gestaltungskompetenz muss jedoch erst erlernt werden. Bildung für Nachhaltige Entwicklung möchte Menschen jeden Alters erreichen und bilden, vom Kindergarten über die verschiedenen Schulen, während des Studiums und auch noch im Erwachsenenalter.

„Bildung für Nachhaltige Entwicklung vermittelt Kindern, Jugendlichen und Erwachsenen Nachhaltiges Denken und Handeln. Sie versetzt Menschen in die Lage, Entscheidungen für die Zukunft zu treffen und dabei abzuschätzen, wie sich das eigene Handeln auf künftige Generationen oder das Leben in anderen Weltregionen auswirkt." Darüber hinaus sollen die Menschen befähigt werden, aus gegenwärtigen und zukünftigen Entwicklungen Schlussfolgerungen über ökologische, ökonomische und soziale Entwicklungen in ihrer wechselseitigen Abhängigkeit zu ziehen und darauf basierende Entscheidungen treffen, verstehen und individuell, gemeinschaftlich und politisch umsetzen zu können (vgl. http://www.bne-portal.de/was-ist-bne/grundlagen). Bildung für Nachhaltige Entwicklung versucht somit jedem Einzelnen die Konsequenzen seines Handelns für sich, seine Umwelt und für andere bewusst zu machen.

ErzieherInnen spielen bei der grundlegenden Bildung der Kinder eine herausragende Rolle. Um diese Rolle ausfüllen zu können, müssen die ErzieherInnen entsprechend qualifiziert sein. Es erfordert also eine Bildung, in der interdisziplinär eine veränderte Wertebildung vermittelt und in der interdisziplinär Nachhaltiges Wissen und Verhalten gelernt und gelehrt wird – idealerweise in Projekten. Nachhaltige Entwicklung in die Bildung von Menschen, insbesondere bei drei bis sechsjährigen einzubringen, erfordert eine Bewusstseinsänderung sowie vernetztes Denken und Handeln bei den ErzieherInnen und anderen PädagogInnen in der Kita.

Zwar gab es in den vergangenen Jahren der UN-Dekade „Bildung für Nachhaltige Entwicklung (2005-2014)" Bestrebungen und Projekte, um BNE in das Bildungssystem des Landes zu implementieren, jedoch fruchteten diese Bemühungen laut eigenen Angaben des Ministeriums nur punktuell (Aktionsprogramm BNE, Ministerium für Kultus, Jugend und Sport Baden-Württemberg 2013). Die Bildung für Nachhaltige Entwicklung soll verstärkt und insbesondere strukturell in das baden-württembergische Bildungssystem implementiert werden. Laut Gerhard de Haan und Heidi Consentius (2011) lässt sich in Bezug auf die Verankerung von BNE im Elementarbereich ein erheblicher Entwicklungsbedarf in den Bildungsplänen für diesen Lernbereich identifizieren und trotz Anknüpfungspunkten in den Bildungsplänen steht eine systematische Entfaltung noch aus. Eine gute Orientierung im Bereich der frühkindlichen Bildung für nachhaltige Entwicklung liefern jedoch die Projekte von Prof. Ute Stoltenberg (2008, 2012, 2013), die hier besonders erwähnen werden sollen. Dass die Bildung für Nachhaltige Entwicklung noch nicht in der Bildungsinstitution „Kindertagesstätte" angekommen ist, beweisen qualitative und quantitative Studien,

die aktuell im Rahmen von Forschungsprojekten von Jun. Prof. Dr. Dipl. Päd. Jeanette Maria Alisch zum Status Quo der BNE in den Kitas des Ostalbkreises getätigt wurden. Hier wurde mithilfe von Leitbildanalysen, Leitfadeninterviews und einem landesweiten Fragebogen zu strukturellen, personellen und organisatorischen Faktoren, welche die Umsetzung von BNE beeinflussen, festgestellt, dass in den Kitas zwar einzelne Aspekte von Umweltbildung, wie die Pflege von Gärten, Wald- und Wiesentagen und Biotopschutz, betrieben werden, jedoch der Aspekt der Ökonomie in der Bildung der Kinder kaum eine Rolle spielt. Der am intensivsten umgesetzte Bereich für BNE ist der soziale. Hier wird in den Kindertagesstätten viel zur interkulturellen Bildung und der Persönlichkeitsbildung der Kinder getan. Auch der Aspekt der „Gemeinschaft" steht stark im Mittelpunkt sozialer Bildung bei den ErzieherInnen.

Mit dieser Publikation sollen zunächst die theoretischen Grundlagen für ein Verständnis von Nachhaltigkeit und Bildung für Nachhaltige Entwicklung geschaffen werden (Teil I), um sie dann praxisorientiert an konkreten Beispielen in der Kita umzusetzen (Teil II). Wesentliches Ziel dieser Publikation soll es daher auch sein, Hinweise und fundiert begründete Maßnahmen aufzuzeigen, die das Themenfeld BNE in der frühkindlichen Bildung effektiv und damit verbindlicher machen.

1.2 NACHHALTIGE ENTWICKLUNG

Nachhaltige Entwicklung (NE) und die Bildung für Nachhaltige Entwicklung (BNE) sind heute in allen Lebensbereichen verankert. Entsprechend sollte Nachhaltigkeit auch in allen Bildungsinstitutionen zu finden sein. Der Begriff „Nachhaltigkeit" entstand 1713 in der Forstwirtschaft, in dem Werk Sylvicultura Oeconomica von Hans Carl von Carlowitz. Hier stand der nachhaltige Ertrag des Waldes im Vordergrund. Eine ganzheitliche Betrachtung der wirtschaftlichen, sozialen und ökologischen Funktionen des Waldes kam erst im vergangenen Jahrhundert auf.

Die ganzheitlich nachhaltige Denkweise entstand durch das Aufkommen der vom Menschen verursachten Umwelteinflüsse, wie Umweltverschmutzungen, Massentierhaltung und Smog, sowie durch das Buch „Der Stumme Frühling" von Rachel Carson, worin es um die Wirkung von DDT und anderen Chemikalien auf das Leben im Boden geht. Auch die ersten fantastischen Bilder vom Mond der aufgehenden, schützenswerten Erde (vgl. Grober 2013) ließen die Menschen aufhorchen. So wurde Mitte des 20. Jahrhunderts durch den Bericht „Die Grenzen des Wachstums" (Club of Rome, 1972) eine internationale Nachhaltigkeitsdiskussion begonnen. Um die menschliche Lebensgrundlage dauerhaft zu sichern, wurde Nachhaltige Entwicklung zu einer weltweiten Aufgabe.

1.2.1 BRUNDTLAND-DEFINITION

Ausgangspunkt für die Nachhaltigkeitsdiskussionen ist in der Regel der Brundtland-Bericht „Our Common Future" („Unsere gemeinsame Zukunft", Vereinte Nationen, 1987), benannt nach der damaligen Ministerpräsidentin von Norwegen und Vorsitzenden der Weltkommission für Umwelt und Entwicklung (WCED-World Commission Environment and Development), Gro Harlem Brundtland:

„Nachhaltige Entwicklung ist Entwicklung, welche die Bedürfnisse der gegenwärtigen Generationen deckt, ohne die Fähigkeit zukünftiger Generationen zu gefährden, ihre eigenen Bedürfnisse zu decken (Grober 2013, S. 265)."

In diesem Zusammenhang geht es nicht nur um die physischen Bedürfnisse (Essen, Schlaf usw.), sondern auch um Sicherheit, soziale, individuelle und kulturelle Bedürfnisse sowie das Recht der Selbstverwirklichung.

Nach Brundtland heißt „Entwicklung", die Grundbedürfnisse aller Menschen unterschiedlichster Herkunft und sozialer Schichten der ganzen Erde zu gewährleisten.

Die Brundtland-Definition beinhaltet zwei Hauptmerkmale:

1. die zukünftigen Generationen dürfen nicht beeinträchtigt werden und

2. ein sozialer Ausgleich zwischen den Industrie-, Schwellen- und Entwicklungs- ländern soll gewährleistet werden.

Mit anderen Worten: Alle Menschen sollen sich die Befriedigung ihrer Bedürfnisse selbst erarbeiten können. Wir, in den Industrieländern lebend, müssen die soziale Verantwortung für jetzt lebende Generationen (vgl. Kapitel 1.2.3, intragenerationell) in Entwicklungs- und Schwellenländern sowie für unsere nachfolgenden Generationen (vgl. Kapitel 1.2.3, intergenerationell) übernehmen. Um unsere Erde, die Natur und das Klima zu erhalten und zu verbessern, sind Maßnahmen für bessere Lebenssituationen und Hilfe zur Selbsthilfe notwendig.

Hierbei geht es aber nicht nur allein um das wirtschaftliche Wachstum in den Ländern, auch nicht nur um Armutsbekämpfung und um das Recht auf sauberes Wasser und Bildung, es geht auch nicht nur um Umweltpolitik oder um ein friedliches Zusammenleben, sondern es geht vielmehr darum, eine neue Balance zwischen Menschen und Natur, zwischen den Kulturen der Welt und in den zwischenmenschlichen Beziehungen zu gestalten. Nach Grober geht es um einen neuen zivilisatorischen Entwurf (vgl. Grober 2013). Ein neuer zivilisatorischer Entwurf, eine Bewusstseinsänderung bzw. ein verantwortungsbewusster Umgang mit der Natur, der Wirtschaft und fremden Kulturen, muss bei allen Menschen – und dies baldmöglichst und in jungen Jahren – umgesetzt werden.

1.2.2 LEITSTRATEGIEN DER NACHHALTIGEN ENTWICKLUNG

Kernaussagen zu „Verhaltensänderungen der Menschen" und „technischen Erfindungen" sind elementare Bestandteile der Nachhaltigkeitsstrategien zur Umsetzung von Nachhaltigkeitsthemen und -prinzipien. Diese Strategien zeigen einen möglichen Weg zur Nachhaltigkeit, sie können somit einen grundlegenden Plan zur Einführung von BNE in Einrichtungen darstellen. Leitstrategien der Nachhaltigen Entwicklung sind

- **die Suffizienz-,**
- **die Effizienz- und**
- **die Konsistenz-Strategie.**

Die **Suffizienz-Strategie** richtet sich auf einen geringen Verbrauch und Konsumverzicht von Ressourcen durch eine Verringerung der Nachfrage nach Gütern (Linz 2004, S. 7). Suffizienz heißt wörtlich so viel wie „zulänglich", „ausreichend", „genügend". Bereits in der Brundtland-Definition ist sie mit den Worten „ohne die Fähigkeit zukünftiger Generationen zu gefährden, ihre eigenen Bedürfnisse zu decken" verankert. Die Basis der Suffizienz-Strategie ist die Verhaltensänderung der Menschen. Die Lebensgewohnheiten werden zum Wohle des geringen Ressourcenverbrauchs umgestellt. Dies bedeutet ein behutsamer und maßvoller Umgang mit Ressourcen zu einem zufriedenstellenden Leben. Bestehende Leitsätze wie „Mit Maß zum Ziel", „Weniger ist oft mehr", „Wieviel ist genug?", „Lebensqualität statt Wirtschaftswachstum" prägen diese Strategie. Zum Beispiel steht die Bewegung „Slow Food" für die Kultur des Essens und Trinkens und fördert eine verantwortungsvolle Nahrungsmittelproduktion, indem beim Kochen auf regionale, saisonale und biologisch hergestellte Produkte Wert gelegt wird („Slow Food" vgl. Anhang). Qualität statt Quantität ist ein wichtiger Aspekt der Bewegung (vgl. Pufé 2012). Die Umsetzung der Strategie ist direkt und ohne technische Neuerungen von allen Menschen möglich.

Die **Effizienz-Strategie** zielt auf einen geringen Ressourcenverbrauch mit gleicher oder verbesserter Leistung ab, die Ressourcenproduktivität wird somit gesteigert (vgl. Linz 2004). Dies kann durch innovative

Erfindungen, Abfallvermeidung, Wieder-verwendung, Reparatur und technisches Hochrüsten von Produkten realisiert werden. Die Langlebigkeit von Produkten ist ebenso ein zentraler Baustein der Effizienzstrategie (vgl. Stahel 1994). Sie ist auf unserem heutigen Wirtschaftssystem anschlussfähig und wird deshalb von unserer Regierung positiv aufgenommen (vgl. Pufé 2012). Bezogen auf eine Kindertagesstätte kann diese Strategie Mehrfachnutzung von Materialien, Spielen und Einrichtungsgegenständen bedeuten. Große Schachteln, welche beispielsweise beim Kauf von Einrichtungsgegenständen anfallen, können anschließend als kreatives Spielzeug verwendet werden.

Die Konsistenz-Strategie richtet sich auf die Nutzung naturverträglicher Technologien, die die Stoffe und Leistungen der Ökosysteme benötigen, ohne sie zu zerstören (vgl. Linz 2004). Natur und Technik stehen im Einklang. Die Herstellung von Waren und/oder Dienstleistungen sollen sich im Kreislauf der Natur einfügen. Des Weiteren sollen schädliche Stoffe in einen separaten Kreislauf gebracht werden. Bei dieser Strategie wird nicht der Konsum reguliert, sondern die Herstellung der Waren wird naturverträglich gestaltet, um einen hohen Konsum zu ermöglichen. Das Ziel ist eine Kreislaufwirtschaft ohne Emissionen und Abfälle, was bei zukünftiger Technik ein Leben ohne Beeinträchtigung verspricht (vgl. Linz 2004). Ein bekannter Bekleidungshersteller aus Burladingen produziert ein kompostierbares T-Shirt. Statt in den Altkleidersack oder in die Mülltonne kann das T-Shirt auf dem Kompost entsorgt werden. Somit wird das hergestellte Produkt wieder in den natürlichen Kreislauf zurückgeführt. Dieses Konzept

kann im Kindergarten aufgegriffen werden, indem mit Naturmaterialien gebastelt wird, welche nach Gebrauch kompostiert werden können.

Mit anderen Worten bedeutet die Suffizienz-Strategie mit „wenigen", die Effizienzstrategie „besser" und die Konsistenz-Strategie „anders" mit natürlichen Ressourcen umzugehen (vgl. KITA21-Kriterienpapier 2014).

Nur ein Zusammenspiel aller drei Strategien ermöglicht eine Nachhaltige Entwicklung. Beispielsweise führt nur eine effiziente Technik mit entsprechendem Verhalten zu sinnvollen Lösungsmöglichkeiten. Durch effizient gedämmte Fassaden einer Kindertagesstätte können Heizkosten gespart werden. Jedoch ist nur ein optimales Raumklima mit einem zweckmäßigen Lüft- bzw. Heizverhalten möglich. Mit effizienten Geocaching-Geräten und naturverträglichem Verhalten kann beim Kind ein Naturbewusstsein entstehen. Auch kann unserer wachsenden Weltbevölkerung nur ein akzeptables Leben ermöglicht werden, wenn neben dem Einsatz von modernster Technik ein sparsamer Umgang mit Ressourcen gewährleitet wird (vgl. Linz 2004). Im Kapitel 1.5 wird am Beispiel des Themas „Kürbis" das Zusammenspiel von Nachhaltigkeitsprinzipien und -strategien verdeutlicht.

1.2.3 HANDLUNGSLEITENDE PRINZIPIEN DER NACHHALTIGKEIT

Neben den Strategien zur Umsetzung der Nachhaltigkeit werden auch Grundsätze für das eigene Handeln benötigt, so genannte handlungsleitende Prinzipien oder Lebensprinzipien bzw. Werte. Prinzipien können auch als ein grundsätzliches Bewertungssystem für Nachhaltigkeit bei den unterschiedlichsten Aktionen verwendet werden (vgl. Pufé 2012). Je mehr und je intensiver Prinzipien vorliegen, desto nachhaltiger ist die Aktion.

Im Folgenden werden die wichtigsten Prinzipien im Sinne der Autoren dieser Publikation dargestellt.

PRINZIP DER INTERGENERATIONELLEN GERECHTIGKEIT

Gerechtigkeit bedeutet hier, dass die Auswirkungen des eigenen Handelns zu keiner Benachteiligung derselben und einer anderen Generation führen dürfen. Demzufolge darf die Zugehörigkeit zu einer Generation zu keinerlei Benachteiligung führen (vgl. Kluth 2010), man spricht hier von der Generationengerechtigkeit. Bei der intergenerationellen Gerechtigkeit geht es nun darum die sozialen, kulturellen und natürlichen Ressourcen zwischen den Generationen, zwischen Jung und Alt, Großeltern und Eltern und Kind und zukünftigen Generationen, gerecht aufzuteilen (vgl. Pufé 2012). Dies wurde bereits in der Brundtland-Definition mit folgender Passage verankert: „[...] ohne die Fähigkeit zukünftiger Generationen zu gefährden, ihre eigenen Bedürfnisse zu decken" (Grober 2013, S.265). Da bei diesem Prinzip die nachfolgenden Generationen nicht beeinträchtigt werden dürfen, hat es einen starken Bezug zur Dauerhaftigkeit und Orientierung nach Langfristigem. Das Prinzip ist somit zukunftsorientiert.

PRINZIP DER INTRAGENERATIONELLEN GERECHTIGKEIT

Eine Generation wird unter anderem auch als eine Gruppe von zeitgleich lebenden Menschen mit bestimmten Ähnlichkeiten und/oder Interessen definiert. Als Beispiel kann die „Nachkriegsgeneration", „68er-Bewegung" oder „Babyboomer" genannt werden. Bei diesem Prinzip bezieht sich die im oberen Abschnitt beschriebene Gerechtigkeit auf die Generationengruppen hinsichtlich Alter, Geschlecht, Rasse, Religion, Herkunft, sozialer Status, politische Gesinnung usw. (vgl. Pufé 2012). Des Weiteren ist hier auch der Bezug zur Brundtland-Definition vorhanden. Wohlhabende Generationengruppen, wie Industrieländer, sind verpflichtet, soziale Verantwortung für bedürftige Gruppen, wie Schwellen- und Entwicklungsländer, zu übernehmen. Das Prinzip der intragenerationellen Gerechtigkeit ist somit ein gegenwartsorientiertes Prinzip.

PRINZIP DER VERNETZUNG UND INTERDISZIPLINARITÄT

Ganzheitlichkeit im Sinne der BNE bedeutet die gleichwertige Vernetzung der ökologischen, ökonomischen und sozialen Nachhaltigkeit. Die drei Dimensionen der Nachhaltigkeit werden im nächsten Kapitel näher beschrieben. Bei diesem Prinzip wird ein Thema aus unterschiedlichen Blickwinkeln betrachtet, um dann eine zu bereits vorhandenen Prozessen gut übertragbare (integrierbare) Maßnahme im Sinne der Nachhaltigen Entwicklung einzuführen. Interdisziplinarität heißt, die Themen aus verschiedenen wissenschaftlichen Fachbereichen zu beleuchten. Zum Thema Kürbis darf zum Beispiel gekocht, gemalt, gesungen, getextet und experimentiert werden. Bei

[3] Kulturen und Generationen

dieser Art der Herangehensweise bei Aktionen, ist ein Umdenken bzw. eine Bewusstseinsänderung nötig und es sollte unter Berücksichtigung verschiedenartiger Werte gedacht und betrachtet werden. Es sollte im Sinne der Kinder abgewogen werden, welche Dimension der Nachhaltigkeit eine zentrale Rolle im Prozess spielen soll. Eine schrittweise kindgerechte Annäherung an die NE ist sinnvoll.

PRINZIP DER PARTIZIPATION

Partizipation bedeutet die Beteiligung von Bürgern, Interessensgruppen und/oder Kinder der Einrichtung an bestimmten Vorhaben und Aktionen. Bei der Einführung von neuartigen Aktionen im Bereich der Nachhaltigkeit kann die Beteiligung der Gesellschaft zu mehr Effizienz, Effektivität,

Akzeptanz und Langlebigkeit der Aktionen führen (vgl. Baranek/Fischer/Walk 2005). Eine breite Beteiligung der Gesellschaft kann nur mit der Umsetzung einer fruchtbaren Kooperation und Transparenz der Prozesse gelingen (vgl. Baranek/Fischer/Walk 2005). Zum Beispiel können nach der Ernte von Beeren im Kinder-„Garten" die Großmütter mit den Kindern Marmelade kochen. Die ältere Generation weiß oft mehr über vielfältige Verarbeitungsmöglichkeiten von Früchten als die jüngere Generation und kann deshalb ihr „altbewährtes" Wissen effektiv weitergeben. Bei der Beteiligung der Kinder kann beispielsweise ein nachhaltiges Hauptthema vorgegeben werden und die Kinder bestimmen hierzu für sie interessante Anschlussthemen.

PRINZIP DER „GLOKALITÄT"

„Glokalität" ist ein Kunstwort und verknüpft die Begriffe „Globalität" und „Lokalität". „Glokalität" entspricht dem Motto der „Lokalen Agenda 21": „Global denken, lokal handeln". Das Aktionsprogramm „Agenda 21" wurde 1992 in der Konferenz der Vereinten Nationen für Umwelt und Entwicklung in Rio de Janeiro (UNCED) verfasst. Mit dieser wurde ein Handlungsauftrag an Gemeinden erteilt, die „Lokale Agenda 21" entstand (vgl. www.bpb.de/apuz/26785/lokale-agenda-21-in-deutschland-eine-bilanz?p=all). Hiermit soll in den Gemeinden mit vielen kleinen lokalen Aktionen die globale Situation verbessert werden, das heißt verantwortungsbewusste Entscheidungen treffen, Handlungen im lokalen Umfeld ausführen und dabei die globalen Auswirkungen bedenken. Dabei soll wahrgenommen werden, dass die Aktivitäten positive Ergebnisse erzielen können. Beispielsweise können gemeinsame Aktionen der Kindertagesstätte mit der Gemeinde stattfinden.

PRINZIP DER ZUKUNFTSORIENTIERUNG

Hier geht es um die Vorsorge unserer natürlichen Umwelt. Es geht darum die Auswirkungen des menschlichen Handelns und die Umweltbelastungen zu minimieren und somit auch die gesundheitlichen Gefahren für die Menschen zu reduzieren (vgl. UBM 2000). Dazu gehört auch, wie schon Carlowitz formulierte, nicht mehr Ressourcen zu verbrauchen, als nachwachsen können. Bei der Planung von Aktionen sollten daher präventive und vorbeugende Dinge beachtet werden. Zum Beispiel ist ein Insekten-Hotel, das als Biotop Lebensräume schafft, langfristig eine Bereicherung für die Natur und Insektenwelt. Eine regelmäßig bewirtschaftete und gepflegte Streuobstwiese hilft diese natürliche Umwelt mit ihren Biotopen für die Zukunft zu erhalten. Langfristiges und vorausschauendes, somit zukunftsfähiges Planen von Entwicklungen und Handlungen sind erforderlich (vgl. Pufé 2012).

1.2.4 DIMENSIONEN DER NACHHALTIGKEIT

Das Drei-Säulen-Modell ist eine weit verbreitete Darstellungsform der Nachhaltigen Entwicklung. Die Darstellungsweisen der drei Dimensionen sind vielfältig und je nach Darstellungsweise sind unterschiedliche Schwerpunkte gesetzt (wie beispielsweise eine Google-Recherche zeigt).

[4] Holzspielzeug

NACHHALTIGE ENTWICKLUNG		
AUF DER BASIS DER PRINZIPIEN WERDEN ENTSCHEIDUNGEN GETROFFEN. INTERGENERATIONELLE GERECHTIGKEIT, INTRAGENERATIONELLE GERECHTIGKEIT, INTERDISZIPLINARITÄT UND VERNETZUNG, PARTIZIPATION, GLOKALITÄT, ZUKUNFTSORIENTIERUNG		
SUFFIZIENZ-STRATEGIE	EFFIZIENZ-STRATEGIE	KONSISTENZ-STRATEGIE
BEISPIEL HOLZSPIELZEUG		
UM IMMER WENIGER NEUES SPIELZEUG ZU KAUFEN, QUALITATIV HOCHWERTIGES HOLZSPIELZEUG VERWENDEN.	DAS STRAPAZIERTE ODER KAPUTTE HOLZSPIELZEUG IN DER EIGENEN „WERKSTATT" MIT DEN KINDERN REPARIEREN.	DEN LEBENSKREISLAUF DES HOLZSPIELZEUGS DURCH TAUSCHBÖRSEN ERHÖHEN.

In der folgenden Abbildung zum Drei-Säulen-Modell (vgl. www.bne-portal.de und Pufé 2012) sind alle drei Dimensionen gleichwertig. Es zeigt, dass nur mit allen drei Dimensionen eine Nachhaltige Entwicklung vollzogen werden kann. Zwischen den Dimensionen Ökologie, Ökonomie und Soziales gibt es oft Zielkonflikte. Bei der Konfliktlösung muss eine für alle akzeptierbare Vorgehensweise entwickelt werden. Entweder werden Dimensionen bevorzugt oder alle Dimensionen machen Abschläge (vgl. Grunwald Kopfmüller 2012). Ein Zielkonflikt kann zum Beispiel der Kauf von Biolebensmitteln aus Neuseeland aufgrund der Transportkosten sein.

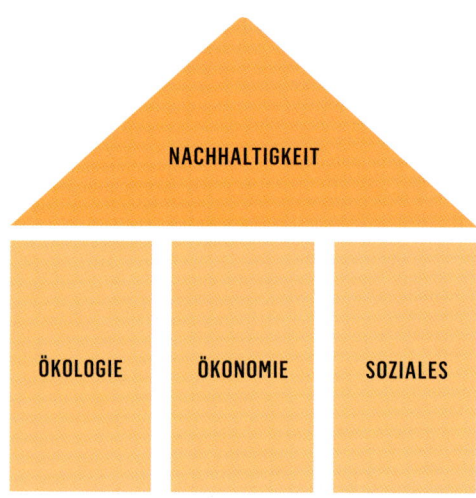

Abbildung „Die drei Dimensionen der Nachhaltigkeit": Das Drei-Säulen-Modell

Da jedes Fachgebiet einen unterschiedlichen Bezug und andere Prioritäten zur Nachhaltigkeit hat, wird es immer verschiedene Modelle und Theorien zur Nachhaltigen Entwicklung geben. Die Nachhaltigkeit hat einen interdisziplinären Charakter (vgl. Pufé 2012). Die Bezeichnung „interdisziplinär" bedeutet, dass mehrere wissenschaftliche Teilbereiche zusammenarbeiten. Nachhaltigkeit ist somit ein Querschnittsthema, das alle Lebensbereiche betrifft. Im Folgenden werden die drei Dimensionen beleuchtet.

ÖKOLOGISCHE NACHHALTIGKEIT

Die Grundlage der ökologischen Nachhaltigkeit ist die Umweltbildung, denn nur mit dem Wissen über die Umwelt und die Natur können wirtschaftliche und soziale Interessen im Einklang mit der Natur gestaltet werden. Nach der Brundtland- Definition, kann somit die Natur als Lebens- und Wirtschaftsgrundlage erhalten bleiben (vgl. Grunwald/ Kopfmüller 2012). Zu den wichtigsten Merkmalen einer ökologischen Nachhaltigkeit zählen die Erhaltung der Ressourcen, Ökosysteme und der Artenvielfalt. Durch eine Ressourcenschonung, also durch suffizientes Verhalten, kann die Belastung der Umwelt in ihren Grenzen gehalten werden. Die natürlichen Ressourcen können aber auch für effiziente Neuentwicklungen hin zum technischen Fortschritt eingesetzt werden. Nur auf einer intakten Umwelt können wirtschaftliche und soziale Strukturen einer Gesellschaft aufgebaut werden.

ÖKONOMISCHE NACHHALTIGKEIT

Bei der ökonomischen Nachhaltigkeit geht es um langfristiges, umwelt- und sozialverträgliches Wirtschaften. Das heißt, der Verbrauch an Ressourcen und die Belastungen der Umwelt durch Abfälle und Emissionen sollten minimiert werden, ohne dass unsere vom Menschen geschaffenen Strukturen stark geändert werden. Das heißt aber auch, dass ein bestimmter Grad an Belastungen unserer Ökosysteme toleriert werden muss (SRU 1994, Tz 103). Ökonomische Nachhaltigkeit kann durch geänderte Lebensgestaltung und Konsumverhalten vom quantitativen zum qualitativen Lebensstil mit einer suffizienten, effizienten und konsistenten Herangehensweise erreicht werden. Global gesehen, sollte ein wirtschaftliches und industrielles Wachstum für Entwicklungsländer und eine wirtschaftliche Neuorientierung für Industrieländer stattfinden.

SOZIALE NACHHALTIGKEIT

Soziale Nachhaltigkeit bedeutet, dass alle Gruppen der Gesellschaft ein gesundes soziales Umfeld haben. Unter einem gesunden sozialen Umfeld werden hier zum einen die Grundbedürfnisse wie Ernährung, Hygiene, Gesundheit, Ausbildung und elementare politische Rechte (vgl. Grunwald Kopfmüller 2012, S. 58) sowie zum anderen die Förderung von sozialen Ressourcen wie Toleranz, Solidarität, Integrationsfähigkeit, Inklusion, Gemeinwohlorientierung, Recht- und Gerechtigkeitssinn (vgl. Pufé 2012, S. 99) verstanden. Ziel der sozialen Nachhaltigkeit ist somit die Sicherung des globalen Friedens und Wohlstands.

1.3 BILDUNG FÜR NACHHALTIGE ENTWICKLUNG (BNE) UND GESTALTUNGSKOMPETENZEN

Bildung ist der Ausgangspunkt einer Bewusstseinsänderung, welche wiederum Voraussetzung einer Nachhaltigen Entwicklung ist. Nur durch eine Nachhaltige Entwicklung ist die Welt mit all ihren Lebewesen und Fassetten zukunftsfähig (vgl. de Haan, Kompetenzen der BNE, 2008 und Nachhaltigkeitsstrategie BW 2014). Dieser Sachverhalt wird bereits im Aktionsprogramm „Agenda 21, Kapitel 36.3,

S. 329" (UNCED 1992) mit den Worten „Bildung ist eine unerlässliche Voraussetzung für die Förderung einer Nachhaltigen Entwicklung und die Verbesserung der Fähigkeit der Menschen, sich mit Umwelt und Entwicklungsfragen auseinander zu setzen" beschrieben.

Im Aktionsplan von Johannesburg wird zur Umsetzung der BNE mit folgender Aussage aufgefordert: „Auf allen Bildungsebenen die Nachhaltige Entwicklung in die Bildungssysteme zu integrieren und so die Bildung in stärkerem Maße zum Schlüsselkatalysator für den Wandel zu machen" (Auszug aus dem Aktionsplan von Johannesburg 2002, Kapitel X, Ziffer 212).

Somit ist BNE der Schlüssel zu einer für alle Menschen lebenswerten Welt. Baden-Württemberg beschäftigt sich aktuell mit der Einbindung von BNE in die einzelnen Fachpläne der Schulen (vgl. Nachhaltigkeitsstrategie BW 2014). Nachhaltige Entwicklung soll in allen Bereichen der Gesellschaft etabliert werden. Selbstverständlich wird auch die Integration von BNE in die frühe Bildung gefordert.

1.3.1 DEFINITION BNE

Im Folgenden wird die Definition der BNE vom BNE Internetportal verwendet: „Bildung für Nachhaltige Entwicklung vermittelt Kindern, Jugendlichen und Erwachsenen nachhaltiges Denken und Handeln. Sie versetzt Menschen in die Lage, Entscheidungen für die Zukunft zu treffen und dabei abzuschätzen, wie sich das eigene Handeln auf künftige Generationen oder das Leben in anderen Weltregionen auswirkt." Ein weiterer wichtiger Aspekt der BNE ist es, zu lernen, dass das eigene Handeln etwas bewirkt.

Durch die oben beschriebene Definition kristallisieren sich zwei elementare Bereiche der BNE heraus, und zwar

- Wissen über Nachhaltigkeitsthemen wie Klima, Umwelt, Ressourcen, Gerechtigkeit usw. und
- Kompetenzen zum Handeln.

1.3.2 GESTALTUNGSKOMPETENZ NACH GERHARD DE HAAN

Im Allgemeinen versteht man unter Kompetenzen, die eigenen Fertigkeiten und Fähigkeiten immer wieder in unterschiedliche Zusammenhänge zu bringen, um Problemstellungen oder Aufgaben zu lösen. Um eine verantwortungsvolle Lösung zu finden, zählen ebenso die Motivation, der Wille sowie die persönliche und soziale Bereitschaft und Fähigkeiten zur Problemlösung (vgl. Weinert 2001). Die Gestaltungskompetenz von Gerhard de Haan wird als „Fähigkeit bezeichnet, Wissen über Nachhaltige Entwicklung anwenden und Probleme nicht Nachhaltiger Entwicklung erkennen zu können. Das heißt, aus

Gegenwartsanalysen und Zukunftsstudien Schlussfolgerungen über ökologische, ökonomische und soziale Entwicklungen in ihrer wechselseitigen Abhängigkeit ziehen und darauf basierende Entscheidungen treffen, verstehen und umsetzen zu können, mit denen sich Nachhaltige Entwicklungsprozesse verwirklichen lassen" (http://www.transfer-21. de/index.php?p=222). Jeder Einzelne soll daraus erkennen, dass sein Handeln Konsequenzen hat, und dass dies demzufolge auch etwas bewirken kann.

Im Folgenden werden die einzelnen Teilkompetenzen der Gestaltungskompetenz näher ausgeführt (vgl. www.va-bne.de). Beispiele für die Umsetzung der Gestaltungskompetenz an Aktionen werden im Kapitel 2 beschrieben.

T1: WELTOFFEN UND NEUE PERSPEKTIVEN INTEGRIEREND WISSEN AUFBAUEN

Globale und lokale Themen werden aus verschiedenen Blickwinkeln betrachtet. Kinder erhalten Einblick in unterschiedliche Kulturen, Werte sowie Sichtweisen und können diese wiedergeben. Dadurch lernen sie auch unterschiedliche Wege zur Problemlösung kennen und tolerieren.

WISSEN ÜBER NACHHALTIGKEITS-THEMEN + KOMPETENZ ZUM HANDELN = BNE BILDUNG FÜR NACHHALTIGE ENTWICKLUNG

T2: VORAUSSCHAUEND ENTWICKLUNGEN ANALYSIEREN UND BEURTEILEN KÖNNEN

Hierbei ist die wichtigste Fragestellung, welche lokalen Aktionen können umgesetzt oder welche nicht nachhaltigen Prozesse können umgestaltet werden, um die Zukunft nachhaltiger zu planen und zu gestalten? In dieser Teilkompetenz ist das Erlernen von vorausschauendem Denken und Handeln zentral.

T3: INTERDISZIPLINÄR (GANZHEITLICH) ERKENNTNISSE GEWINNEN UND HANDELN

Nachhaltigkeit ist in sich fachübergreifend, das bedeutet, um das komplexe Thema Klimawandel mit der damit verbundenen Auswirkung auf die Natur, Wirtschaft, Kultur und Gesellschaft zu verstehen, werden nicht nur Meteorologen, sondern auch Forscher aus dem Bereich der Physik, Chemie, Soziologie usw. benötigt. Nur wer eine ganzheitliche Betrachtung der gegenwärtigen Probleme macht, kann zukünftige, nachhaltige Lösungen entwickeln.

T4: RISIKEN, GEFAHREN UND UNSICHERHEITEN ERKENNEN UND ABWÄGEN KÖNNEN

Die Kinder sollen Risiken, Gefahren und Unsicherheiten bei der Einführung von neuen Verfahren, Regelungen oder Sachen erkennen und nachhaltige Entscheidungen bei unvollständigen und widersprechenden Informationen treffen. Heutzutage ist es nicht möglich die Auswirkungen von Gen-Nahrungsmitteln vorherzusagen. Dies kann durch Aktionen im Bereich Nahrung, beispielsweise „Rund um den Mais", angesprochen und problematisiert werden. Auch beim Klettern in den Bäumen muss abgewogen werden, welche Risiken, Gefahren und Unsicherheiten vorliegen, um

danach für sich die richtige Entscheidung zu treffen.

T5: GEMEINSAM MIT ANDEREN PLANEN UND HANDELN KÖNNEN

Die Kinder sollen mit unterschiedlichen Teamzusammensetzungen ein Projekt planen und sich mit unterschiedlichen Meinungen auseinandersetzen können. Des Weiteren sollte gelernt werden, seine Meinung angemessen äußern zu können und durchzusetzen, also handeln können. Das heißt auch Streitereien über Interessensgegensätze über Nachhaltigkeitsthemen demokratisch ohne Formen der Diskriminierung, Feindbilder und/oder Vorurteile auszutragen. Zum Beispiel können Aktionen mit örtlichen Agenda-Gruppen der „Lokalen Agenda21" oder mit ansässigen Vereinen geplant und ausgeführt werden.

T6: ZIELKONFLIKTE BEI DER REFLEXION ÜBER HANDLUNGSSTRATEGIEN BERÜCKSICHTIGEN KÖNNEN

Die Kinder sollen in die Lage versetzt werden, durch Abwägungsprozesse, die entsprechende Entscheidung zu treffen. Es muss klar gemacht werden, dass bei einem gewissen Entschluss auf etwas anderes verzichtet werden muss. Zum Beispiel können in der Kita zeitgleich verschiedene Aktionen stattfinden, die Kinder müssen sich entscheiden. Eine so genannte „Win-win-Situation" (siehe Anhang, Begriffserklärung) kommt sehr selten vor.

T7: AN KOLLEKTIVEN ENTSCHEIDUNGSPROZESSEN TEILHABEN KÖNNEN

Auf demokratische Weise werden mit unterschiedlichen Teammitgliedern Entscheidungsprozesse realisiert. Dabei muss beachtet werden, dass Entscheidungen oft aus

Emotionen oder Gefühlslagen heraus und nicht aus logischen Abwägungen getroffen werden. Kinder dürfen bei der BNE-Themenfindung mit entscheiden.

T8: SICH UND ANDERE MOTIVIEREN KÖNNEN, AKTIV ZU WERDEN

Bei einem Thema, für das eine allgemeine Begeisterung besteht, sich gemeinschaftlich für die Sache einsetzen und dadurch andere motivieren, z.B. selbst gemachte Marmelade vom eigenen Obstbaum im Garten der Kita an Veranstaltungen der Gemeinde verkaufen und dadurch andere, auch Eltern, zum Umdenken hin zu biologischen, saisonalen und regionalen Produkten, motivieren. Somit wird das eigene Engagement an andere vorbildlich weitergegeben.

T9: DIE EIGENEN LEITBILDER UND DIE ANDERER REFLEKTIEREN KÖNNEN

Bei dieser Gestaltungskompetenz ist die elementare Fragestellung, wie wirken sich mein Lebensstil und meine Prinzipien auf die Gesellschaft aus. Hintergründe und Formen von meinem und anderen Lebensstilen werden reflektiert. Der eigene Lebensstil kann mit nachhaltigen Lebensstilen verglichen werden. Als Grundlage ist hierbei das Wissen über nachhaltige Lebensstile, z.B. nachhaltiger Konsum, umwelt- und sozialverträgliche Mobilität, neue Arbeitswelt, Freizeit und Gesundheit usw. zu sehen (vgl. Programm Transfer 21, Bildung für Nachhaltige Entwicklung – Hintergründe, Legitimation und (neue) Kompetenzen, 2006).

T10: VORSTELLUNGEN VON GERECHTIGKEIT ALS ENTSCHEIDUNGS- UND HANDLUNGSGRUNDLAGE NUTZEN KÖNNEN

Bei der Nachhaltigen Entwicklung geht es immer um ausgleichende Gerechtigkeit zwischen Industrie- und Entwicklungsländern und zwischen den verschiedenen Generationen. So wird unter dieser Kompetenz die Gerechtigkeitsausbildung, auch Moral verstanden. In Kitas kann dies unter Gerechtigkeit zwischen den Kulturen am Beispiel Essen dargestellt werden. Dabei setzt man sich mit dem Thema Moral, bei technischen Entwicklungen auseinander oder man fragt sich, ob es gerecht ist, dass die Industrieländer die meisten Ressourcen verbrauchen. Wie könnte ein gerechter Ausgleich entwickelt werden? (vgl. Programm Transfer 21, Bildung für nachhaltige Entwicklung – Hintergründe, Legitimation und (neue) Kompetenzen, 2006).

T11: SELBSTSTÄNDIG PLANEN UND HANDELN KÖNNEN

Hier geht es darum, seinen eigenen Lebensstil unter Nachhaltigkeitsaspekten zu planen, dabei aber die Rechte anderer Menschen und die Gerechtigkeit gegenüber anderen Menschen nicht zu verletzen. Das kann schon in der Kita geübt werden, z.B. Arbeiten im Garten und beim Essen.

T12: EMPATHIE FÜR ANDERE ZEIGEN KÖNNEN

Hier sind Solidarität und Einfühlungsvermögen gegenüber sozial Schwachen gemeint. Jedoch sollte es jedem Einzelnen selbst überlassen, sein in welchem Maße man sich für sozial Schwache engagiert. Die Möglichkeiten sollten aufgezeigt werden, dabei sollte aber von einer Bewertung abgesehen werden. In der Kita kann das Thema Gleichbehandlung von sozial Schwachen aufgegriffen werden.

Ziel der BNE ist laut Gerhard de Haan die Vermittlung von Gestaltungskompetenz. Dieses umfasst drei Merkmale:

- Der Wissenserwerb um danach handeln zu können. Ohne grundlegendes Wissen über die Nachhaltigkeit selbst, Gerechtigkeit und Umwelt u. v. m. kann nicht nachhaltig gehandelt werden.

- Teilhaben können an der Planung und Umsetzung zukünftiger Lebensentwürfe.

- Eine hohe Selbstwirksamkeitserwartung entwickeln, das heißt zu wissen, dass mein Handeln Auswirkungen hat (vgl. Virtuelle Akademie, Vorlesung BNE, www.va-bne.de)

Der Begriff Gestaltungskompetenz meint alle Fähigkeiten und Fertigkeiten, welche einem ermöglichen, Veränderungen im Bereich des ökonomischen, ökologischen und sozialen Handelns durchzuführen, „ohne dass diese Veränderungen immer nur eine Reaktion auf vorher schon erzeugte Problemlagen sind." (de Haan 2002, S.15)

2. RAUM- UND AKTIONSORIENTIERUNG: BNE IM KINDERGARTEN – LERNRÄUME IN DER KITA

[5 a–f] Lernräume

Nachhaltiges Lernen ist immer mit einem entsprechenden Lernort verbunden, das heißt Kinder begreifen Inhalte an den sie umgebenden Orten und verbinden damit auf konstruktive Art und Weise das neu Gelernte mit bereits vorhandenen Erfahrungen.

Idealerweise transportieren die Lernorte implizit Lerninhalte. So kann die Erfahrung, welche die Kinder zum Leben von Regenwürmern machen, die sie bei der Erkundung eines Gartens entdecken, zu langfristigen Erkenntnissen über die Nützlichkeit und Bedürfnisse der Tiere führen. Diese Erfahrungen können mit affektiven Erlebnissen und kognitiven Verbindungen, erlebt an lebensnahen Orten, sinnvoll im Geiste verankert werden und dadurch zu langfristigem Lernen führen. Um Lernorte also sinnvoll für die Bildung für Nachhaltige Entwicklung gestalten zu können, muss im Kita-Team strategisch analysiert werden, welche bereits vorhandenen Lernorte dafür eingesetzt werden können und welche Lernorte auch außerhalb der Kita zur Verfügung stehen könnten. In jedem Fall bedarf es, je nach Themenfeld, sehr unterschiedlicher Plätze, die sich auch in ihrer Funktion (vgl. Kapitel 1.4.4 ff.) stark unterscheiden können.

2.1 DIE LERNWERKSTATT FÜR BNE IN DER FRÜHKINDLICHEN BILDUNG – GRUNDLEGENDE ÜBERLEGUNGEN

Der Werkstattgedanke im Sinne einer Sammlung aus Handlungsfeldern, welche für Kinder vielfältige Möglichkeiten des Erkundens, des Entdeckens und des Austauschens schafft, spielt in diesem Kapitel die tragende Rolle. BNE kann natürlich überall stattfinden, jedoch schaffen vorbereitete Umgebungen und variable Plätze motivierende Möglichkeiten, sich mit bestimmten Themen und Inhalten intensiver zu beschäftigen. Auch BNE will örtlich vorbereitet sein. Es geht um Kinder, die sich mit voller Aufmerksamkeit auf die BNE-Themen einlassen dürfen, die sie interessieren, die ihrem eigenen Alltag entstammen und über die sie etwas lernen wollen. Kinder wollen zunächst selbst die unbekannten Dinge verstehen. Kinder versuchen die Dinge und Ereignisse in ihnen Bekanntes einzuordnen und für sie selbst hinsichtlich ihrer Bedeutsamkeit zu bewerten. Fragen der Kinder an die Erwachsenen dienen eher der Absicherung oder werden aus Neugierde an den Vorstellungen anderer gestellt.

Fazit: „Wenn der Erzieher verstanden hat, dass die Wahrheit des Kindes von der seinen verschieden ist und dass er mit Demut und Einfachheit dieser Wahrheit zum Ausdruck verhelfen kann, dann hat er seine wirkliche soziale Rolle verstanden." (Freinet 1985, S. 41). Kinder müssen das Lernen also nicht erst lernen, aber sie brauchen eine Lern- und Forschungsatmosphäre um sich herum. Die Lernräume müssen daher so gestaltet sein, dass sie selbstlehrend für die Kinder sind. In den folgenden Teilkapiteln werden die verschiedenen Erfahrungsbereiche und Orte nach ihrer Funktion im Lernprozess beschrieben.

2.1.1 DER BEGRIFF DER „LERNWERKSTATT"

Seine Wurzeln gehen einerseits auf die Ideen des offenen, entdeckenden, projektorientierten Lernens in der Lehrerausbildung der Technischen Universität Berlin zu Beginn der

80er-Jahre zurück (vgl. Irskens 1997, S. 18) und verweisen andererseits auf das pädagogische Konzept der Reggio-Pädagogik. Dabei werden Veränderungen in der Gesellschaft aufgenommen. Kernziel ist eine ganzheitliche Entwicklung des Kindes, bei der vor allem soziale, personale und fachliche Kompetenzen auf der Basis kindlicher Interessen gestärkt werden. „Das Kind wählt seinen Weg zu den Kompetenzen und dem Wissen selbst." (vgl. Dreier 2006, S. 80). Nach Zocher (2001) stellt Lernen einen individuellen Prozess dar: Es gibt keine zwei gleichen Lernwege. Lernen basiert auf Vorerfahrungen und bereits vorhandenen Denkkonzepten. […] dabei spielen Irritationen durch die Umwelt eine Rolle. Die Lernenden sind Lenker, Richtungsgeber ihrer Lernprozesse und entwickeln ihre eigenen Arbeits- und Erkenntniswege. Diese ganzheitliche Pädagogik, mit ihrem gesellschaftlichem Bezug und einer Bildung und einem Lernen, das in der Gesellschaft selbst stattfindet, entspricht auch dem Gedanken von BNE. Ökologisches Lernen kann überall stattfinden und es ist schwierig den Begriff des Lernortes zu definieren oder gar festzulegen. Nach Alisch (2005) kann jedwedes Gelände zum Lernort werden, insofern sich das Kind neuen Inhalten entdeckend nähern kann. Ideal ist das Lerngelände, wenn es naturnah gestaltet ist.

„Selbstbildungspotenziale" nennt der Bildungsforscher Gerd E. Schäfer (2004) das, was Kinder mitbringen und von sich aus einsetzen, wenn sie auf eine Situation treffen, die sie herausfordert und interessiert. Wenn sie von ihren eigenen Fragen, Ideen oder Anforderungen gefesselt sind, entwickeln sie von ganz alleine Lernstrategien und Vorgehensweisen, die sie zum Ziel führen. Mit zunehmendem Alter verallgemeinern sie auch, ordnen, systematisieren und beginnen, das in persönlichen Erfahrungen mit Dingen, Tieren und Menschen erworbene Wissen von der eigenen Person zu lösen." (vgl. Klein 2005, S. 2). Das heißt, dass die Aufgabe der ErzieherInnen darin besteht, den Lernprozess der Kinder zu begleiten und zu unterstützen, ihn jedoch nicht zu planen. Es steht das handlungsorientierte, aktive und entdeckende Lernen im Vordergrund, bei dem die Kinder frei über die Reihenfolge, die Sozialform und die Dauer ihrer Aktivität selbst bestimmen können und so die Welt entdecken und erforschen. Diese Selbsttätigkeit und das Lernen durch aktive Erfahrung entsprechen dem Gedanken der Partizipation in der Bildung für Nachhaltige Entwicklung.

Im Sinne des Nachhaltigkeitskonzepts wird auch die Orientierung für das Verhältnis von Bildungsinstitution und Gesellschaft in den Bildungsprozess integriert. Das heißt, die Kita selbst wird zum Bestandteil des Bildungsprozesses (vgl. Michelsen u. a. 2011, S. 57). Dazu gehört die systemische Struktur der Zusammenarbeit, der Aus- und Umbau des Gebäudes, die Art und Weise der Verpflegung der Kinder, die Geländegestaltung mit Naturräumen und natürlichen Biotopen sowie ein intensiver Kontakt und die Kooperation mit anderen Institutionen — also die Öffnung der Kita nach außen.

2.1.2 RÄUME UND LERNBEGLEITER

Laut Klein (2005) kann eine Lernwerkstatt überall sein und „die ganze Kita kann zur Lernwerkstatt" werden. Er sagt, man kann vom „Lernwerkstattcharakter" sprechen, wenn diese beiden Elemente aufeinander treffen:

1. „Kinder, die sich mit voller Aufmerksamkeit auf die Dinge einlassen dürfen, die sie lernen wollen, und ihr Wissen an Problemen ausprobieren dürfen, die ihrem eigenen Alltag entstammen.

2. Erwachsene, die einerseits über ein ausgeprägtes Interesse für die verschiedenen Denkwege der Kinder verfügen und sich deshalb ohne Weiteres und mit viel sozialer Fantasie darauf beziehen können und andererseits selbst neugierig und forschend mit den Problemstellungen der Kinder umgehen" (S. 1).

Laut Schäfer (2004) ist dabei die Art und Weise der Verständigung bedeutend: ErzieherInnen sind kompetente Partner mit Wissens- und Erfahrungsvorsprung, geben aber keine Lösungen vor. Das bedeutet, wenn Kinder sich selbst bilden, dass die Lernwerkstatt an keinen speziellen Raum gebunden ist, sondern als Grundsatz verstanden werden muss, für den Freiräume und Möglichkeiten – am besten in Kooperation mit den Kindern – geschaffen werden müssen. Der Begriff der „Lernwerkstatt" ist daher nicht genau definiert und kann vom Forscherkoffer bis hin zur vorbereiteten Lernumgebung reichen.

2.2 RÄUME FÜR BNE

Eine Lernwerkstatt im Bereich BNE der frühkindlichen Bildung kann als Sammlung verschiedener (Natur-) Materialien und (Natur-) Plätze verstanden werden, die Kindern genügend Anreiz bieten, sich mit ihnen zu beschäftigen, weil sie Alltagsbezüge und Handlungsmöglichkeiten liefern. Die Kinder sollten hier an verschiedenen Orten die Prinzipien für BNE, wie Partizipation, Transparenz, Glokalität, Interdisziplinarität und Vernetzung, Inter- und Intragenerationalität, Zukunftsorientierung und Interkulturalität, an Beispielthemen erfahren können. Dies muss durch kindgerechte Strategien, eine kindgerechte Auswahl der Handlungsfelder und Themen sowie ganz nach ihren Interessen geschehen.

Dabei sind drei Betätigungsfelder besonders wichtig:

- **Sinnes- und Naturräume**
- **Aktions- und Handlungsräume**
- **Ruhe- und Kommunikationsraum**

Diese werden in den folgenden Kapiteln mit Praxisbeispielen erläutert.

[6] Naturraum

2.2.1 SINNES- UND NATURRÄUME

Die Natur und ihre Möglichkeiten sein Umfeld und die Umwelt mit möglichst vielen Sinnen wahrzunehmen, ist auch im Sinne einer Bildung für Nachhaltige Entwicklung zentral. Andreas Weber (2012, S. 13) beschreibt die Natur als „eine Quelle kognitiver Erfahrungen, die für unsere Kinder so wichtig sein könnte wie die Luft zum Atmen". Auch Ulrich Gebhard (2013) belegt in seinem Buch „Kind und Natur" den Zusammenhang von psychischer Entwicklung und Naturerfahrungen. Betrachtet man zunächst lernbiologische Aspekte, so kann festgehalten werden, dass die meisten Informationen über die Sinnesorgane aufgenommen und verarbeitet werden, indem vielfältige Reize von außen mit vorhandenen Erfahrungen und Gedächtnisinhalten in Verbindung gebracht werden (Singer 2002). Sinneswahrnehmungen sind dann besonders lernwirksam, wenn sie als bedeutungsvoll erlebt werden und in einem inhaltlichen Zusammenhang stehen (Köhler 2005).

Laut Haase (2004) ist das Naturerleben Teil und Bedingung einer umfassenden Bildung und Wagenschein, Trommer, Pestalozzi wie auch Hartmut von Hentig u. a. schrieben der Begegnung mit der lebendigen Natur, auch im Zusammenhang mit Umwelthandeln und Nachhaltigkeit, einen großen Stellenwert zu (vgl. S. 105 ff.). An Klein(!)gewässern, Blumenwiesen, Obstbäumen, Kräuterspiralen mit essbaren Kräutern, Trockenmauern oder Hecken etc. ist Lernen auf der Basis neuer Erfahrungen in individuellen Bedeutungszusammenhängen möglich. Sie befinden sich als verstreute Plätze auf dem Gelände und können als Schonraum für die Natur und als Erkundungsraum, zur Entwicklung affektiver Beziehungen zur Natur dienen. Werkzeuge zur Erkundung und Bearbeitung von Naturräumen, wie Lupen, Insektenbecher, Kescher, kleine Schaufeln, Eimer, Siebe oder Ähnliches, sollten den Forscherdrang unterstützen. Die Pflege der Räume sollte mit den Kindern gemeinsam übernommen werden.

Beispiele zu speziellen Lernräumen, bezogen auf die Themen aus Teil II dieser Schrift: Bei der Aktion 1 „Müll in unserer Welt" (vgl. Kapitel 6 „Kreisläufe und Systeme") eignen sich die eigene Küche der Kita und die Speiseräume, in denen die Kinder erleben und lernen, wie Müll entsteht, wie man Müll trennt und welche wichtige Aufgabe ein Komposthaufen hat, der Stoffe umwandelt und im Garten als wertvoller Dünger dienen kann. Auf dem Komposthaufen können auch unproblematisch und effektiv Kürbisse herangezogen werden. Hierbei lernen die Kinder, wie Pflanzen wachsen und wie auf leichte Art und Weise Nahrungsmittel angebaut werden können, die nachhaltig, biologisch wertvoll und saisonal passend sind. Zum Thema „Ökologie der Bodentiere" sind der eigene Garten und der Komposthaufen ein idealer Lernraum: Außerdem kann zu diesem Themenfeld auch ein Bodenterrarium im Zimmer der Kita, in das man genug Erde und Regenwürmer einsetzt, alternativ zur Beobachtung dienen. Dabei muss man allerdings darauf achten, dass die Erde weder zu feucht noch zu trocken ist und dass die Regenwürmer regelmäßig altes Laub und Pflanzenteile als Nahrung bekommen. Auch ist es möglich im Rahmen des Themas „Müll" mit den Kindern den Wertstoffhof zu besuchen und die unterschiedlichen Verwertungsstellen unter die Lupe zu nehmen. Um das Leben in Biotopen intensiv und nachhaltig wahrzunehmen, ist es generell

[7] Insekten-Hotel

äußerst wichtig, dass die Kinder den Lebensraum von Pflanzen und Tieren mit möglichst vielen Sinnen wahrnehmen können. Der Besuch von Wäldern, Wiesen und Gewässern im Sommer ist dazu unbedingt notwendig. Man kann allerdings auch „ein Stück Natur" in der Kita unabhängig von der Jahreszeit mit den Kindern herstellen und pflegen. Dies gelingt z.B. durch Pflanzkübel, in denen mit den Kindern im Herbst und Winter Pflanzenzöglinge herangezogen werden, die dann im Frühjahr in ein Hochbeet, z.B. im Garten oder auf dem Gelände der Kita gepflanzt werden. Im Eimer lassen sich sogar Kartoffeln vermehren, die in der Kita geerntet und zubereitet werden können (vgl. Aktion 1 „Kartoffel aus dem Eimer", Teil II, Kapitel 1 „Biodiversität: Pflanzen und Tiere"). Auch Tieren kann ein Zuhause auf dem

Kita-Gelände gegeben werden. Man kann in einer Eltern-Kind-Kita-Aktion Nistkästen bauen. Dies können Insektenkästen und Insekten- „Hotels" oder Nistkästen für Vögel und Fledermäuse sein. Auch ein Futterhäuschen im Winter für Vögel belebt den Lernraum Kita und das Kita-Gelände. Schließlich können auch einfach durch zuckerhaltiges Wasser in Schalen, die im Gelände der Kita aufgestellt werden, etliche Insekten zur Beobachtung angelockt werden. In jedem Fall sollten diese Räume gezielt aufgesucht werden und im Kita-Team abgesprochen sein, welchen Fokus der Besuch haben soll. Da die Lernräume sehr sinnesreich sind und von jedem Kind anders wahrgenommen werden, müssen diese unterschiedlichen Erfahrungen mit den Kindern abschließend reflektiert werden. Der Biotopschutz sollte

[8] Kunstraum

dabei einen großen Stellenwert einnehmen, damit eine Bildung zur Nachhaltigen Entwicklung angestoßen wird.

2.2.2 AKTIONS- UND HANDLUNGSRÄUME

Aktions- und Handlungsräume sind weniger naturbelassen wie die Sinnes- und Naturräume. In diesen Räumen sollten Möglichkeiten zielorientierter Lernmöglichkeiten geschaffen werden, die handlungsorientiertes Lernen, Spiel und bewegungsfreundliche Aktivitäten möglich machen. Sie dienen zur Entwicklung planerischer und praktischer Kompetenzen und ermöglichen soziales Lernen. Die Möglichkeiten für Materialerkundungen sind hier unbegrenzt. Auch mit ganz einfachen Dingen aus dem Alltag kann man Kinder zum Staunen und Forschen anregen: Nudeln und andere haltbare Lebensmittel, Boden, Sand, Papiere und Kartons, Knöpfe, Ton und Knete; ideal wäre außerdem eine Forscherecke für naturwissenschaftliche Experimente zu verschiedenen Bereichen der Naturwissenschaften wie Magnetismus, Akustik, Wasser, eine kleine Insektensammlung und Lupen, auch könnten hier eine Bau-, Technik- und Konstruktionsecke sowie Holz- und Künstlerateliers gut vorstellbar sein, in denen die Kinder ihre Kreativität ausleben und austesten können. Es lassen sich hier zudem wertvolle Vernetzungen herstellen: Wasser z.B. kann als Lösungsmittel für Naturfarben dienen, welche die Kinder aus Pflanzen erzeugen, die sie aus dem Naturraum (Kapitel 2.1.) entnommen haben. Zur Selbstwahrnehmung sowie dem Einüben differenzierter Bewegungsabläufe und bewussten Koordination wäre eine Geländestruktur mit verschiedenen Böden und Untergründen sinnvoll. Als taktile Erkundungsmöglichkeiten könnten unterschiedliches Gestein und ein Barfußpfad dienen. Besonders gut geeignet sind hier auch Informationsmaterialien wie Bilderbücher und Fotosammlungen, mit denen die Kinder sich zeitunabhängig nach ihrem Lerntempo und ganz nach ihren eigenen Interessen beschäftigen können. Dazu sollte es jedoch vorbereitete Ecken und Nischen in der Kita geben, die Möglichkeiten für Experimentieren, Gestalten und Malen sowie Möglichkeiten zur ruhigen Beschäftigung erlauben.

Als Beispiele aus dem Praxisteil II dieser Publikation eignen sich die Themen: „Warum es auf der Erde immer wärmer wird", „Die Zerstörung des Urwaldes", „Wasserspartipps" und „Wie viel Platz braucht ein Huhn". Natürlich kann in diesen Aktions- und Handlungsräumen jedwedes Thema seinen Platz finden. Jedoch ist es auch hier sehr wichtig, dass die Informationen, die sich die Kinder aneignen, mit ihnen besprochen und reflektiert werden. Es sollte jedoch davon abgesehen werden (Zukunfts-) Ängste in den Kindern zu schüren. Es sollten vielmehr Möglichkeiten aufgezeigt werden, wie man als Mensch mit problematischen Themen und Situationen nachhaltig umgehen kann.

2.2.3 RUHE- UND KOMMUNIKATIONSRAUM

Der dritte Raum sollte einen Ausgleich zur Aktion und Möglichkeiten zur Rekreation und Reflexion bieten. Er soll ebenso wie die

Aktions- und Handlungsräume auf dem Gelände oder im Gebäude angesiedelt sein. Hier sollte konfliktfreies Ausleben unterschiedlicher Bedürfnisse ermöglicht werden sowie ein Austausch zwischen den Kindern untereinander und den ErzieherInnen stattfinden. Erlebtes wird verarbeitet, Kräfte werden gesammelt und das soziale Miteinander wird gepflegt und eingeübt. Auch können die Kinder hier ihre Erfahrungen mit den Materialien, den Erlebnisräumen und ihre Vorstellungen zu den Forscherergebnissen kundtun und problematisieren. Es ist ein Platz für die Philosophie der Kinder. Schließlich ermöglicht es dieser Raum, den ErzieherInnen weitere Beobachtungen zum Entwicklungsprozess der Kinder zu machen und liefert Anreize für die Modifizierung der Räumlichkeiten und Materialien auf der Basis des kindlichen Interesses. Es ist ein Raum in der Kita mit Sitzplätzen und Plätzen zum Liegen, der Gesprächskreise und intensive Unterhaltungen möglich macht.

Im Ruhe- und Kommunikationsraum können unterschiedliche Materialien und Medien angesiedelt sein: eine Klangschale, Fantasiegeschichten für Fantasiereisen, Tücher, Teppiche, Decken, Kissen, Bilder, Bücher, Fotos, Poster (auch selbst gemacht) und andere Anschauungsmaterialien könnten hier vorhanden sein. Die Kinder könnten den Raum mit Dingen aus ihrer Kultur schmücken. In diesem Raum sollte in jedem Fall ein Ort der Ruhe zu finden sein, den die Kinder als solchen respektieren und der mihilfe ritualisierter Umgangsformen seinen Stellenwert bei jeder Themenverarbeitung hat. Insofern können alle in dieser Publikation aufgezeigten Praxisbeispiele hier gedanklich ins Zentrum gerückt werden. Zentrale BNE-The-

[9] Ruheraum

men sind hier: Kulturelle Vielfalt, Frieden, Menschenwürde, Lebensqualität, Ernährung und Nahrungsmittel / Konsum – diese im Verbund mit den naturwissenschaftlichen Inhalten.

2.3 EXTERNE LERNORTE

Externe Lernorte liegen außerhalb des Kita-Geländes und können im Sinne von BNE sehr hilfreich sein, da sie sich auf die Umwelt der Kinder beziehen und gespickt mit Informationen sind, die es lediglich aufzugreifen gilt. Didaktisch vorbereitete Lernorte, bei denen es bereits pädagogisch aufbereitete Informationen für die Besucher gibt sind z.B. ein Zoo, ein Museum, ein Lehrpfad, ein Schaubauernhof oder Wanderausstellungen. Oft gibt es

hier Museumspädagogen und Zooführer, die gezielt mit bestimmten Schwerpunkten den Besuchern den Lernort und seine Objekte nahebringen.

Lernorte, welche die ErzieherInnen selbst pädagogisch-didaktisch vorbereiten müssen, können Biotope in der Natur, wie Wald, Wiese und Gewässer sein. Hier erfordert es besonderer Vorbereitungs- und Vorsichtsmaßnahmen.

Daneben könnten auch der Besuch des Marktplatzes, des Einzelhandels und des ansässigen Handwerks einen Beitrag für BNE leisten. Dazu kann beispielsweise der Bäcker mit seiner Backstube dienen, wo die Kinder sehen, wie Brot und andere Bachwaren aus Mehl und weiteren Zutaten hergestellt wird.

[10] Spielende Kinder

Die Beobachtung des Entstehungsprozesses und das damit verbundene Wahrnehmen der mühsamen Einzelschritte bei der Produktion eines Brotes verdeutlicht den Wert, den Lebensmittel haben. Den Kindern wird dadurch ersichtlich, dass es Mühe kostet die Dinge herzustellen und dass sie wertvoll sind.

Die Lernorte sollten in jedem Fall nach dem Besuch mit den Kindern weiter untersucht und besprochen werden. Die Aufarbeitung des Wahrgenommenen könnte zu weiterführenden Projekten führen.

2.3.1 KITA-RÄUME UND EXTERNE LERNORTE: VORBEREITUNG UND SICHERHEITSASPEKTE

Ob der Aspekt der Nachhaltigkeit sinnvoll in die Kita zu integrieren ist oder nicht, hängt stark von der Struktur und den äußeren Umständen des Kita-Geländes ab. Welcher Lernort BNE möglich macht und welche Lernecken Möglichkeiten zur thematischen Auseinandersetzung mit den drei Säulen „Ökologie, Ökonomie und Soziales" gewährleisten, liegt aber auch in der Hand der ErzieherInnen. Forscherräume mit Experimentiermaterialien und Biotopen im Außengelände leisten dazu ihren Beitrag. Dabei darf bei all den Lernräumen in und außerhalb der Kita der Sicherheitsaspekt nicht vernachlässigt werden. Es ist daher nötig sich als Kita-Team im Vorfeld gut vorzubereiten. Spezielle Schutzkleidung spielt bei einigen Experimenten beim Umgang mit unterschiedlichen Materialien, die säureartig wirken, wie Essig-, Salz- und Zuckerlösungen, die spritzen können und Haut sowie Augen schaden könnten, eine sehr wichtige Rolle. Auch beim Umgang mit Feuer muss an Schutzmaßnahmen gedacht werden, wie z.B. feuerfeste Behälter und Unterlagen, und daran, dass sich Kinder mit langen Haaren diese zusammenbinden, damit sie nicht Feuer fangen können. Hier braucht man z.B. Sicherheitsbrillen und Schutzkittel. Auch Schutzhandschuhe sollten hier getragen werden. Außerdem sollte daran gedacht werden, dass manche Kinder Allergien haben könnten. Hierzu empfiehlt sich ein Gespräch im Vorfeld mit den Eltern, wenn Haustiere beispielsweise ein Thema in der Kita sind und Lebendobjekte wie Hund und Katze beobachtet werden sollen.

Bei einer Exkursion ist in jedem Fall ein vorheriger Besuch durch das Kita-Personal notwendig, um Geländestrukturen und mögliche Gefahrenquellen frühzeitig zu erkennen. Auch sollten die Kinder beim Verlassen des Geländes entsprechende Kleidung tragen, die sie im Bezug auf die unterschiedlichen Witterungsbedingungen der Biotope und anderen Außengelände absichert. Gerade im Herbst muss etwa mit Regen gerechnet werden, im Sommer beim Besuch eines Gewässers muss trockene Ersatzkleidung zur Verfügung stehen. Auch könnten Kinder in der Gruppe sein, die bei einer längeren Exkursion spezielle Medikamente benötigen, z.B. DiabetikerInnen, AllergikerInnen. Daran und an eine Erste-Hilfe-Box für alle Fälle muss gedacht werden. Schließlich sollte sich das Kita-Team im Vorfeld mit Fachleuten hinsichtlich Verhaltensregeln und Inhalten absprechen, wenn spezielle Lernorte außerhalb der Kita aufgesucht werden. Beispielsweise kann der Besuch bei einem Imker sehr interessant für die Kinder sein, da sie dort , wie nirgendwo anders, sehr viel über die

Biene als Insekt und über die Herkunft des Nahrungsmittels „Honig" erfahren. Jedoch ist es für Kinder, die an einer Insektengiftallergie leiden, extrem gefährlich an dieser Exkursion teilzunehmen. Dies sollte dann mit den Eltern abgesprochen werden. Auf der inhaltlichen Ebene sollte im Vorfeld mit dem Fachpersonal des jeweiligen Lernortes abgeklärt werden, welche Themen zentral sein sollen und wie sich die Kinder dort verhalten müssen. So ist die Exkursion zu einem Klärwerk eine sehr spannende Angelegenheit, jedoch auch aus Gründen der Geländeunsicherheit nicht ungefährlich. Mit dem Leiter des Klärwerks müssen daher im Vorfeld der Exkursion entsprechende Absprachen getroffen werden.

Fragen, die im Vorfeld einer Exkursion geklärt werden sollten:

▸ Welche Inhalte sollen am Exkursionsort vermittelt werden?

▸ Wie werden die Eltern der Kinder über die Exkursion informiert?

▸ Werden Eltern als weitere Aufsichtspersonen einbezogen?

▸ Wird vor dem Aufsuchen eines Biotopes, wie Wald und Wiese, die Genehmigung eines Forstamts oder landwirtschaftlichen Betriebs benötigt?

▸ Gibt es Gefahrenbereiche, wie Gewässer oder steile Abhänge, im Gelände?

▸ Welche Kleidung wird benötigt, ggf. Regenbekleidung?

▸ Benötigen die Kinder für eine längere Exkursion eine Verpflegung?

▸ Wie erreicht man am Exkursionsort im Notfall eine Ersthilfe?

▸ Wie werden die gesammelten Informationen und Erlebnisse nach der Exkursion verarbeitet?

▸ Werden weitere Themenfelder mit den Kindern dazu erarbeitet?

▸ Kann aus der Exkursion ein BNE-Projekt mit Handlungsorientierung werden?

▸ Mit wem kann kooperiert werden (Vernetzung nach außen)?

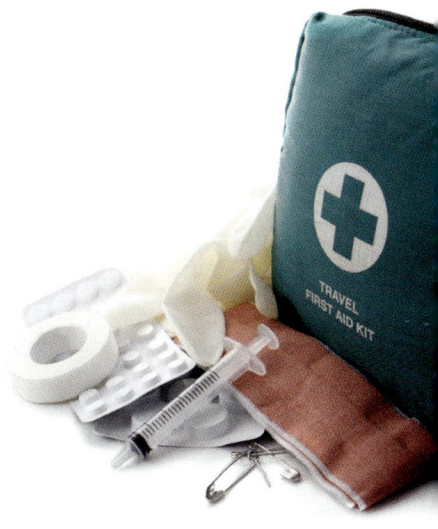

[11, 12 ,13] Zubehör Sicherheit

3. PÄDAGOGISCHE ANSÄTZE: BILDUNG FÜR NACHHALTIGE ENTWICKLUNG IN DER KITA

BNE hat zum Ziel, Personen im Laufe ihres Lebens zu bilden und zu befähigen, an einer Welt mitzugestalten, die allen Menschen Wohlergehen ermöglicht – Wohlergehen für gegenwärtige und zukünftige Generationen (vgl. BNE-Portal; www. bne-portal.de). Bildung für Nachhaltige Entwicklung betrachtet die drei Aspekte der Nachhaltigkeit, Ökologie, Ökonomie und Soziales, als voneinander abhängige und miteinander vernetzte Teilbereiche. So „wird Umweltschutz nun nicht mehr isoliert von den wirtschaftlichen und sozialen Rahmenbedingungen wahrgenommen [...] und die Auswirkungen des regionalen Handelns in anderen Teilen der Welt realisiert" (vgl. de Haan / Harenberg 1999 S. 19 f.). Es wird darüber hinaus eine Vernetzung von Wissen über die ökologischen, ökonomischen und sozialen Ursachen der globalen Probleme, Herausforderungen und Zusammenhänge vermittelt (vgl. www. bne-portal.de).

Bildung für Nachhaltige Entwicklung berücksichtigt die Nachhaltigkeits-Strategien wie die Suffizienz-, die Effizienz- und die Konsistenz-Strategie und setzt diese als didaktische Prinzipien um, wie die Partizipation, Transparenz bei allen Aktionen und Zielen, an lokalen Orten durch „Glokalität", setzt auf Interdisziplinarität und Vernetzung, berücksichtigt Intergenerationalität und Interkulturalität mit dem Hauptziel der Gestal-

tungskompetenz und Zukunftsorientierung. All dies geschieht im Sinne der Eltern und ErzieherInnen, deren Vorbildfunktion und Werteorientierung die Basis darstellen. BNE kann in der Kita und in jedem anderen Raum stattfinden, dabei sollten die Sicherheitsaspekte jedoch nicht vernachlässigt werden. Thematisch eignen sich alle Inhalte, bei denen die Vernetzung von Ökologie, Ökonomie und Sozialem möglich ist.

Angesichts der globalen Situation der Menschheit im Zusammenhang zum Klimawandel und dem ungleichen Verhältnis von Wohlstand und Konsum ist im Bildungsbereich das Thema „Nachhaltige Entwicklung" unumgänglich. Es erfordert eine Bildung, in der interdisziplinär eine veränderte Wertebildung vermittelt und in der nachhaltiges Wissen und Verhalten gelernt, gelehrt und vorgelebt werden, idealerweise in Projekten. Das folgende Kapitel 3.1 orientiert sich am pädagogischen Beitrag für eine Nachhaltige Entwicklung – Worldrangers von Hans-Martin Haase (2004) und zeigt an konkreten Beispielen aus der Kita-Praxis Möglichkeiten für BNE auf.

3.1 HANDLUNGSSTRATEGIEN FÜR BNE IN DER KITA UND „WORLDRANGERS"-LEITSÄTZE

Um Bildung für Nachhaltige Entwicklung sinnvoll zu betreiben, damit aus ihr eine langfristige Beziehung mit einem tiefen Verständnis für die Natur und einem damit gekoppelten Verantwortungsbewusstsein erwächst, braucht es Naturerfahrungen, die bleibend sind. Nach Janßen (1988, vgl. S. 2-7) und Klautke / Köhler (1991, vgl. S. 48-51) gibt es verschiedene Ebenen, Stufen und Schritte im Prozess der Umweltbildung. Diese sind in der folgenden Abbildung zusammenfassend dargestellt:

Abbildung:
„Schritte im
Umweltbildungs-
prozess" (Alisch),
zusammengefügt
nach den Abbil-
dungen von
Janssen (1988)
und Klautke/
Köhler (1991)

5. SCHRITT: MORAL; MOTIVATION ZUR VERBESSERUNG, HANDLUNGEN / PROJEKTE UMSETZEN

4. SCHRITT: ETHIK; NORMEN UND WERTE ÜBERPRÜFEN, UMWELTBEWUSSTSEIN BILDEN

3. SCHRITT: GEWISSEN; UMWELTPROBLEME ERKENNEN, BEWUSST MACHEN, REFLEKTIEREN

2. SCHRITT: WISSEN; INFORMATIONEN ZUR NATUR ERHALTEN, BESCHREIBEN, ERKLÄREN

1. SCHRITT: ERFAHREN; DER NATUR BEGEGNEN, SIE ERLEBEN, EINSATZ VIELER SINNE

Um diese fünf Schritte zu tun und um die Motivation zur Handlung durch ein ausgeprägtes Umweltbewusstsein anzuregen, muss es Gelegenheiten geben, in denen das Kind sich mit seiner Umwelt intensiv auseinandersetzen kann. Das Lernen muss dabei durch die Verbindung von affektivem und gefühlsbetontem sowie kognitivem und analytischem, wissensbildendem Lernen gekennzeichnet sein. John Dewey (1859-1952) und William Heard Kilpatrick (1871-1965) entwickelten dafür den Gedanken der Projektmethode. Durch Projekte, in denen sich die Kinder ganzheitlich, interdisziplinär und mit vielen Sinnen auf der Basis ihrer Frage und Interessen mit Naturphänomenen und anderen Fragen zu ihrer Umwelt auseinandersetzen, wird die Basis für erfolgreiche BNE gelegt.

Nach Gerd Schäfer (2014) muss der Zugang der Kinder zur Natur ungezwungen sein und von ihren Alltagserfahrungen her erschlossen werden. Kinder sollten grundlegende Erfahrungen mit Alltagsphänomenen durch eine vorbereitete Umgebung machen können.

Für Schäfer (2004) lassen sich dabei folgende Überlegungen in pädagogisches Handeln umsetzen:

- **Die Naturphänomene können durch die Bereitstellung einer vorbereiteten Umwelt wahrgenommen und beobachtet werden.**

- **Naturwissenschaftliche, exemplarische Projekte werden mit den Kindern und den Erwachsenen gemeinsam durchgeführt.**

- **Es braucht zum Gelingen der Projekte eine verständnisvolle Zusammenarbeit mit Erwachsenen, die etwas von der Sache verstehen und die Anregung und Hilfe geben können (z.B. Fachleute wie der Imker, der Bäcker u. a.)**

- **Mithilfe von einfachen Versuchen können die Kinder die Natur kennen lernen und ihren Fragestellungen nachgehen. (vgl. S. 245 f.)**

Schäfer plädiert hier für den Lernort Natur als Lernwerkstatt. Dieser Ort bietet Möglichkeiten für Bewegung und Handeln, Möglichkeiten für sinnliche Erfahrungen und das Sammeln von Fundstücken. Außerdem können Kinder hier Fragen stellen, Geschichten und Theorien erfinden und sich mit anderen Kindern und Erwachsenen darüber austauschen. Schäfer bezeichnet diese Lernwerkstatt

als „Ort des gemeinsamen Lernens" von Erwachsenen und Kindern:

- Die Kinder lernen in der Natur durch konkretes Handeln und bekommen soziale und kulturelle Anregung und Unterstützung.

- ErzieherInnern lernen von den Kindern und ihren Erfahrungen in einer „Pädagogik des Innehaltens" und unter fachlicher Hilfestellung

- Alle am pädagogischen Prozess beteiligten Personen lernen, wie Kinder an die Naturphänomene herangehen und sich Grundlagen für ein Natur- und Weltverständnis schaffen.

Nach Joseph Cornell (1994, S. 13) sind es zwei wesentliche Einstellungen, die die Bildungsarbeit mit Kindern sichern: „Respekt für die Kinder und Verehrung für die Natur." Für Cornell ist es wichtig, Menschen für die Natur zu begeistern auf der Ebene ihrer Erfahrungsmöglichkeiten und weniger zu lehren als das Erlebnis selbst in den Mittelpunkt zu stellen.

Nach Haase (2004, S. 133-135) braucht es zwölf wesentliche Leitsätze, um Umweltbildung sinnvoll und effektiv zu gestalten. Diese sind im Folgenden aufgezeigt und mit didaktischen Überlegungen und Bezügen zur Kita und deren Umsetzung verknüpft:

LEITSATZ 2:
Umweltbildung sollte es als zentrale Aufgabe verstehen, die Menschen an die Notwendigkeit einer Nachhaltigen Entwicklung heranzuführen, das heißt es bedarf einer entsprechenden Wertebildung.

LEITSATZ 11:

Die Bezugsperson ist in der Umweltbildung Vorbild und sollte entsprechend umweltbewusste Verhaltensweisen vorleben.

Die Leitsätze 2 und 11 beziehen sich auf ein Prinzip der Wertevermittlung, bei dem die ErzieherInnen als Vorbild die wichtigen Schritte für die Kinder vorausgehen. In der Kita geschieht dies, indem die ErieherInnen Werte vermitteln und Umweltverhalten vorleben. Sie sind Vorbild beim Umgang mit Konfliktsituationen, sie leben vor, wie man sorgsam mit Ressourcen, wie Wasser und Papier, umgeht und sie zeigen den Kindern bei Exkursionen, wie sie sich in der Natur verhalten und die Flora und Fauna wertschätzen. Es braucht immer wieder Bezüge zur realen natürlichen Umwelt und Ausflüge in die Natur. Exkursionen zu ausgewählten Lernorten spielen bei der Vermittlung eine außerordentliche Rolle. Mit den Kindern sollten Regeln und Verhaltensweisen, etwa im Wald, besprochen werden. Dabei sollten die Kinder ein Verständnis für den Sinn und die Bedeutung dieser Regeln bekommen und sie entsprechend umsetzen. Die ErzieherInnen sollten dabei vorbildlich voranschreiten.

LEITSATZ 3:

Umweltbildung muss Basiswissen zu ökologischen Zusammenhängen fördern, vor allem im Bezug auf die Beziehung zwischen Leben und Handeln des Menschen auf dem Ökosystem Erde.

LEITSATZ 10:

Umweltbildung und Naturerfahrung müssen die Werte der Natur berücksichtigen und eine Verzahnung von Emotionalem und Kognitivem möglich machen.

Hierzu benötigen die ErzieherInnen selbst ein entsprechendes Basiswissen um ökologische Zusammenhänge zu verstehen und um dies im „Kleinen" bei den Kindern vermitteln zu können. Als Medien zur Vermittlung können zunächst Kleinbiotope, wie Terrarien und Aquarien sowie Pflanzkästen, dienen, die regelmäßiger Pflege und Fürsorge bedürfen. Der Transfer auf globale Aspekte und die Übertragung auf heimische Biotope folgt der Pflege der Kleinbiotope und macht systematische Zusammenhänge leichter verständlich für die drei- bis Sechsjährigen. Bereits im Kleinkindalter ist es möglich ein gewisses Quantum an Fachwissen zu vermitteln. Dies sollte jedoch spielerisch geschehen und im Umgang mit den Naturobjekten als Realobjekte. Um eine vorzeitige „Verschulung" der kindlichen Neugier zu vermeiden, sollte der Inhalt den Kindern im Handeln quasi nebenbei vermittelt werden. Begriffe, die das Kind erfragt und die im Moment bei den ErzieherInnen nicht parat sind, könnten über ein Kita-Tablet, das für Recherchen in der Kita zur Verfügung steht, ermittelt werden. Auch der Umgang mit Informationsquellen kann auf diese Weise spielerisch eingeübt werden.

LEITSATZ 1:

Zur Umweltbildung gehört es das Umweltverhalten transparent zu machen.

LEITSATZ 4:

Umweltbildung muss auf der Basis eines Verantwortungsbewusstseins der Menschen und einer intensiven Beziehung zum Planeten Erde zu einer Bereitschaft für ökologisches Handeln führen.

LEITSATZ 7:

Es braucht eine kindorientierte, ganzheitliche und motivierende Methodik für Umweltbildung, in deren Mittelpunkt die originale Begegnung mit den Naturphänomenen und der Umwelt steht.

Eine tiefe Beziehung zur Natur und die Bereitschaft zu ökologischem Verhalten und umweltbewussten Handlungen kann nur über das affektive, bewusste Erleben der Natur erreicht werden. Dies kann nicht allein im Gelände der Kita geschehen, sondern die Kinder müssen in die Natur geführt werden und dies so oft wie möglich, unabhängig vom Wetter. Gerade das Erleben der Natur zu unterschiedlichen Jahreszeiten und das Bewusstmachen von Veränderungen, schafft ein vertieftes Verständnis von den Systemen der Natur und den Beziehungen von Flora und Fauna. Die Veränderung eines Waldabschnittes im Lauf der Jahreszeiten mit den dazugehörigen Pflanzen und Tieren, welche die Kinder über lange Zeit regelmäßig beobachten können, stellt hier die Basis für das Verständnis dar. Damit die Kinder Handlungsstrategien an die Hand bekommen, sollte dies in Kleinprojekten eingeübt werden. Eine Waldputzaktion kann die Kinder an umweltbewusstes Verhalten heranführen, indem ihnen beim „Mülleinsammeln" bewusst wird, dass der Mensch sich nicht immer umweltbewusst verhält. Die Analyse eines Waldabschnittes mit Fußgängerwegen im Sommer beispielsweise lässt deutliche Veränderungen im Sinne von Umweltverschmutzungen erkennen, wenn man diesen Abschnitt vor und nach einem Wochenende mit Besuchern untersucht. Die Untersuchung von vorgefundenem Müll regt die Kinder zum Nachdenken an und motiviert zum Handeln. Diese Motivation sollte dann aufgegriffen und in einem handlungsorientierten Projekt zur Müllvermeidung und Aufklärung in der Gemeinde umgesetzt werden.

LEITSATZ 5:

Umweltbildung muss das Spannungsfeld von Kaufkraft und Konsumverhalten aufzeigen und Kriterien für Entscheidungen für den nachhaltigen Konsum darlegen.

Eine wichtige Rolle könnte hierbei im Speziellen die regelmäßige Exkursion auf den Wochenmarkt spielen. Die Kinder sehen je nach Jahreszeit dort saisonale und regionale Lebensmittel, wie Obst und Gemüse, und bekommen ein Gespür dafür, welche Produkte die Natur für die Existenz des Menschen bietet. Auch der selbstständige Anbau von Gemüse in der Kita, bei dem die Kinder pflegerische Aufgaben übernehmen, hilft den Kindern eine Vorstellung davon zu bekommen, welche Anstrengung es kostet, Nahrungsmittel selbst zu produzieren. Hierbei bekommen die Kinder im Alter vondrei- bis sechs Jahren zwar noch nicht ein tiefes Verständnis von ökonomischen Verhältnissen zu Kaufkraft und Konsumverhalten, dennoch verspüren sie den „Wert" der Lebensmittel und anderer Dinge. Als vergleichender Lernort zum Wochenmarkt eignet sich der Supermarkt, bei dessen Besuch die Kinder Unterschiede in der Quantität und Vielfalt der Lebensmittel feststellen können.

LEITSATZ 6:

Philosophie, Ethik und Religion müssen in die Umweltbildung einbezogen werden, um die Bedeutung und Verantwortung jedes Einzelnen für das Leben auf der Erde und dessen Fortbestand zu problematisieren und zu analysieren.

LEITSATZ 12:

Die Lernprozesse im Feld der Natur-Mensch-Beziehung sollten gehaltvoll sein und möglichst viele subjektive bedeutsame Interpretationsmöglichkeiten zulassen.

Wir leben in einer Gesellschaft, die durch eine große Bandbreite an sozialen, kulturellen und ökonomischen Bedingungen gekennzeichnet ist:

- Unterschiede im äußeren Erscheinungsbild
- Unterschiede in den gesellschaftlichen Gruppen und Schichten
- unterschiedliche Werte und Haltungen in ethischen Fragen und Religion
- variable Lebensstile und Lebenseinstellungen
- Sprachunterschiede
- Unterschiede durch elterliche Sozialisationspraktiken und -ziele

Die Kinder sollten entsprechend orientiert an ihrer Vielfalt eine Bildung für Nachhaltige Entwicklung erhalten, die diese Unterschiede berücksichtigt. Dazu ist es notwendig, dass sich die ErzieherInnen diese Unterschiede bewusst machen. Entsprechend ihrer Sozialisation, Religion und Persönlichkeit sollte mit den Kindern philosophiert werden. Umweltbezogene Probleme betreffen jeden, unabhängig seiner Herkunft, denn für die Menschheit gibt es nur diesen einen Planeten und momentan gibt es keinen Plan B, der eintritt, wenn wir den Planeten endgültig vernichtet haben.

Allerdings sollte das Philosophieren mit den Kindern nicht in einer Abschreckungsdidaktik enden, bei der die Kinder schließlich resigniert aufgeben. Dass engagiertes Handeln positive Auswirkungen haben kann, sollten die Kinder erfahren können. Auch sollten ErzieherInnen den Kindern keine Meinung aufdrängen. Vielmehr sollten unterschiedliche Positionen und Handlungs- und Denkweisen aufgezeigt werden, aus deren Vielfalt sich das Kind ein eigenes Bild und eine eigene Vorstellung machen kann. Jedes Kind sollte nach einer Exkursion in die Natur Zeit und einen entsprechenden Raum zur Selbstreflexion und zur Verarbeitung der Erfahrungen und Erlebnisse bekommen. In Gesprächen und Diskussionen mit Gleichaltrigen und den ErzieherInnen können die Erlebnisse verarbeitet werden und Impulse und neue Anstöße für weitere Handlungen angeregt werden. Dem multikulturellen Aspekt kommt bei der Verarbeitung der Erfahrungen unter dem Aspekt der unterschiedlichen Gesinnungen und Religionen eine besondere Bedeutung zu. Die Kinder lernen Neues über andere Kulturen, Ansichten und erfahren über den Austausch vielfältige Probleme und deren Lösungen. Der interkulturelle Garten beispielsweise, bei dem aus den unterschiedlichsten Herkunftsländern verschiedene Pflanzen wachsen, regt zum Austausch über die Verarbeitung derselben oder zum Austausch über Geschichten und Bräuche zum Umgang mit diesen an.

LEITSATZ 8:

Vorhandene didaktische und methodische Konzeptionen und Programme von Umweltbildung und Umwelterziehung müssen an aktuelle Bedürfnisse und Gegebenheiten angepasst werden.

LEITSATZ 9:

Eine zeitgemäße Umweltbildung muss

derzeitige kulturelle Trends und Leitbilder berücksichtigen und sich an das Umfeld und die Vorerfahrungen der Lernenden anpassen.

Leitsatz 8 und 9 gehen einher mit einer aufklärenden zeitgemäßen Didaktik bei drei- bis Sechsjährigen. In dieser Didaktik sollten die Strategien (vgl. Kapitel 1.2.2) wie die Suffizienz-, die Effizienz- und die Konsistenz-Strategie und vor allem die Prinzipien (vgl. Kapitel 1.2.3) eine wesentliche Rolle spielen, um Bildung für Nachhaltige Entwicklung umzusetzen.Ziel wäre eine Gestaltungskompetenz (vgl. Kapitel 1.3.2) bei den Kindern zu fördern, die sie selbstbewusst, positiv motiviert und mit einer optimistischen „Gelingens-Überzeugung" handeln lässt.

Die Kinder orientieren sich bei ihrer Wahrnehmung und deren Deutung oft stark an den Erwachsenen und deren Welt und natürlich auch an vorgefundenen Medien. Dies muss den ErzieherInnen bewusst sein und sie sollten sich auf dem aktuellsten Stand der Zeit mit ihren jeweiligen Leitbildern an die Kinder annähern. Das heißt aber auch, dass negative Leitbilder kritisch durchdacht und ggfs. als negativ bewertet werden müssen. Von den ErzieherInnen wird dabei Feingefühl erwartet, vor allem wenn es um die Vorstellungen der Eltern der Kinder geht. Hier sollten intensive Gespräche zu Vorstellungen der Eltern und Ansichten zum Thema „Nachhaltigkeit" geführt werden. Vor allem sollten die Eltern in die BNE-Projekte intensiv einbezogen werden, damit BNE und nachhaltiges Leben und Konsumieren im Elternhaus für die ganze Gemeinschaft auch einen größeren Stellenwert bekommt.

3.2. EFFEKTIVE VERANKERUNG VON BNE IN KINDERGÄRTEN – DIE VORGEHENSWEISE BEI DER EINFÜHRUNG VON BNE IN DER KITA

Um BNE effektiv in den Alltag der Kindertagesstätte einzubinden, ist es wichtig dies schrittweise und strukturiert zu tun. Nutzen Sie hierzu Ihre Potenziale in der Kita! Die erste Bestandsaufnahme ist eine wichtige Datenbasis für nachfolgende Betrachtungen. Bei einer intensiven Betrachtung der möglichen Aktionsbereiche in der Kita als Bildungsinstitution kristallisierten sich vier Handlungsfelder heraus:

A) DIE BILDUNGSINSTITUTION UND IHR BETRIEB: WAS HABEN WIR ZUR VERFÜGUNG?

ZENTRALE FRAGEN:
Welche Werte (Prinzipien) spielen für die Einrichtung eine wichtige Rolle?

Ist Nachhaltige Entwicklung bzw. Bildung für Nachhaltige Entwicklung bereits im Leitbild verankert?

Besprechen Sie in Ihrem Kollegium bei Teamsitzungen die Fakten ihrer Einrichtung im Hinblick zur BNE.

Die Fakten einer Einrichtung sind:
- Rahmenbedingungen wie Größe, Kinderzahl und Umgebung, wie etwa Garten, Schule, Betriebe

- sparsamer Umgang mit Betriebsmitteln (Bastelmaterialien, Strom), ökologischer Einkauf, regionales Essen, saisonales und Bio-Essen

- Erstellen von Strategien, Leitbild, Werten und Analyse im Kollegium, Vorstellungen der Leitung und des Trägers analysieren.

B) LERNRÄUME IN DER KITA: WO KÖNNEN SIE BNE AKTIV BETREIBEN?

ZENTRALE FRAGE:

Welche Lernräume sind bereits an der Kita vorhanden und wo müsste etwas Alternatives gefunden oder installiert werden?

Lernräume und ihre Funktion: Sinnes- und Naturräume, Aktions- und Handlungsräume, Ruhe- und Kommunikationsräume (vgl. Kapitel 2.1:).

- Räume im Gebäude der Kita: Lern-ecken, Forschungsecken, Kommunikationsräume, Minilabore, Kleinbiotope wie Aquarium und Terrarium, Pflanzkübel oder Ähnliches

- Räume im Außengelände der Kita: Garten, Aktions- und Bewegungsplätze, Hecken, Bäume, Teiche, Insektenkästen, Bienenhaus, Vogelhaus oder Ähnliches

- Räume außerhalb der Kita: Wald, Wiese und andere Biotope, Museum, Zoo, Tiergehege, Imker, Bäcker, Schuhmacher, Schreiner und andere Berufsgruppen, Landwirtschaft, Bio-Gärten oder Ähnliches

C) KOOPERATION, PARTIZIPATION UND TRANSFER:

ZENTRALE FRAGE:

Mit wem haben Sie Kooperationsmöglichkeiten?

Sind in der Gemeinde Organisationen, Vereine, welche sich mit der Umwelt bzw. NE auseinandersetzen wie: eine lokale Agenda 21, BUND oder Ähnliches?

Mit welchen Vereinen, Organisationen und/oder Betrieben wird bereits kooperiert?
Mit wem kann eine Kooperation begonnen werden?

Wirkung der Kita nach außen: in die Familien, in die Gemeinde und Träger, Betriebe, Schulen und Vereine: Bestimmte Themen wie „Suffizienter Umgang mit Ressourcen" oder „Gesunde Ernährung" eignen sich besonders für die Wirkung in die Gesellschaft.

Wirkung von außen in die Kita: Zusammenarbeit mit den Eltern, Großeltern, Schulen, örtliche Betriebe oder Vereine. Kompetenzen bzw. Fertigkeiten und Fähigkeiten der einzelnen Organisationen und Personen können für die eigentliche Aktion verwendet werden.

D) LERNFELDER UND INHALTE ZU BNE / THEMENWAHL FÜR EIN PROJEKT:

ZENTRALE FRAGE:

Welche Themen sind aktuell und Ihnen besonders wichtig?

Zunächst sollten es Themen sein, welche die wesentlichen drei Dimensionen von NE beinhalten und eine Vernetzung dieser ermöglichen. (vgl. Kapitel 1.2.4) Die Oberthemen (vgl. Teil II der Publikation) bieten gute Voraussetzungen um BNE umzusetzen:

1. Biodiversität: Pflanzen und Tiere
2. Klima
3. Boden
4. Wasser
5. Natürliche Ressourcen und Energie
6. Kreisläufe und Systeme

Weitere wesentliche Themen, die integriert in diesen Oberthemen betrachtet werden sollten, sind:

- Zukunft
- Kulturelle Vielfalt
- Frieden
- Menschenwürde
- Lebensqualität
- Ernährung und Nahrungsmittel / Konsum

Es ist zudem sinnvoll ,ein Thema zu wählen, welches die Umgebung der Kita integriert. Außerdem die Ziele des Projekts in Bezug zum Thema und zum Lernort festlegen, welche Kompetenzen werden gelehrt? Zum Beispiel kann sehr gut das Thema Kartoffeln im Eimer ausgewählt werden, wenn eine Gärtnerei oder Bauer in der Nähe ist. Hier kann die Kompetenz der umliegenden Betriebe genutzt werden.

Konkrete Beispiele für die Praxis finden sich in den Unterthemen im Teil II der Publikation. Geeignet sind Themen wie zum Beispiel „Kartoffel aus dem Eimer", „Boden speichert und reinigt Wasser" oder Ähnliches. Schließlich sollten die pädagogischen Ziele der ErzieherInnen mit den Themen verwirklichbar sein. Zu den pädagogischen Zielen von BNE in der Kita im Besonderen gibt das Kapitel 1.3.2 zur Gestaltungskompetenz und die Kapitel 2.1f. Aufschluss.

3.2.1 ZUSAMMENFASSUNG ZUR VORGEHENS-WEISE BEI DER EINFÜHRUNG VON BNE IM KINDERGARTEN

Bei der Einführung von BNE sollten alle Beteiligten mitgenommen werden und das Thema in allen seinen Disziplinen analysiert werden. Dies geschieht am besten mit der Projektmethode. Nach Emer und Lenzen (2002) läuft ein idealtypischer Projektverlauf in sechs Schritten ab.

Die Beteiligten, die auch im Sinne der lokalen Agenda 21 eingebunden werden können, sind auf allen Ebenen des öffentlichen Lebens zu finden: Es sind die Träger der Kita (Frei, Kirche oder Gemeinde), die Leitung der Kita, alle ErzieherInnen, in der weiteren Arbeit auch das Umfeld, wie Eltern, Schulen, örtliche Betriebe oder Vereine.

Konkret heißt dies auch, sobald der Träger und die Kita-Leitung sich sicher sind BNE einzuführen, sollten allen ErzieherInnen Schulungen, am besten zeitgleich, ermöglicht werden. Somit erhalten alle ErzieherInnen dieselben Voraussetzungen und demzufolge können aus Gesprächen – jederzeit und spontan und aus aktuellen Zeitgeschehen und Anlässen – gemeinsame Ideen zur Umsetzung von BNE entstehen. Mit dieser Maßnahme unterbindet man sogenannte Gegner

1. Initiierungsphase: Das Thema wird gefunden und die Rollen werden reflektiert

2. Einstiegsphase: Die Gruppen konstituieren sich nach Interessen und Themen

3. Planungsphase: Produkte, Arbeitsmethoden, Zeit-, Material- und Arbeitsplan festlegen

4. Durchführungsphase: Material beschaffen und erkunden, Produkte erstellen

5. Präsentationsphase: Produkte werden präsentiert und analysiert

6. Auswertungsphase: Produkte und ihre Wirkung werden bewertet, der Prozess analysiert

→ Das Produkt wird dokumentiert und evtl. wird das Projekt weitergeführt

Abbildung „idealtypischer Projektverlauf"

beim Wandel der Kita, welche oft mehr Arbeitsaufwand befürchten oder Angst vor ungewohnter Arbeitsweise haben (vgl. Pufé 2012, S. 25).

Ein weiterer wichtiger Punkt ist die Aufklärung oder Transparenz gegenüber allen Kooperationspartnern im Umfeld, speziell sollten die Eltern informiert werden. Eine vertraute Kommunikation zwischen den Kooperationspartnern ist für alle Beteiligten von großem Nutzen. Durch vorbildhafte Kooperationen mit regionalen Partnern strahlt Nachhaltige Entwicklung in die gesamte Region. Das Bewusstsein zur Nachhaltigen Entwicklung wird gestärkt (vgl. Bühr/ Holzbaur/ Theiss 2013).

1. **Projekt aussuchen und einordnen: Das Projekt in die vier Handlungsbereiche Bildungsinstitution, Pädagogische Ziele und Kooperationen/Transfer und Lernräume einordnen.**

2. **Projekt durchführen, reflektieren und verbessern.**

Durch den kontinuierlichen Verbesserungsprozess der BNE-Projekte können die Strategie, das Leitbild und die Werte der Einrichtung gefestigt werden. Des Weiteren werden die Handlungsbereiche genauer definiert, verfeinert und immer weiterentwickelt.

Dieser Verbesserungsprozess ist im Qualitätsmanagement unter dem Begriff PDCA-Zyklus bekannt. Qualitätsbestimmende Faktoren sollen in vier Phasen (Plan, Do, Check, Act) kontinuierlich verbessert werden (vgl.: Lexikon Qualitätsmanagement,

Wissen http:// www.qm-wissen.de/wissen/ qm-lexikon/pdca-zyklus.php, letzter Zugriff 21.08.2014).

ABLAUFSCHEMA DES PDCA-ZYKLUS:

Plan: Planungsphase und in den folgenden Zyklen Verbesserungsmaßnahmen.

Do: Die geplante Maßnahme durchführen und umsetzen.

Check: Bewertung der Maßnahme hinsichtlich der erreichten Ziele.

Act: Auf der Grundlage der Ergebnisse in der Checkphase werden Korrekturen vorgenommen. Dies ist wiederum der Ausgangspunkt für einen erneuten Durchlauf des Zyklus.

Grundsätzlich sollten die Situation und die Gegebenheiten in der Kita vor Projektbeginn analysiert werden. Dazu helfen das folgende Schaubild sowie die Planungstabellen im Anhang.

ANALYSE DER KITA-SITUATION VOR PROJEKTBEGINN

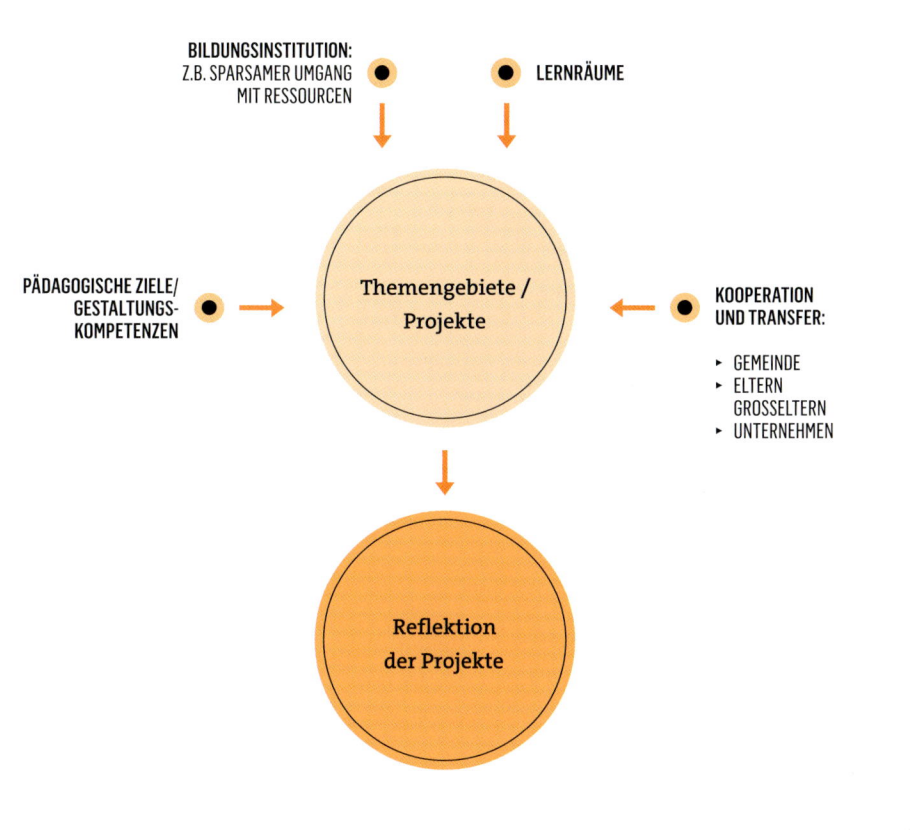

BILDUNGSINSTITUTION:
Z.B. SPARSAMER UMGANG
MIT RESSOURCEN

LERNRÄUME

PÄDAGOGISCHE ZIELE/
GESTALTUNGS-
KOMPETENZEN

Themengebiete /
Projekte

KOOPERATION
UND TRANSFER:

‣ GEMEINDE
‣ ELTERN
   GROSSELTERN
‣ UNTERNEHMEN

Reflektion
der Projekte

4. DER „KÜRBIS" ALS BNE – PARADEBEISPIEL FÜR REFLEKTIERTE AKTIONSMÖGLICHKEITEN

[15] Kürbisse

In diesem Kapitel werden am durchgehenden Beispiel „Kürbis" die möglichen Umsetzungen betrachtet. Die einzelnen Themen werden immer im Bewusstsein der NE-Prinzipien, Strategien und der Nachhaltigen Entwicklung mit entsprechenden pädagogischen Methoden umgesetzt, um eine ganzheitliche Bildung für Nachhaltige Entwicklung in der Kita zu gestalten. Je nachdem mit welcher pädagogischen Methode die einzelnen Aktionen umgesetzt werden, kommen die entsprechenden Nachhaltigkeitsstrategien und -prinzipien zur Anwendung.

In den einzelnen Themen wird der Bezug zur Nachhaltigkeit mit den drei Säulen und zur Gestaltungskompetenz mit den zwölf Teilkompetenzen erläutert. Des Weiteren wird das Oberthema identifiziert.

4.1 BNE-BEISPIELTABELLE ZUM KÜRBIS

Das Beispiel Kürbis wurde gewählt, weil es für die Schwerpunkte des Projekts hervorragende Anknüpfungspunkte liefert, aber auch zeigt, wie sich andere Themenbereiche andocken lassen.

Die nachfolgende Tabelle 4.1.2 stellt die Quintessenz dieser Überlegungen dar. Wie Kürbisse angepflanzt werden und als Ernteprodukte verarbeitet werden können, zeigt das Kapitel 4.1.3.

4.1.1 AUFBAU DER BEISPIELTABELLE

Die Beispieltabelle (vgl. Kapitel 4.1.2) soll den Querbezug zwischen möglichen Themen (Unterrichtseinheiten, Aktivitäten) und den in diesem Leitfaden betrachteten Aspekten der BNE geben. Sie kann in zwei Richtungen für die eigene Arbeit genutzt werden:

- Um zu erkennen, welche exemplarischen Themen bei einem Beispiel angesprochen werden können.
- Um für ein gegebenes BNE-Thema den Raumbezug und exemplarische Einheiten oder Aktivitäten zu finden.

STICHWORT
Diese Themen beziehen sich auf einen bestimmten Inhalt, der am Beispiel Kürbis betrachtet wird. Das Stichwort soll die Identifikation erleichtern.

KERNFRAGE/EINSTIEG
Die Themen beziehen sich auf einen bestimmten Inhalt, der am Beispiel Kürbis betrachtet wird. Die Kern- und Einstiegsfragen dienen der Charakterisierung des Themas und als pädagogisch-didaktische Hilfe.

AKTIONEN
Hier werden mögliche Aktionen beschrieben (Lehreinheiten, Projekte), siehe auch Teil II.

AKTIVITÄTSBEZOGENE KATEGORIEN
Diese Kategorien beziehen sich auf das Kernthema dieser Publikation, den Raumbezug.

Hier werden Lernräume gemäß Kapitel 2.2 differenziert:

- Sinnes- und Naturräume
- Aktions- und Handlungsräume
- Ruhe- und Kommunikationsraum

THEMENFELDER FÜR DEN NACHHALTIGKEITSBEZUG
(Drei Säulen-Modell, vgl. www.bne-portal.de)
Diese Themenfelder stellen den Bezug zu den
drei Dimensionen (drei Säulen) und Aspekten der Nachhaltigkeit dar (vgl. Kapitel 1.2.4).

ÖKOLOGIE
- Biodiversität: Pflanzen und Tiere
- Klima
- Boden
- Wasser
- Natürliche Ressourcen / Energie
- Biologie

SOZIALES
- Kulturelle Vielfalt
- Frieden und Menschenwürde
- Ernährung
- Generationenfolge
- Internationales
- Menschenwürde
- Ethik
- Hygiene

ÖKONOMIE
- Lebensqualität
- Konsum
- Wertschöpfung
- Technik

THEMENFELDER FÜR DIE NACHHALTIGKEITSSTRATEGIEN
Diese Themenfelder stellen den Bezug
zu den Strategien der Nachhaltigkeit dar
(vgl. Kapitel 1.2.2).

- Effizienz
- Suffizienz
- Konsistenz

THEMENFELDER FÜR DIE NACHHALTIGKEITSPRINZIPIEN
Diese Themenfelder stellen den Bezug zu
Prinzipien der Nachhaltigkeit dar (vgl. Kapitel 1.2.3).

- Intergenerationelle Gerechtigkeit
- Intragenerationelle Gerechtigkeit
- Interdisziplinarität und Vernetzung
- Partizipation
- Glokalität
- Zukunftsorientierung

BNE – KOMPETENZEN UND GESTALTUNGSKOMPETENZ
Diese Themenfelder stellen den Bezug zu den
Komponenten der Bildung für Nachhaltige
Entwicklung und der Gestaltungskompetenz
(vgl. Kapitel 1.3) dar. Die Teilkompetenzen
wurden hier zu vier Kernkompetenzen der
Gestaltungskompetenz (1. Wissen erwerben,
2. Planen und handeln, 3. Fühlen und dies
demonstrieren, 4. Reflektieren) zugeordnet.

WISSEN ERWERBEN
T1: Weltoffen und neue Perspektiven
integrierend Wissen aufbauen
T3: Interdisziplinär Erkenntnisse
gewinnen und handeln

PLANEN UND HANDELN
T3: Interdisziplinär Erkenntnisse
gewinnen und handeln
T5: Gemeinsam mit anderen planen
und handeln können
T7: An kollektiven Entscheidungsprozessen
teilhaben können
T8: Sich und andere motivieren können,
aktiv zu werden
T10: Vorstellungen von Gerechtigkeit
als Entscheidungs- und Handlungsgrundlage
nutzen können

T11: Selbstständig planen und handeln
können

FÜHLEN UND DIES DEMONSTRIEREN
T12: Empathie für andere zeigen können

REFLEKTIEREN
T2: Vorausschauend Entwicklungen
analysieren und beurteilen können
T4: Risiken, Gefahren und Unsicherheiten
erkennen und abwägen können
T6: Zielkonflikte bei der Reflexion über
Handlungsstrategien berücksichtigen
können
T9: Die eigenen Leitbilder und die anderer
reflektieren können

4.1.2 BEISPIEL TABELLE ZUR UMSETZUNG VON BNE AM THEMA „KÜRBIS"

Am Beispiel „Kürbis" werden hier die möglichen Aktionen und Themenanknüpfungen dargestellt. Diese Übersicht soll stichwortartig Anregungen geben und setzt die Beschäftigung mit den Grundlagen in Teil I voraus. Nach dem Prinzip dieser Darstellung könnten weitere Ideen für die vorbereiteten Aktionen in Teil II ausgearbeitet werden.

STICHWORT	KERNFRAGE EINSTIEG	AKTIONEN	RAUM	BNE DIMENSIONEN UND THEMENFELDER	NACHHALTIGKEITS-STRATEGIEN UND BNE-PRINZIPIEN	BNE-KOMPETENZEN GESTALTUNGS-KOMPETENZ
ANZUCHT	Wie bauen wir den Kürbis an? Was kaufen wir ein?	Beet vor-bereiten – Kürbissamen kaufen oder lagern. Aussaat pikieren, Pflege	Ruhe- und Kommunikations-raum: Planen Aktions- und Handlungsräume	Ökologie: Biologie Soziales: Generati-onenfolge Wirtschaft Einkauf	Suffizienz Partizipation	Wissen erwerben Planen und handeln
ANBAU	Wie bauen wir den Kürbis an? Was kaufen wir ein?	Beet vorbereiten, Einkauf, Ein-pflanzungs-aktion, Pflege	Aktions- und Handlungsräume Sinnes- und Naturraum	Ökologie: Biologie Soziales: Generationenfolge Wirtschaft: Einkauf	Suffizienz Partizipation	Wissen erwerben Planen und handeln
ANBAU SAISON-KALENDER	Wann können wir den Kürbis anbauen? Wie sieht das bei anderen Pflan-zen aus?	Jahresplanung	Ruhe- und Kom-munikations-raum: Planen	Ökologie: Biologie Ökologie: Saisona-les, Ressourcen-schonung	Suffizienz Effizienz	Wissen erwerben Planen und handeln
SAATGUT GEWINNEN	Woher bekommen wir die Kürbis-samen?	Kürbissamen gewinnen, säubern und trocknen	Aktionsraum	Ökologie: Biologie Soziales: Generationenfolge Wirtschaft: Wirtschafts-kreislauf	Suffizienz Partizipation	Wissen erwerben Planen und handeln

STICHWORT	KERNFRAGE EINSTIEG	AKTIONEN	RAUM	BNE DIMENSIONEN UND THEMENFELDER	NACHHALTIGKEITS-STRATEGIEN UND BNE-PRINZIPIEN	BNE-KOMPETENZEN GESTALTUNGS-KOMPETENZ
SAATGUT AUFBE-WAHREN	Wie bewahrt man das Saatgut über den Winter auf? Wann verdirbt Saatgut?	Kürbissamen auf-bewahren, Gefäße herstellen, Klima-bedingungen schaf-fen Regel-mäßige Kontrolle: Einteilung und Plan Geschichten zum Thema, Saat-gut aufbewahren Analogie „Herd-feuer bewahren"	Aktionsraum für Herstellung von Gefäßen Ruheraum für Aufbewahrung und Reflexion	Ökologie: Biologie Soziales: Generationen-folge Wirtschaft Einkauf	Effizienz Zukunfts-orientierung	Wissen erwerben Planen und handeln Verantwortung
BASTELN HALLOWEEN UND RÜBEN-GEISTER	Was machen wir aus Kürbissen? Wie machte man das früher?	Mit Kürbissen kreativ sein	Aktions-Handlungsräume	Soziales: Kulturelle Vielfalt	Suffizienz	Wissen erwerben Planen und handeln
ESSBARE BLÜTEN	Warum essen wir vor allem männ-liche Blüten?	Kochen mit Blüten	Ruhe- und Kommunikations-raum: Aktions- und Handlungsräume	Soziales: Ernährung	Zukunfts-orientierung	Wissen erwerben Planen und handeln
EINKAUF UND MENGEN PLANEN	Wie viel kaufen wir von was ein?	Einkaufen planen, Einkaufen	Ruhe- und Kom-munikationsraum: Aktions-Handlungsräume	Wirtschaft: Rechnen und Größenordnung	Partizipation	Planen und Handeln

STICHWORT	KERNFRAGE EINSTIEG	AKTIONEN	RAUM	BNE DIMENSIONEN UND THEMENFELDER	NACHHALTIGKEITS-STRATEGIEN UND BNE-PRINZIPIEN	BNE-KOMPETENZEN GESTALTUNGS-KOMPETENZ
ERNTE	Wann kann man den Kürbis ernten? Was machen wir damit?	Ernteplanung Verarbeitung	Ruhe- und Kommunikations-raum: Aktions-Handlungsräume	Ökologie: Biologie	Partizipation	Wissen erwerben Planen und handeln
ERNTE SAISON-KALENDER	Wann können wir den Kürbis ernten? Wie sieht das bei anderen Pflanzen aus?	Jahresplanung	Ruhe- und Kommunikations-raum: Aktions- und Handlungsräume	Ökologie: Saisonales, Ressourcenschonung	Partizipation	Wissen erwerben Planen und handeln
ERNTE IM GROSSEN MASSSTAB	Wie kommt der Kürbis auf den Markt? Woher kommt das Kür-bisöl?	Kürbisöl verkos-ten und mit Ker-nen vergleichen	Ruhe- und Kommunikations-raum: Sinnes- und Naturraum	Soziales: Internati-onales, Wirtschaft: Arbeit	Wissen erwerben Fühlen und dies demonstrieren Reflektieren	Wo kommt der Kürbis her? Wie sieht das mit anderen Pflanzen aus?
FAIR-TRADE-PRODUKTE	Wo kommt der Kürbis her? Wie sieht das mit anderen Pflanzen aus?	Handelswege auf dem Globus	Ruhe- und Kommunikations-raum:	Soziales: Internationales	Zukunftsorientie-rung	Wissen erwerben Reflektieren
GANZHEIT-LICHE VER-WERTUNG	Was können wir verwerten?	Fruchtfleisch verarbeiten, Samen trocknen	Aktions- und Handlungsräume	Wirtschaft: Konsum	Suffizienz	Wissen erwerben Reflektieren
GESCHICHTEN ZU AUSSAAT UND ERNTE	Wie haben das eure Großeltern früher gemacht?	Geschichten sam-meln und Bilder zu Geschichten malen	Ruhe- und Kommunikations-raum	Soziales: Kulturelle Vielfalt		Wissen erwerben Fühlen und dies demonstrieren

STICHWORT	KERNFRAGE EINSTIEG	AKTIONEN	RAUM	BNE DIMENSIONEN UND THEMENFELDER	NACHHALTIGKEITS-STRATEGIEN UND BNE-PRINZIPIEN	BNE-KOMPETENZEN GESTALTUNGS-KOMPETENZ
GESCHICHTEN ZU HALLOWEEN UND RÜBENGEISTER	Was machte man früher im Herbst? Welche Geschichten kennt ihr?	Geschichten erzählen, Visualisieren	Ruhe- und Kommunikationsraum	Soziales: Kulturelle Vielfalt		Wissen erwerben
GESCHICHTEN, SAGEN UND MÄRCHEN	Welche Märchen ranken sich um den Kürbis?	Geschichten Erzählen, Visualisieren	Ruhe- und Kommunikationsraum	Soziales:Kultur Frieden, Menschenwürde, Ethik		
HERKUNFT DER KÜRBISSORTEN	Warum gibt es verschiedene Kürbissorten?		Ruhe- und Kommunikationsraum	Soziales: Internationales		Wissen erwerben
KOCHEN BEURTEILEN	Wie schmeckt dir Kürbis am besten? Kriterien: Gesund, Schmackhaft	Kochen z.B. gerösteten Kürbis, Kürbissuppe	Sinnes- und Naturraum	Ökologie: Biologie	Fühlen und dies demonstrieren Reflektieren	Fühlen und dies demonstrieren Reflektieren
KOCHEN MIT KÜRBIS	Was kann man aus einem Kürbis kochen?	Kochen z.B. östeten Kürbis, Kürbissuppe	Sinnes- und Naturraum Aktions- Handlungsräume	Soziales: Ernährung	Partizipation	Wissen erwerben Planen und handeln
KOCHEN PLANEN	Wie bereitet man Kürbisse zu?		Ruhe- und Kommunikationsraum	Wirtschaft: Naturwissenschaft des Kochens	Partizipation	Wissen erwerben Planen und handeln
KOCHEN UND KONSUM VON FLEISCH	Wieviel Fleisch essen wir?	Fleisch und Klima	Ruhe- und Kommunikationsraum Sinnes- und Naturraum Aktions-Handlungsräume	Soziales: Werte Ökologie: Klima und Fleisch	Partizipation	Wissen erwerben Reflektieren

STICHWORT	KERNFRAGE EINSTIEG	AKTIONEN	RAUM	BNE DIMENSIONEN UND THEMENFELDER	NACHHALTIGKEITS- STRATEGIEN UND BNE-PRINZIPIEN	BNE-KOMPETENZEN GESTALTUNGS- KOMPETENZ
KOCHEN, RE- ZEPTE AUS- WÄHLEN UND ANPASSEN	Was kochen wir heute?	Schreiben, Gestalten	Aktions- und Handlungsräume	Soziales: Ernährung	Partizipation	Wissen erwerben
KONSER- VIERUNG	Wie kann man den Kürbis haltbar machen?	Wissen sammeln: Eindünsten, Einsalzen, Ein- legen, Trocknen	Ruhe- und Kommunikations- raum	Soziales: Ernährung	Intergenerationelle Gerechtigkeit	Planen und handeln
KÜRBIS UND ZUCCHINI	Zucchini sind auch Kürbis- gewächse	Pflanzen- verwandtschaft Ernährungs- vielfalt	Ruhe- und Kommunikations- raum	Ökologie: Biodiversität		Wissen erwerben Reflektieren
WAS MAN AUS RESTEN MACHEN KANN	Was machen wir aus den Resten?	Kochen mit Resten	Ruhe- und Kommunikations- raum Aktions- Handlungsräume	Wirtschaft: Konsum	Suffizienz Effizienz	Wissen erwerben
REZEPTE AUS DEINER HEIMAT	Welche Kürbis- geschichten kennst du?	Erzählen lassen / erzählen	Ruhe- und Kommunikations- raum		Glokalität	Reflektieren
SUPPE KOCHEN	Wie sollen wir die Kürbissuppe kochen? Welche Unterschiede gibt es beim Essen?	Rezeptauswahl. Anrösten (Butter, Schmalz, Speck) Gewürze	Aktions- Hand- lungsräume	Soziales: Ernährung, Hygiene Wirtschaft: Technik	Partizipation	Wissen erwerben Planen und handeln

STICHWORT	KERNFRAGE EINSTIEG	AKTIONEN	RAUM	BNE DIMENSIONEN UND THEMENFELDER	NACHHALTIGKEITS-STRATEGIEN UND BNE-PRINZIPIEN	BNE-KOMPETENZEN GESTALTUNGS-KOMPETENZ
SUPPE SELBST ABSCHMECKEN	Wie schmeckt die Suppe am besten?	Gewürze, Salz, Speck	Aktions-Handlungsräume Sinnes- und Naturraum	Soziales: Ernährung, Hygiene Wirtschaft: Technik	Partizipation	Wissen erwerben Planen und handeln Reflektieren
PRODUKTE HERSTELLEN	Was machen wir aus Kürbis?		Aktions-Handlungsräume	Wirtschaft: Technik		Planen und handeln
PRODUKTE VERKAUFEN	Was machen wir mit den Produkten? Wie können wir eine Aktion finanzieren? Was wollen wir mit dem Geld machen?	Verkaufsaktion planen	Aktions-Handlungsräume	Wirtschaft: Wertschöpfungskette		Planen und handeln
VIELFALT DER KÜRBIS-SORTEN	Wie unterscheiden sich die Kürbissorten? Wie entstehen Kürbissorten?	Marktbesuch	Ruhe- und Kommunikations-raum Aktions-Handlungsräume	Ökologie: Biodiversität	Glokalität	Wissen erwerben
WASSERVER-BRAUCH UND WAS-SERGEHALT	Wie viel Wasser beinhaltet ein Kürbis? Wie viel Wasser braucht ein Kürbis?	Trocknen	Ruhe- und Kommunikations-raum	Ökologie: Wasser	Suffizienz	Empathie, Werthaltungen

STICHWORT	KERNFRAGE EINSTIEG	AKTIONEN	RAUM	BNE DIMENSIONEN UND THEMEN-FELDER	NACHHALTIGKEITS-STRATEGIEN UND BNE-PRINZIPIEN	BNE-KOMPETENZEN GESTALTUNGS-KOMPETENZ
WIEVIEL KÜRBIS BRAUCHT DER MENSCH?	Einkauf Wie viele Kürbis-sorten brauchen wir? Nutzungsviel-falt.		Ruhe- und Kommunikations-raum	Wirtschaft: Lebensqualität	Suffizienz	Reflektion
KÜRBISSUPPE ZUHAUSE	Wollt ihr die Suppe zuhause kochen?	Rezept und Ab-laufplan	Ruhe- und ommunikations-raum	Soziales: Ernährung	Suffizienz	
JAHRES-KALENDER	Ändert sich das Klima?	Große / Eltern befragen	Zuhause	Ökologie: Klima	Intergenerationelle Gerechtigkeit	Wissenserwerb

4.2 VOM KERN ZUR SUPPE –
VON DER AKTION ZUR BILDUNG

VERSUCHSAUFBAU

Der Fachbereich „Umwelt und Stadtgrün" in Hannover schlägt zur Anzucht von Kürbissen folgendes vor:

MATERIAL

- Blumentöpfe (auch gebrauchte oder brauchbares Material wie Joghurtbecher mit Bodenloch) mit einem Durchmesser von 10 bis 12 cm
- Anzuchterde oder fein gesiebte Komposterde (ggf. leicht mit Sand vermischen)
- Kürbiskerne
- Komposterde
- Mulchdecke aus Grasschnitt oder Stroh

DURCHFÜHRUNG

Anzucht in den Blumentöpfen oder in Eierkartons. Die Kürbiskerne ab April eins bis zwei Zentimeter tief in die Erde stecken und leicht feucht halten. Im warmen Zimmer (helle Fensterbank) vorziehen. Keimzeit circa eine Woche. Nach circa drei Wochen gegebenenfalls vereinzeln (pikieren) und an einen kühleren Platz stellen, damit sich die Keimlinge an die niedrigeren Außentemperaturen gewöhnen können.

Anfang Mai sollte das Freigelände hergerichtet werden. Kürbisse sind frost- und windempfindlich, sie benötigen einen gelockerten, nährstoffreichen Boden und einen sonnigen Standort. Im Mai kann mit dem Herrichten des Pflanzbeetes begonnen werden. Jetzt kommt die Komposterde zum Einsatz. Der Kürbis braucht locker mit Kompost vermischte Gartenerde und beansprucht etwa zwei bis drei Quadratmeter Platz. Es reicht auch ein kleiner Hügel oder ein großer Kübel mit Kompost aus. Der beste Platz für die Kürbiskeimlinge ist direkt neben dem Kompost. Dort bekommt er durch das Sickerwasser Nährstoffe.

Ab Mitte Mai werden die Pflanzen mit einem Abstand von circa einem Meter nach dem letzten Nachtfrost ins Freie gepflanzt. Stroh oder eine Mulchdecke aus Grasschnitt schützt die Pflanzen vor dem Austrocknen (vgl. http://www.hannover.de/content/download/.../Anzucht_Anleitung_Kürbis.pdf vom 27.12.2014).

BEOBACHTUNG

- Direkte Zusammenarbeit mit Kindern und der Natur
- Weiterverarbeitung von Kompost
- Beobachten von Tieren, die im Kompost leben
- Sichtbares Wachstum vom Keimling über die Pflanze bis hin zur Frucht
- Direkte Erzeugung und Weiterverarbeitung im Kindergarten

ERKLÄRUNG

Hierbei erhalten Kinder die Möglichkeit eigenaktiv und mit wenig Anleitung selbst Kreisläufe der Natur zu erfahren. Dabei lernen sie zwei essenziell wichtige Kreisläufe kennen:

1. Den Kreislauf des Lebens: Vom Kern über die Pflanze zur Frucht und zurück zum Kern .
2. Den Materialkreislauf: Vom Lebewesen zum Boden zum Lebewesen.

Durch das Ansäen, Pflanzen und Ernten lernen die Kinder den Kreislauf von Kern zur Frucht und wieder zum Kern kennen. Sie erkennen den Grundbedarf der Pflanze: Licht, Wasser und Boden (Mineralstoffe). Durch den selbst hergestellten Kompost aus Nahrungsmittelabfällen, die im Kindergarten entstehen, wird eine Verknüpfung mit dem als Basis des Lebens notwendigen Boden hergestellt und dieser Kreislauf geschlossen. Durch die Beobachtung von Anfang Mai bis September erhalten die Kinder darüber hinaus nicht nur Einblick in das Wachstum, sondern können Merkmale von im Kompost lebenden Tieren erkunden aber auch Prozesse wie die Zersetzung. Darüber hinaus können die Kinder auch die eigene Rolle in diesen Kreisläufen erkennen. Dabei kann die Bedeutung der Nahrung (der Kürbis ist für das Kind das, was der Boden für die Pflanze ist) und der Kreisläufe (die eigene Einbindung in den Kreislauf des Lebens, Fäkalien und Kläranlage, Ende des Lebens und Tod) thematisiert werden.

Beim gemeinsamen Verarbeiten der Kürbisse entsteht ein sozialer Austausch und ermöglicht der pädagogischen Fachkraft nochmals den gesamten Vorgang von der Pflanzung der Kerne zur Frucht, der Weiterverarbeitung und der erneuten Kernpflanzung vorzunehmen, zu erklären und auf mögliche Fragen einzugehen.

TIPPS

- Alle Blüten bis auf zwei entfernen, sodass die ganze Kraft der Pflanze in zwei Kürbisse übergeht und so genannte „Prachtexemplare" entstehen können.
- Im September / Oktober ist der Kürbis reif (klopfen, wenn ein hohles Geräusch zu vernehmen ist, ist er fertig zur Weiterverarbeitung).

4.3 REZEPTE FÜR DIE KÜRBISSUPPE

Das Prinzip der Kürbissuppe ist nach (Holzbaur 2013) ganz einfach: Der Kürbis wird klein geschnitten und im Topf angebraten (Pflanzenöl), gesalzen, abgelöscht und weichgekocht. Zum Ablöschen kann Wasser (weniger Flüssigkeit, dafür etwas mehr Salz und Gewürze) oder eine Brühe mit entsprechendem Eigengeschmack (Gemüse- oder Fleischbrühe) verwendet werden.

Vor dem Kürbis kann eine klein geschnittene Zwiebel angebraten werden. Man kann auch anderes Gemüse dazugeben – der Fantasie sind keine Grenzen gesetzt. Weitere Zutaten, die dem Gericht eine interessante Note geben: Ingwer (klein schneiden), Curry, Orangensaft, Chilis, Knoblauch oder ähnliche Gewürze. Nach dem Kochen kann die Suppe zerkleinert werden (Pürierstab, Stampfer, Passieren), wenn dies nicht erfolgt, müssen die Kürbiswürfel sehr viel kleiner geschnitten werden. Die Suppe kann mit einem Öl (Kürbiskernöl) oder dunkler Schokolade und mit Kräutern aus dem Garten dekoriert und mit etwas Sahne verfeinert werden.

Hat man zwei farblich differenzierte Kürbissorten (man kann die Suppe auch mit etwas

Rote Beete einfärben) oder eine Kürbissuppe und eine mit einer anderen Basis (Zucchini, Karotten, Kartoffeln), lassen sich diese dekorativ im Teller nebeneinander einfüllen. Besonders dekorativ ist die Darbietung zweier übereinander geschichteter Suppen in einem Glas (Verrine) mit einer Sahnehaube.

4.4 BNE – POTENZIAL DES PROJEKTS „KÜRBIS"

Zusammenfasend kann man die folgenden Themenbereiche der BNE sehr konkret am Beispiel Kürbis umsetzen:
- Heimischer Anbau, keine Transportwege
- Keine Beanspruchung von anderen Kulturen/Ländern
- Regionales, saisonales Gemüse, biologisch angebaut
- Kompost als Nahrungsmittelabfall (Kreislauf)
- Kürbis als natürliches Produkt
- Kochen als Kompetenzerwerb
- Kochen, Dekorieren und Servieren
- Teamarbeit, Kooperation und Planung

TEIL II : PRAXIS, HANDLUNGSVORSCHLÄGE UND AKTIONEN ZUR PRAKTISCHEN UMSETZUNG VON BNE IN DER KITA

[16] Praxisteil

EINFÜHRUNG BNE –
THEMENFELDER FÜR DIE PRAXIS

Die folgenden Kapitel dienen als Orientierungshilfe bei der Umsetzung von BNE- Projekten in Kitas. Dies geschieht mithilfe von sechs Oberthemen. Jedes der sechs Oberthemen wird stellvertretend durch jeweils zwei ausgearbeitete Unterthemen für die Kitas praktisch umsetzbar. Diese Aktionen können beliebig erweitert werden und sollen im Sinne von „Startimpulsen" für größere Projekte stehen.

Die Kapitel liefern zu Beginn jeweils wichtige Hintergrundinformationen, also „Wissenswertes" und Definitionen zum Nachlesen und Sich-Informieren und zeigen außerdem an den Unterthemen (Aktionen) BNE – Potenziale sowie didaktische Ansätze mithilfe der BNE – Strategien und Prinzipien auf.

DIE OBERTHEMEN SIND:

1. Biodiversität: Pflanzen und Tiere
2. Klima
3. Boden
4. Wasser
5. Natürliche Ressourcen und Energie
6. Kreisläufe und Systeme

WEITERE WESENTLICHE THEMEN, DIE INTEGRIERT IN DIESEN OBERTHEMEN BETRACHTET WERDEN, SIND:

- Zukunft
- Kulturelle Vielfalt
- Frieden
- Menschenwürde
- Lebensqualität
- Ernährung und Nahrungsmittel / Konsum

In allen Themenfeldern lassen sich eine Vielzahl an Teilkompetenzen zur Gestaltungskompetenz sowie NE-Strategien (vgl. Kapitel 1.2.2), NE-Prinzipien (vgl. Kapitel 1.2.3) und NE-Dimensionen (vgl. Kapitel 1.2.4) praktisch umsetzen. Um zu den einzelnen Themenfeldern eine Übersicht über die möglichen Teilkompetenzen zur Gestaltungskompetenz zu erhalten, finden sich im Vorfeld der einzelnen Kapitel Übersichtstabellen. Die für jede Kita-Einrichtung umgesetzte Strategie nach den Leitlinien und Prinzipien der Nachhaltigen Entwicklung, spielt nicht nur im Leitbild der Einrichtung eine wichtige Rolle, sondern auch in der praktischen Umsetzung in größeren Themenfeldern und Projekten und zudem in der tagtäglichen Praxis durch das Vorleben von Werten. Die Prinzipien (wie zum Beispiel Partizipation u. a.) und Dimensionen von BNE wurden exemplarisch in den einzelnen Unterthemen (Aktionen) integrativ als Impuls aufgezeigt.

[17] Schmetterling

1. WISSENSWERTES: BIODIVERSITÄT: PFLANZEN UND TIERE

Unter Biodiversität versteht man die biologische Vielfalt. Man kann die Biodiversität auf drei Bereiche beziehen: die biologische Vielfalt der Tier- und Pflanzenarten, die biologische Vielfalt innerhalb einer Art, also die genetische Vielfalt, sowie die Vielfalt der Ökosysteme, also die unterschiedlichen Lebensräume. Zur Biodiversität gehört auch die Diversität der Wechselwirkungen zwischen den Arten und Ökosystemen.

„Das internationale Übereinkommen über die biologische Vielfalt (Convention on Biological Diversity, CBD) definiert Biodiversität als die „Variabilität unter lebenden Organismen jeglicher Herkunft [...] und die ökologischen Komplexe, zu denen sie gehören." Die CBD wurde auf dem „Erdgipfel" in Rio de Janeiro 1992 ins Leben gerufen und ist mittlerweile von 193 Vertragspartnern unterzeichnet worden" (Mosbrugger u. a. 2012, S. 13).

Die Vereinten Nationen ernannten die Jahre 2011 bis 2020 zur Dekade „Biologische Vielfalt" und streben damit die Aufrechterhaltung von Biodiversität, also die Erhaltung der biologischen Vielfalt in Flora und Fauna sowie der Ökosysteme an. „Die UN-Dekade Biologische Vielfalt 2011-2020 knüpft an die Ziele und Maßnahmen der Nationalen Strategie zur biologischen Vielfalt an. [...] Die UN-Dekade hat zum Ziel, weltweit die biologische Vielfalt zu bewahren und für die Zukunft zu sichern. Die Menschen sollen für den Erhalt der biologischen Vielfalt sensibilisiert werden. Das Bewusstsein der Gesellschaft für die Verantwortung zum Schutz der biologischen Vielfalt und ihr nachhaltiger Gebrauch soll innerhalb dieser Dekade gefördert werden." (vgl. Bundesamt für Naturschutz Bonn o. J., o. S.)

Im Folgenden werden wesentliche Erkennungs- und Unterscheidungsmerkmale sowie Besonderheiten im Bezug von Tieren und Pflanzen in einem Überblick dargestellt. Die darauf folgenden Erläuterungen zum Thema „Biodiversität" zeigen schließlich wesentliche Nachhaltigkeitsaspekte auf.

PFLANZEN

Die „Kulturpflanze" ist im Gegensatz zur „Wildpflanze" eine vom Menschen gezüchtete und angebaute Pflanze. Nutzpflanzen können Kulturpflanzen oder vom Menschen genutzte Wildpflanzen, z.B. Heilkräuter, sein. Sie finden Verwendung als Nahrungs- oder. Futterpflanzen, als Rohstoffe oder zur bioenergetischen Verwertung. Der Mensch nutzt etwa 20.000 Arten. Davon gelten nur etwa 150 Arten als wirtschaftlich bedeutsam. Sie decken jedoch etwa 90 Prozent des Nahrungsbedarfs der Weltbevölkerung (vgl. Spektrum der Wissenschaft, o. J., o. S.).Kulturpflanzen, die nicht als Nahrung oder Rohstoff dienen und vorwiegend wegen ihres Schmucks gezüchtet werden, nennt man „Zierpflanzen". Oft stammen solche Pflanzen aus den Tropen oder Subtropen und nicht aus Europa. Gymnospermen, so genannte Nacktsamer, besitzen keine geschlossenen Kammern (Fruchtknoten). Samen und Samenanlage entwickeln sich stattdessen auf spezialisierten Blättern, den Sporophyllen. Die vier Klassen der heutigen Nacktsamer sind Ginkogewächse, Palmfarne, Gnetumgewächse (Welwitschia in den Wüsten Südafrikas, tropische Bäume und Lianen, Ephedra-Arten in Trockengebieten) und Nadelbäume. Angiospermen, auch Bedecktsamer genannt, sind Gefäßpflanzen, welche Samen bilden und deren Reproduktionsstrukturen als Blüten und Früchte bezeichnet werden. Heute sind sie die am artenreichste und am weitesten verbreitete Pflanzengruppe. Alle Bedecktsamer werden in der Klasse der Blütenpflanzen zusammengefasst. Blütenpflanzen werden grundsätzlich nach den Klassen Einkeimblättrige und Zweikeimblättrige unterschieden. Die Klassen werden wiederum in Ordnungen (z.B. Spargelartige oder Nelkenartige) und Familien (z.B. Spargelgewächse oder Nelkengewächse) untergliedert und schließlich in die verschiedenen (Pflanzen-) Arten (z.B. Gemüsespargel oder Kuckucks-Lichtnelke). (vgl. Campbell/Reece 2009, S. 818 ff.).

Einkeimblättrige Pflanzen besitzen ein Keimblatt und meist parallelnervige Blätter. Die Blüten sind meist drei- oder sechszählig und der Stängel ist nie viereckig. Das Wurzelsystem, die Zwiebeln oder Rhizome dienen den Pflanzen als Speicherorgan. Die Zweikeimblättrigen besitzen zwei Keimblätter und die Blätter sind netznervig mit meist kräftig ausgeprägtem Mittelnerv. Die Blätter sind oft gestielt und die Blüten oft vier- oder fünfzählig. Meist sind sie deutlich in Kelch und Krone gegliedert. Es gibt unterschiedliche Wurzelsysteme (vgl. Lüder 2006).

Pflanzen betreiben Fotosynthese, wozu sie Lichtenergie benötigen, die sie durch das Chlorophyll (Blattgrün) der Blätter aufnehmen. Pflanzen neigen sich auch in Richtung der Sonne. Durch die Aufnahme von Wasser, Mineralsalzen und Kohlendioxid produzieren sie Stärke und Traubenzucker. Sauerstoff wird frei und an die Umgebung abgegeben. Pflanzen werden als autotroph bezeichnet, da sie sich im Gegensatz zu Tieren (heterotroph) nur von anorganischen Stoffen ernähren. Sie wachsen ihr ganzes Leben lang. Der Zellstoff Zellulose festigt die Zellwände. Bei der Verwesung von Pflanzen entstehen Mineralstoffe, die in den Boden gelangen (vgl. Kapitel 3 „Boden"). Pflanzen besitzen kein zentrales Nervensystem. Einzellige Pflanzen sind niedere Pflanzen, wie Bakterien (Ausnahme: Ernährung bei vielen heterotroph) und einige Algen. Pilze bilden, neben Tieren und Pflanzen, ein eigenes Reich, da sie ihre Nährstoffe dem Boden oder dem Wirt, auf dem sie leben, entziehen. Die höheren Pflanzen gliedern sich in Wurzel, Spross und Blätter. Pflanzen vermehren sich durch Vereinigung von Geschlechtszellen oder ungeschlechtlich durch Sporen. Viele Pflanzen jedoch pflanzen sich durch Zwiebeln, Sprossen, Knollen und Knospen fort (vgl. Medienwerkstatt Mühlacker, Grupp, A. o. J., o. S.).

Mais, Reis, Weizen und Kartoffeln sind Beispiele für den Anbau von Monokulturen (vgl. Kapitel 3 „Boden"), denn etwa die Hälfte der Weltbevölkerung ernährt sich von diesen Pflanzen, die es dort zuvor nicht gegeben hat. Dies und der damit verbundene Verlust an Biodiversität bzw. Sortenvielfalt in der Landwirtschaft, machen die Nahrungsmittelproduktion anfälliger für Umwelteinflüsse. Ein Beispiel für diese Problematik ist der Anbau der Kartoffelsorte „Russet Burbank" in Idaho, USA. Auftretender Sturm und Regen in dem eigentlichen Wüstenstaat brachte die Kartoffelfäule mit sich, die es dort zuvor nie gegeben hat. Die Kartoffeln scheinen mittlerweile gegen alle Chemikalien resistent zu sein und es gibt in den USA keine Sorte mit natürlicher Resistenz gegen die Fäule. In den peruanischen Anden dagegen konnten Frost und Dürre der Ernte kaum schaden, da dort jede Familie ihre eigene Sorte anbaut, sodass es etwa 5.000 verschiedene Sorten gibt (Sortenvielfalt). Dies ist ein geeignetes Mittel dem Klimawandel zu begegnen (vgl. Dokumentation: „Kartoffeln auf der Kippe", http://www.imdb.com/title/tt0408953/ vom 29.05.2015).

TIERE

Grundsätzlich werden Tiere in Wirbellose (Weichtiere wie Schnecken, Ringelwürmer wie Würmer oder Blutegel und in Gliedertiere wie Hummer und Krebse, Nesseltiere wie Quallen, verschiedene Insekten, Spinnentiere wie Milben, Zecken oder Skorpione) und Wirbeltiere (Säugetiere wie Wale, Affen oder Menschen, verschiedene Vögel, verschiedene Fische, Reptilien wie Eidechsen oder Schlangen und Amphibien wie Salamander, Frösche oder Molche) unterschieden. Jede dieser Klassen unterscheidet sich deutlich durch ihre spezifischen Merkmale von anderen Klassen. Diese Klassen werden weiterhin in verschiedene Ordnungen (z.B. Raubtiere) untergliedert und in Familien (z.B. Katzenartige – Großkatzen) eingeteilt. Schließlich mündet die Unterscheidung in verschiedenen Gattungen (Pantherartige) und schlussendlich den (Tier-) Arten (Tiger) (vgl. Campbell/ Reece 2009, S. 690 ff.).

Amphibien sind eng an ein Leben im und am Wasser gebunden. Sie laichen (Ablegen von Eiern) in Gewässern. Die erste Lebensphase verbringen sie als Kaulquappen und mit der Metamorphose (Umgestaltung des Körpers) beginnen sie ein Landleben. (vgl. Bund für Umwelt und Naturschutz Deutschland (BUND) o. J., o. S.) Fische laichen nach der Befruchtung ebenso wie Amphibien im Wasser. Vögel legen ebenfalls Eier in ihren Nestern ab. Reptilien desgleichen Eier. Säuger dagegen bringen ihren Nachwuchs in der Regel lebend zur Welt.

Die meisten Insekten legen nach der Begattung Eier ab, bei anderen entwickelt sich das Ei im Körper, sie vollziehen die larvale Entwicklung (zur Larve) im Körper, bei welcher sich nach der Geburt die Verpuppung vollzieht. Manche Insekten sind auch lebendgebärend (vgl. PMS Kreuzlingen, S. 2). Insekten durchlaufen auch eine Metamorphose (vom Ei zur Larve, zur Puppe zum vollständig ausgebildeten Tier) bis zum erwachsenen Tier, dem Imago.

Tiere lassen sich in wechselwarme (poikilotherme) und gleichwarme (homoiotherme) Tiere unterscheiden. Gleichwarme Tiere (Amphibien, Vögel und Säugetiere, zu denen auch der Mensch zählt) halten ihre Körpertemperatur relativ konstant, um Stoffwechsel und Körperfunktionen aufrechtzuerhalten. Ihre Energie dazu beziehen sie aus der Nahrung. Ein Fell oder eine Speckschicht dient ihnen als Wärmeisolierung. Durch Schwitzen wird die Körpertemperatur nach unten reguliert und durch Muskelzittern erhöht. Die Körpertemperatur wechselwarmer Tiere (Reptilien, Insekten, in der Regel Fische und verschiedene Wirbellose) dagegen, ist von der Umgebungstemperatur abhängig. Sie haben einen niedrigen Stoffwechsel und müssen deshalb auch sehr wenig Nahrung aufnehmen. Energie wird nur verbraucht, wenn die Sonne scheint. Sie besitzen zudem kein Fell oder eine Speckschicht zur Wärmeisolation. Diese Tiere müssen entsprechend wärmere oder kältere Umgebungen aufsuchen, um ihre Körpertemperatur zu regulieren. Bei extremer Hitze oder Kälte verfallen sie in eine Wärme- bzw. Kältestarre und stellen damit ihren Stoffwechsel komplett ein (vgl. Kubb 2014). Manche gleichwarme Tiere halten im Winter Winterschlaf oder Winterruhe und senken die Körperaktivität / den Stoffwechsel die Körpertemperatur. Auch die Herzfrequenz senkt sich. Vorher fressen sie sich ein Fettdepot an, um über den Winter mit Energie versorgt zu sein. Winterschlaf halten beispielsweise Igel, Siebenschläfer und Murmeltiere. Diese Tiere dürfen in ihrem Winterschlaf nicht gestört werden, da sie das Aufwachen sehr viel Energie kostet und sie kaum Nahrung finden. Winterruhe halten zum Beispiel Eichhörnchen und Dachse. Sie senken ihre Körpertemperatur nicht ganz so stark und wachen öfter auf, um Nahrung zu suchen. Dachse fressen sich ein Fettdepot an, um über den Winter zu kommen, Eichhörnchen dagegen verstecken ihre Nahrung und legen sich so einen Wintervorrat an.

Seit 1972 gibt es unser heutiges Tierschutzgesetz, das verschiedene Regeln für die unterschiedlichen Gruppierungen von Tieren vorschreibt. 2002 wurde der Tierschutz im Grundgesetz verankert. Seit 2013 ist auch der Verkauf von an Tieren getesteter Kosmetik in der EU verboten (vgl. Küntzler 2013, o. S.). Es dürfen keine Tiere grundlos getötet oder gequält werden. Tierversuche, Schlachtungen, Züchtungen und Handel unterliegen strengen Gesetzen. Tiere werden unterschiedlich gruppiert, um die Rechte von Tieren besser schützen zu können. Als Haustiere werden diejenigen bezeichnet, die beim Menschen im Haus, im Garten oder im Stall leben. Demnach gelten nicht nur Hunde und Katzen, Kaninchen und Meerschweinchen oder Fische als Haustiere, sondern auch Gänse, Kühe oder Schafe. Haustiere, welche aus Interesse oder als Gefährten des Menschen gehalten werden, wie Hunde, Katzen, Kaninchen oder Vögel, gelten als Heimtiere. Alle frei lebenden Tiere wie Füchse, Wildschweine oder Fische in Seen und Flüssen sind Wildtiere. Zu den Nutztieren zählen Wild- und Haustiere, wenn sie zur Erzeugung tierischer Produkte gehalten werden z.B. Wolle, Leder, Eier, Fleisch etc. (vgl. Republik Österreich – Parlamentsdirektion o. J., o. S.). Klassische Nutztiere gibt es heute kaum noch. Sie erfüllen diese heutzutage meist eher die Funktion eines Gesellen, als die eines Arbeitstieres, wie Katzen als Mäusefänger oder Pferde und Esel als Zugtiere. Maschinen erledigen die Arbeit meist wesentlich effektiver. So wurde unter anderem aus dem Nutztier eine Massenware zur Nahrungsmittelproduktion. Je weniger Platz und Zeit ein Tier benötigt bis es geschlachtet werden kann, desto lukrativer das Geschäft. Dies gilt es zu verhindern, um die Lebensweise der Nutztiere gewissermaßen so artgerecht wie möglich zu gestalten.

Um die unheimliche Nachfrage des Fleischkonsums bedienen zu können, scheint auf den ersten Blick Massentierhaltung unverzichtbar zu sein. Massentierhaltung hat jedoch nicht nur Auswirkungen auf die Qualität des Fleisches und die Lebensqualität der Tiere, sondern auch ökologische Konsequenzen: Den erhöhten Eintrag von Gülle und mineralischen Düngern oder Insektiziden in Böden (vgl. Kapitel 3 „Boden"), welche dadurch ins Grundwasser und auch unsere Lebensmittel gelangen. Massentierhaltung fördert auch den Einsatz von Gentechnik, um durch angeblich widerstandsfähigere und schneller wachsende Pflanzen (Futtermittel) Erträge zu steigern (Greenpeace e. Hamburg o. J., o. S.).

BIODIVERSITÄT

Biodiversität stellt die existenziale Grundlage des Lebens auf der Erde dar. Etliche ökologische, ökonomische, soziale und ethische Gründe lassen sich zum Schutz von Biodiversität anführen. Im Hinblick einer sozialen Gerechtigkeit und Generationengerechtigkeit, ist der Schutz der biologischen Vielfalt (der natürlichen Lebensgrundlagen) ethische Verpflichtung. Pflanzen werden als Rohstofflieferanten genutzt und seit etwa 12.000 Jahren für die Ernährung kultiviert. Die Natur liefert dem Menschen außerdem frische und saubere Luft, sauberes Wasser, Obst und Honig durch Bestäubung, speichert CO_2. Ohne diese wichtigen Ökosystemfunktionen wäre die Existenz von Leben nicht denkbar.

Die genetische Vielfalt spielt auch in der Medizin und der Ernährung eine wichtige Rolle (vgl. Kapitel 4 „Wasser" und Kapitel 3 „Boden"). Unter anderem sorgt dieser Genpool dafür, dass sich Organismen, Arten und ganze Ökosysteme besser an sich verändernde Lebensbedingungen (wie den Klimawandel) anpassen können. Des Weiteren liefert uns die Natur viele technische Vorlagen, die in der Bionik zum Tragen kommen. So kann beispielsweise trotz weniger Material stabiler gebaut werden sowie Rohstoffe und Energie eingespart werden. Auch zum Wohlbefinden und zur Erholung des Menschen trägt die biologische Vielfalt bei, z.B. zur Rekreation bei Spaziergängen, Wanderungen, Sport im Freien oder Reisen. Eine besonders hohe Dichte an Arten aus Flora und Fauna findet man häufig in den Tropen, Meeren und Wäldern sowie Inseln. Auf vielen Inseln findet man spezielle Arten und Ökosysteme, die an keinem anderen Ort der Welt zu finden sind. Man bezeichnet dies als „Endemismus". Dabei kommt es nicht nur auf die Größe der biologischen Vielfalt, sondern auch auf die spezielle Zusammensetzung von Genen, Arten und Ökosystemen an, um die Funktionalität von Lebensgemeinschaften zu gewährleisten. Alle Lebewesen beeinflussen einander in irgendeiner Weise. Pflanzen sind beispielsweise Nahrungsgrundlage vieler Tiere und Tiere nutzen die Pflanzen bei der Fortpflanzung, zum Beispiel durch Bestäubung. Solche Beziehungen sind sehr vielfältig. Jedes Lebewesen bildet mit anderen seiner Art eine Population (gemeinsames Verbreitungsgebiet), die durch Vernetzung mit anderen Arten eine Lebensgemeinschaft (Biozönose) bildet. Dabei entstehen Wechselwirkungen: Wer wird von wem gefressen oder wer verdrängt oder kooperiert mit welchen Arten? Mit der unbelebten Natur bilden diese Lebensgemeinschaften die Ökosysteme. Als Grundbaustein von Lebensgemeinschaften gelten die Arten, in welche die Lebewesen eingeteilt werden. Je nach Methode, werden die sich auf der Erde befindenden Arten auf drei bis 100 Millionen geschätzt, wobei die Anzahl völlig unbekannt ist. Das liegt zum einen daran, dass viele Arten äußerst klein sind wie Bakterien, Protisten, zum anderen wurden in vielen Gebieten der Erde nur die auffälligsten Arten entdeckt und erforscht. Die Tiefsee und der tropische Regenwald gehören zu den unerforschten Lebensräumen.

Eine Hochrechnung aus ungenauen Untersuchungen schätzt, dass die Hälfte aller Arten im Regenwald vorkommt. Blütenpflanzen gelten heute im Allgemeinen als sehr gut erforscht, doch auch hier werden jährlich etwa 2.000 neue Arten entdeckt. Die Entstehung und Verteilung der Arten ist ein langer genetischer Prozess mit langer Geschichte. Man geht davon aus, dass 99 Prozent aller bisher auf der Erde gelebten Arten heute wieder ausgestorben sind, wovon uns einige in Form von Fossilien erhalten geblieben sind. Trotzdem führte der Verlauf der Geschichte zu einer zunehmenden biologischen Vielfalt, die sich je nach Region unterschiedlich auf der Erde verteilt. 78 Prozent der bekannten Arten leben auf dem Festland, die meisten davon in der Nähe des Äquators. Die Anzahl der Arten nimmt zu den Polen hin ab. Im Meer leben dagegen schätzungsweise nur etwa 15 Prozent aller bekannten Arten und 5 Prozent bekannter Arten lebt als Parasit oder Symbiont in oder auf anderen Lebewesen (vgl. Paeger 2006, o. S.).

Etwa 50.000 wildlebende Tier- und Pflanzenarten gibt es in Baden-Württemberg. Die sogenannten „Roten Listen" sind eine Expertise zur Gefährdungseinschätzung. In Baden-Württemberg gelten circa 30 Prozent der Landesfauna und -flora als gefährdet. Bei den Säugern sind etwa 67 Prozent betroffen.

„In Deutschland leben schätzungsweise 20.000 Pflanzenarten und 40.000 bis 50.000 Tierarten. Aufgrund der hiesigen klimati-schen und geologischen Vielfalt kommen in Baden-Württemberg rund 75 Prozent dieser Arten vor." (vgl. https://baden-wuerttemberg.nabu.de/tiere-und-pflanzen/ o .J., o. S. vom 29.05.2015).

Durch die veränderten Klimabedingungen im Zusammenhang mit dem Klimawandel wandern verschiedene neue Arten ein und drängen bisher heimische Arten in ihrem Bestand zurück oder kleinere Populationen sterben aus, da das Ökosystem sich nicht an die veränderten Umweltbedingungen anpassen kann (vgl. Ministerium für Umwelt, Klima und Energiewirtschaft Baden-Württemberg o .J., o. S.).

Auch der Handel mit geschützten Arten (Papageien, Babygorillas) und toten Tieren (Elfenbein, Krokodilleder) bedroht den Bestand und damit die Biodiversität. Das Washingtoner Artenschutzabkommen wurde von 175 Staaten zwischen 1975 und 2012 unterzeichnet. Es schützt derzeit etwa 5.000 Tier- und 29.000 Pflanzenarten. Die Flora-Fauna-Habitat-Richtlinie von 1992 verpflichtet EU-Mitgliedsstaaten zur Erhaltung wildlebender Tier- und Pflanzenarten in ihren Lebensräumen. In Deutschland werden gefährdete Arten durch das Bundesnaturschutzgesetz und die Bundesartenschutzverordnung geschützt. Die Nationale Strategie zur biologischen Vielfalt fordert alle Menschen in Deutschland auf, sich aktiv am Umwelt- und Klimaschutz zu beteiligen (vgl. Bundesministerium für Umwelt, Naturschutz, Bau und Reaktorsicherheit (o. J., o. S.). „Wie viele Tier- und Pflanzenarten es heute gibt, weiß niemand: Schätzungen reichen von 3,0 bis über 100 Millionen, wobei Experten 30 Millionen für realistisch halten. Allerdings sterben derzeit sehr viele Arten aus, [...] möglicherweise steht der Mensch derzeit vor dem schlimmsten Artensterben der Erdgeschichte" (Mertens 2005, S. 46 f.). Die Biodiversität ist aus verschiedensten Gründen stark gefährdet, vor allem durch die Zivilisation und die Eingriffe des Menschen im Bereich der Landnutzung. Dies geschieht durch die Zerstörung von Lebensräumen, durch Übernutzung und Degradation bei der Landnutzung, durch Überweidung, Bodenerosion, Pestizideinsatz und Schadstoffeinträge, durch Nutzungswandel und Nutzungspraktiken, durch gebietsfremde Arten, die er einbringt, durch Bebauung, Abholzung, Brandrodung, Entwässerung, Überfischung oder die industrielle Landwirtschaft usw. (vgl. Bundesamt für Naturschutz 2014). Leider ist die Liste sehr lang. Auch der tropische Regenwald ist stark durch den Raubbau des Menschen gefährdet: „Als das vergangene Jahrhundert begann, zog sich der grüne Gürtel der Tropenwälder noch rings um die Erde. Als es endete, hatten die Menschen fast die Hälfte der Regenwälder zerstört. [...] Tausende von Tier- und Pflanzenarten wurden ausgerottet und die Völker des Regenwaldes ihrer Heimat beraubt" (Gilsenbach 2001, S. 46). Der Mensch schadet seiner eigenen Heimat gleichwohl, wo er sich auf der Erde befindet und sich diese nutzbar macht. Eine Folge der vielen Eingriffe ist der Klimawandel. Der Klimawandel stellt für das 21. Jahrhundert eine große Herausforderung dar und dessen Auswirkungen auf die Tier- und Pflanzenwelt sind enorm. „Die biologische Vielfalt und das Klima sind eng miteinander verbunden und beeinflussen einander gegenseitig. Der gegenwärtige und zukünftige Klimawandel stellt eine der größten Bedrohungen für die Vielfalt des Lebens auf der Erde dar. Somit sind auch die menschliche Gesellschaft und ihre natürlichen Grundlagen in zunehmendem Maße durch den Klimawandel bedroht. Der Naturschutz hat daher die Aufgabe, Ökosysteme intakt zu halten oder zu renaturieren, die durch Kohlenstoffspeicherung und -aufnahme das Klima schützen. Darüber hinaus soll die natürliche Anpassungsfähigkeit von Ökosystemen an den Klimawandel gesteigert werden. Diese so genannten ökosystembasierten Ansätze zielen auf Synergien zwischen Naturschutz, Klimaschutz und Klimaanpassung ab und sind häufig kostengünstiger als technische Lösungen" (vgl. Bundesamt für Naturschutz Bonn o. J., o. S.). Nach Rahmsdorf (2013, S. 5) muss der Mensch angesichts der selbst gemachten Probleme hierfür vorausschauend, bewusst und überlegt handeln: „der Schutz der natürlichen Lebensgrundlagen ist Klimaschutz, und umgekehrt ist die Bewahrung der Biodiversität in all ihren Ausprägungen nur bei einer Begrenzung des Klimawandels aussichtsreich!".

Laut dem Bundesamt für Naturschutz (2014) „zeigt sich, dass Naturschutz und Klimaschutz eng miteinander verknüpft sind. Ein rasanter Klimawandel kann zu einem weltweiten Verlust der Artenvielfalt und von Lebensräumen führen". Entsprechend lauten die Aufgabenfelder des Bundesamtes für Naturschutz für die nächsten Jahre: „Anpassung des Naturschutzes an den Klimawandel" und „Beiträge des Naturschutzes zur Anpassung und zur Abpufferung des Klimawandels". Ziel ist es, die natürlichen Ökosystemfunktionen (wie Wasserspeicherung und Rückhaltung gegen Hochwasser) zu erhalten oder wiederherzustellen und die Auslöser des Klimawandels, die Treibhausgasemissionen, zu reduzieren. Dies wird möglich, indem der Verbraucher weniger fossile Energieträger (Öl, Gas, Kohle) nutzt (vgl. Kapitel 5 „Natürliche Ressourcen und Energie") und stattdessen nachwachsende Rohstoffe gebraucht. So werden fossile Energiespeicher geschont und weniger CO_2 wird freigesetzt werden. „Als zweiter Ansatzpunkt, der derzeit auf internationaler Ebene verhandelt wird, gilt die Erhöhung der Kohlenstoffspeicherung in Ökosystemen als Maßnahme zur Reduzierung der Treibhausgase in der Atmosphäre und somit zur Verlangsamung des Klimawandels. Auch hier bietet sich die Natur als „Dienstleister" in Sachen Treibhausgasspeicherung an: Natürliche Ökosysteme (Meeres- und Landökosysteme) stellen die weltweit bedeutendsten CO_2-Senken dar. An Land wird durch das Wachstum der Vegetation sowie durch Torfbildung in Mooren und Humusbildung in natürlichen Grasländern (Steppen, Prärien, Pampas) und Wäldern (insbesondere borealen und nemoralen Wäldern) dem Kreislauf Kohlenstoff entzogen und festgelegt." (vgl. Bundesamt für Naturschutz 2014, o. S.).

Jeder kann auch seinen Beitrag zum Erhalt der Biodiversität beitragen. Nach Jessel (2013) ist Naturschutz untrennbar mit Fragen nach Werten verbunden und damit bestehende Ziele und Werthaltungen des Naturschutzes zu überdenken. Voraussetzung dafür ist, sich mit dem Phänomen des Wandels auseinanderzusetzen (vgl. S. 304 f.). Es genügt hier nicht mehr, sich auf den Erhalt der Biodiversität alleine zu fokussieren, sondern es braucht ein grundsätzliches Verantwortungsgefühl in globalen Zusammenhängen und offene Augen für die veränderten Bedingungen der Systeme und veränderten Wirkungszusammenhänge im globalen Ökosystem „Erde".

Arten- und Klimaschutz fängt im Kleinen an. Nach Knoch (2013, S. 177) fängt Artenschutz schon da an, wo man statt Pestiziden von Hand die so genannten „Unkräuter" jätet. Auch lassen sich natürliche „Schädlingsbekämpfer" einsetzen anstelle von Insektiziden. „So helfen mit Wasser gefüllte Schalen oder Tafeln mit Leim, die gelb angestrichen sind, u. a. gegen einige Blattlausarten oder die weiße Fliege und die Kirschfruchtfliege". Viele Nützlinge kommen auch oft in den Garten und bleiben vor Ort, wenn sie einen artgerechten Lebensraum vorfinden. Dieser kann durch das Angebot von Nistkästen, Ruheplätzen und auch durch ein natürliches Nahrungsangebot gegeben sein. Nach Himmelhuber ist es eine Kardinaltugend des Menschen, wenn er duldet und tolerant ist und Tiere wie Pflanzen gleichermaßen als „Teil der Schöpfung" ansieht – gleich ob er allgemein als „Schädling oder Nützling" eingeordnet wird (vgl. 2011, S. 12). Die eigene Einstellung zu überprüfen, wäre also nach ihm ein erster Schritt.

Wildbienen z.B., von denen es mehr als 550 verschiedene Arten gibt, sowie harmlose Wespenarten (über 450 verschiedene Arten) sind „Hauptbestäuber" der Wild- und Kulturkräuter und überaus nützlich, da verschiedene Arten außerdem pflanzenfressende Insekten vertilgen und für ihre Brut diese eiweißreiche Nahrung in die Brutkammern packen (vgl. Hecker 2011, S. 36 f.). Insekten beseitigen Abfälle, tote Tiere und abgestorbene Pflanzen und wandeln diese wieder in nutzbare Nährstoffe um. Sie selbst sind Nahrung vieler Säuger, Vögel, Reptilien, Amphibien und Fische. „Würden die Insekten und mit ihnen die anderen das Festland bewohnenden Gliederfüßer wie Asseln, Spinnen und Milben völlig verschwinden, könnten die Menschen und zahllose Tierarten dies vermutlich nicht lang überleben" (vgl. Steghaus-Kovac 2010, S. 41). Da der Mensch jedoch viele Lebensräume von Insekten stark verändert hat und morsche Bäume und altes Mauerwerk mit Lehm verschwunden sind, brauchen die Wildbienen und Wildwespen Nisthilfen, wie z.B. „Insekten-Hotels" oder eine Trockenmauer. Für den Bau von vogelgerechten Nistkästen liefert Bastian (2000) wertvolle Tipps, da viele handelsübliche Nisthilfen, Tränken und Häuschen für die Winterfütterung oft unpassend, zu klein und nicht sicher vor Mardern und Katzen sind. Bei allgemeinen Fragen zum Tier- und Pflanzenschutz kann man sich u. a. an den NABU, den Landesbund für Vogelschutz oder den Bund für Umwelt und Naturschutz Deutschland (BUND) e. V. wenden.

Auch hat der Mensch viele Wildkräuter durch die Monokulturen der Landwirtschaft verdrängt und unzählige Insektenarten sind bereits verschwunden. Das Anlegen eines naturnahen Gartens kann im nächsten Schritt Tieren und Pflanzen ein alternatives Biotop, einen Lebensraum, bieten. Wenn Bäume, Hecken, Stauden und Sommerblumen vorhanden sind und Wildkräuter geduldet werden, fördert dies die Artenvielfalt. Außerdem kann man seinen Bio-Müll natürlich entsorgen, wenn man mit Bodentieren „zusammenarbeitet" und einen Komposthaufen anlegt um Küchen- und Gartenabfälle zu entsorgen (vgl. Kapitel 3 „Boden").

Generell braucht es jedoch ein gewisses Vermögen, Kenntnisse und Kompetenzen, damit das Naturverständnis und das Umweltbewusstsein gefördert werden und zu Handlungsbereitschaft jedes Einzelnen führen.

Nach Blessing u. a. genügt es nicht, Kenntnisse über Tiere und Pflanzen zu haben, es müssen darüber hinaus Zusammenhänge und Kenntnisse zwischen Landbewirtschaftung und Kulturlandschaft, Verbraucherverhalten und Lebensstil sowie zu Ernährung und Gesundheit erworben werden. Es geht letztendlich darum auf der Grundlage dieser Kenntnisse die Biodiversität der Kulturlandschaft zu verstehen, Entwicklungen beurteilen zu können und sich dieses Wissen als Voraussetzung für das eigene Handeln für eine Nachhaltige Entwicklung der Gesellschaft zunutze zu machen (vgl. 2010, S. 7 ff.). Um zu jenem nachhaltigen Handeln zu gelangen, braucht es Schritte der Kompetenzentwicklung. Ein erster Schritt erfolgt über Naturerlebnisse, aus denen eine positive Einstellung gegenüber den Tieren und Pflanzen erwächst und dadurch die Bereitschaft für Naturschutz. Über das Wissen, das aus dem Umgang und den Erlebnissen mit Biodiversität erwächst, lernt der Mensch beispielhaft und situativ, wie er bestimmte Probleme lösen kann. Dieses Wissen kann er wieder in vergleichbaren privaten, beruflichen und gesellschaftlichen Situationen anwenden, in denen Handeln und vor allem nachhaltiges Handeln gefordert ist. Fazit: Die Biodiversität nachhaltig zu schützen, lernt man, indem man es tut.

[18,19,20] Kartoffeln

AKTION 1: DIE KARTOFFEL AUS DEM EIMER

MATERIAL
- Drei bis vier mittelgroße Kartoffeln
- Ein großer Eimer (circa 40 cm Durchmesser)
- Ein großer Tontopf mit Löchern am Boden, der in den Eimer passt
- Blumenerde
- Etwas Kies und Sand
- Eine Gießkanne

DURCHFÜHRUNG
Man füllt als Erstes eine Schicht Kies in den Tontopf. Dann mischt man die Blumenerde mit etwas Sand und gibt davon eine circa 15 cm dicke Schicht in den Topf. Die Kartoffeln werden dann auf die Erdschicht gelegt und danach mit dem Erde-Sand-Gemisch bedeckt. Der Pflanzentopf wird in den größeren Eimer gesetzt und an einen halbschattigen Platz gestellt. Das Gießen der Kartoffeln darf nicht vergessen werden.. Im Eimer sollte jedoch nie Wasser stehen, sondern es muss ablaufen können, um Fäule zu verhindern (vgl. Bundesanstalt für Landwirtschaft und Ernährung 2014. Oekolandbau. Verfügbar unter: http://www.oekolandbau. de/kinder/selber-machen/experimentieren/ kartoffeln- aus-dem-eimer/, letzter Zugriff am 15.12.2014).

BEOBACHTUNG
Jetzt ist Geduld gefragt. Es kann mehrere Wochen dauern, bis die Kartoffeltriebe aus dem Boden wachsen. Sobald die Triebe circa 10 bis 15 cm aus dem Boden schauen, füllt man so viel Erde nach, bis nur noch die Blattspitzen zu sehen sind. Dies wiederholt man so oft bis der Topf bis zum Rand mit Erde gefüllt ist. Achtung: Es bilden sich grüne Beeren aus der Blüte, die giftig sind! Sobald die Blätter abgestorben sind, kann man die Kartoffeln ernten und die erste Eigene Ernte verarbeiten.

ERKLÄRUNG
Die Kartoffel wächst unter der Erde. Deshalb wird man nicht sehen können, wie aus dem Samen eine Wurzel austreibt, aus der dann eine Kartoffel wird. Wenn die Kartoffel gewachsen ist, kann man sie ernten.

TIPPS
Sobald man kleine, schwarz-gelb gestreifte Kartoffelkäfer oder deren braune Käferlarven an den Blättern sieht, müssen diese abgesammelt werden, damit sie die Kartoffeln nicht gefährden.

ÖKOLOGIE	ÖKONOMIE	SOZIALES
· Herkunft der Kartoffeln · Verwendung der Kartoffel (Suppe, Brei, Püree oder Ähnliches)	· Rahmenbedingungen des Anbaus · Biologischer Anbau	· Günstiges Nahrungsmittel, · Eigenes Heimatland

DIDAKTISCHER KOMMENTAR

PRINZIP DER INTERDISZIPLINARITÄT

Mit der Kartoffel kann man stempeln. Man nimmt eine Kartoffel, halbiert sie und schnitzt das gewünschte Motiv auf die Kartoffel. Anschließend taucht man die Kartoffel in Farbe und stempelt es z.B. auf Papier. Tipp: Die Kinder können ihren Eimer individuell gestalten.

HANDLUNGSORIENTIERUNG

Die Kinder können selbstständig Kartoffeln anpflanzen. Kartoffeln lassen sich sehr leicht selber anbauen. Dafür benötigt man nicht viel Platz und man sieht die Entstehung der Kartoffelpflanze. Durch das Ernten der Kartoffel lernt man, wie viel Arbeit ein Bauer hat, da er ein großes Anbaugebiet hat.

KOOPERATION UND VERNETZUNG

Hier könnte man einen Landwirt auf dem Bauernhof besuchen. Dabei sehen die Kinder, woher die Kartoffeln kommen und welche Geräte der Bauer dabei nutzt. Vielleicht gibt es auch Großeltern, Eltern oder Nachbarn, die Kartoffeln in ihrem Garten anpflanzen. Dann könnte man die Kartoffelproduktion vom heutigen Landwirt mit dem der Großeltern etc. vergleichen. Welche Unterschiede und Gemeinsamkeiten gibt es? Beim Kauf von Kartoffeln sollte man immer regionale Sorten bevorzugen. Diese bekommt man beim Landwirt in der näheren Umgebung.

PRINZIP DER INTRAGENERATIONELLEN GERECHTIGKEIT

In den Entwicklungsländern / Schwellenländern gilt die Kartoffel als Grundnahrungsmittel zur Selbstversorgung. Die Menschen bauen die Kartoffel in ihren Gärten an, um sich davon zu ernähren.

PRINZIP DER ZUKUNFTSORIENTIERUNG

Der Anbau der Kartoffel soll ohne Düngemittel erfolgen, da dies schädlich für die Umwelt ist. Gen-Saatgut verdrängt die alten Kartoffelsorten. Kein Raubbau, fairer Handel, Vermeidung von Monokulturen.

SOZIALES LERNEN UND KULTURELLE VIELFALT

Kartoffelrezepte verschiedener Kulturen nachkochen. Mit der Stärke, als Bindemittel der Kartoffel, lassen sich verschiedene Kochrezepte umsetzen. Herkunft der Kartoffel ergründen.

FRIEDEN

In dem Experiment lernen die Kinder eine konfliktfreie Organisation der Bepflanzung und der Pflege. Sie müssen sich in Teams zusammenfinden und Aufgaben übernehmen.

ERNÄHRUNG UND NAHRUNGSMITTEL / KONSUM UND LEBENSQUALITÄT

Die Kartoffel kann man vielfältig in der Küche verarbeiten. Sie macht lange satt, hat wichtige Kohlenhydrate und liefert unserem Körper Energie. Es gibt eine Vielzahl von verschiedenen Kartoffelrezepten.

RAUM- UND AKTIONSORIENTIERUNG

Sinnes- und Naturräume: Kartoffeln lassen sich im Garten des Kindergartens anpflanzen.

AKTIONS- UND HANDLUNGSRÄUME

Mit der Kartoffel kann man künstlerisch kreativ werden, z.B. mit Kartoffelstempeln. Ruhe- und Kommunikationsräume: Im Ruhe- und Kommunikationsraum kann man das Thema Kartoffel diskutieren. Woher kommt die Kartoffel und was kann man mit ihr machen?

[21] Rote Bohne

AKTION 2: WIE PFLANZEN WACHSEN

MATERIAL
- eine trockene rote Bohne
- Löschpapier
- Wasser
- ein hohes Glas

DURCHFÜHRUNG
Die rote Bohne wird einen Tag in Wasser eingelegt. Das Löschpapier wird zusammengerollt und in ein Glas gesteckt. Die Bohne, die einen Tag im Wasser lag, schiebt man zwischen das Papier und das Glas. Das Löschpapier wird befeuchtet und das Glas stellt man an einen warmen Ort.

Man achtet darauf, dass das Löschpapier immer feucht bleibt und gießt es gegebe-nenfalls nach, damit die Bohne wachsen kann. Nach acht bis zehn Tagen kann man beobachten, dass die Bohne keimt und Wurzeln treibt (vgl. Zukunftsinitiative Rheinland-Pfalz 2014. „Phänomene der Natur entdecken". Verfügbar unter: http://www.zirp.de/images/stories/Wissenschaft/phaenomene_ der_natur_entdecken.pdf, letzter Zugriff am 14.12.2014).

BEOBACHTUNG
Zu beobachten ist, dass die Bohne Wurzeln nach unten austreibt und Wasser zum Wachsen braucht. Mit der Zeit streckt sich ein Spross nach oben und sucht Licht zum Wachsen.

ERKLÄRUNG

Die Pflanzen fangen erst an unter der Erde zu wachsen. Dadurch ist es nur schwer zu sehen, wie aus dem Samen, der keimt und Wurzeln austreibt, eine Pflanze entsteht. Durch diesen Versuch sieht man deutlich, wie Pflanzen keimen und wachsen.

TIPPS

Man darf nicht vergessen, regelmäßig nach den Pflanzen zu schauen und zu messen, wie hoch sie geworden sind. An das Gießen muss man ebenfalls denken.

ÖKOLOGIE	ÖKONOMIE	SOZIALES
• Lebensraum der Pflanzen • Düngung • Biologischer Anbau	• Rahmenbedingungen des Anbaus • Verlust von Landwirtschaft	• Immer weniger Lebensraum für Pflanzen, da immer mehr Landschaft verbaut wird („Arm-Reich-Gefälle") • Erhaltung der Natur für weitere Generationen

DIDAKTISCHER KOMMENTAR

KOOPERATION UND VERNETZUNG

Eine Kooperation wäre mit einer Gärtnerei oder einen Gartenbauverein denkbar. Die Kinder können eigene Samen von zu Hause mitbringen und diese anpflanzen sowie beobachten, was daraus entsteht.

PRINZIP DER ZUKUNFTSORIENTIERUNG

Monokulturen und ein monotoner Anbau von Pflanzen weltweit und ihre Auswirkungen.

SOZIALES LERNEN UND KULTURELLE VIELFALT

Welche Pflanzen wachsen in welchen Ländern? Bohne im Märchen in unterschiedlichen Kulturen Wie werden in anderen Kulturen Pflanzen angebaut?

FRIEDEN

Die globale Wasserversorgung ist sehr unterschiedlich. Es gibt verschiedene Möglichkeiten von Pflanzenanbau und damit unterschiedliche Chancen für das Leben. Reduzierter Wasserverbrauch zur Nahrungsmittelproduktion kontra Verschwendung!

MENSCHENWÜRDE UND EMPATHIE

Es ist wichtig, den Kindern schon im frühen Alter nahe zubringen, dass man mit Pflanzen wertschätzend umgeht. Das bedeutet, die Pflanzen wachsen zu lassen und sie nicht unnötig zu beschädigen, indem man sie sinnlos abreißt oder achtlos zertrampelt.

ERNÄHRUNG UND NAHRUNGSMITTEL / KONSUM UND LEBENSQUALITÄT

Mit Pflanzen und Wildkräutern kochen. Die Herkunft der Nahrungsmittel verstehen, z.B. Besuch in einer Mühle, beim Landwirt, oder ähnliche Ausflüge.

RAUM- UND AKTIONSORIENTIERUNG

Sinnes- und Naturräume: Bohnen lassen sich im Garten des Kindergartens anpflanzen. Ruhe- und Kommunikationsräume: Im Ruhe- und Kommunikationsraum kann man das Thema Pflanzen diskutieren. Diskussionsgrundlage: Woher kommt die Kartoffel und was kann man mit ihr machen?

WEITERE PROJEKTIDEEN

PFLANZEN IM DUNKELN

http://downloads.openscience.or.at/werforschtmit/Download/WFM_Experimente_Uebersicht.pdf, letzter Zugriff am 15.12.2014

WIE PFLANZEN SCHWITZEN

http://www.zirp.de/images/stories/Wissenschaft/phaenomene_der_natur_ entdecken.pdf, letzter Zugriff am 15.12.2014

KLEINE BOHNE WACHSE

http://www.haus-der-kleinen-forscher.de/de/forschen/praxisideen-experimente/nachhaltigkeit/experiment-detail/experiment/zeige/detail/kleine-bohne-wachse/, letzter Zugriff am 15.12.2014

GESCHICHTE „HILDA DAS GÄNSEBLÜMCHEN"

http://www.hartz-aber-lustig.de/2009/02/vorlesegeschichte-fur-die-kleinen/

KEIMUNG

http://downloads.openscience.or.at/werforschtmit/Download/WFM_ Experimente_Uebersicht.pdf, letzter Zugriff am 15.12.2014

[22] Nistkasten

AKTION 1: NISTKÄSTEN BAUEN

MATERIAL
- Empfehlenswert sind Fichten- oder Tannenholzbretter mit einer Stärke von 2 cm
- Circa 25 Nägel (zwischen 4-5 cm)
- 2-3 Nägel (zwischen 8-10 cm) um den Nistkasten am Baum zu befestigen
- Hammer
- Schleifpapier
- Holzbohrer
- Raspel
- Stift
- Stichsäge

DURCHFÜHRUNG
Alle Bretter werden, wie auf dem Bauplan (Download siehe Onlinequellen im Folgenden) angegeben, zurechtgeschnitten. Damit man die richtigen Maße zuschneidet, malt man am besten die Umrandung mit einem Bleistift vor. Dann werden an der Umrandung entlang mit der Stichsäge die benötigten Bauteile gesägt. Mit einer Raspel werden anschließend die Außen- und Innenseiten der Bretter aufgeraut. Dies hat den Effekt, dass die Jungvögel später das Nest besser verlassen können. Damit sich die Seitenwände der Bretter gut aneinanderreihen können, sollte man sie abschleifen. Hat man nun alle Bretter bearbeitet, ist es sinnvoll zu überprüfen, ob die Bretter wirklich zueinander passen. Dabei setzt man die einzelnen Teile zusammen ohne sie zu vernageln. In die Vorderwand zeichnet man das Einflugloch ein und bohrt es schließlich in das Holz. Dabei gibt es zwei verschiedene Methoden:

- Man bohrt ein kleines Loch und sägt es dann mit der Stichsäge aus.
- Oder man bohrt viele kleine Löcher in den vorgezeichneten Kreis und schlägt es dann mit dem Hammer heraus.

Die Seitenwände werden mit der Rückwand am Boden vernagelt. Danach setzt man die Decke auf. Das obere Ende der Seitenwände wird dann nur noch mit der Vorderwand vernagelt. Die Wand muss nach oben geklappt werden können, um den Nistkasten reinigen zu können. Zum Schluss ist noch zu überprüfen, ob sich die Vorderwand nach oben klappen lässt, ohne vom Dach blockiert zu werden. (vgl. Quelle 1: Selber-machen Heimwerkerlexikon 2014. Nistkasten Masse. Verfügbar unter: http://heimwerkerlexikon.selbermachen.de/system/images/instruction_item/images/instruction/4434/nistkasten-masse.jpg?1330522988, letzter Zugriff am 15.05.2014, und Quelle 2: 2. Bund für Umwelt- und Naturschutz Kreisverband Waldeck-Frankenberg e. V. 2013. Nistkasten, Nisthilfen, eine BUND-Information. Verfügbar unter: http://www.bund-waldeck-frankenberg.de/fileadmin/bundgruppen/bcmskvwaldeck/ Artenschutz/Nistkasten Nisthilfen Eine_BUND_Information.pdf, letzter Zugriff am 14.12.2014)

BEOBACHTUNG

Die Kinder können anhand des Nistkastens die Brutzeit verfolgen. Sie erleben, wie die Vögel die Naturmaterialien, wie zum Beispiel Zweige, in den Kasten transportieren und wie die Küken schlüpfen. Sobald die Brutzeit vorübergegangen ist, können die Kinder auch einmal in den Nistkasten hineinschauen.

ERKLÄRUNG

Die Lochgröße im Nistkasten kann man variieren. Je nachdem, wie groß das Loch ist, werden dort unterschiedliche Vogelarten brüten. Zum Beispiel bevorzugen die meisten Meisenarten eine Lochgröße von circa 2,6-2,8 cm Durchmesser. Die Kohlmeise und der Kleiber bevorzugen hingegen eine Größe von 3,2 cm. Halsbandschnäpper, Haussperling, Feldsperling und Trauerschnäpper brauchen eine Größe von 3,6 cm. Ein Star braucht einen Durchmesser von 4,5 cm. Der Gartenrotschwanz mag hingegen ein ovales Loch mit den Maßen 4,8 cm hoch und 3,2 cm breit.

TIPPS

Man sollte darauf achten, dass der Kasten schwer für Katzen und Marder zugänglich ist. Deshalb sollte er 2-4 Meter über dem Boden angebracht werden.

- Bis Mitte März sollte der Nistkasten hängen.
- Zur natürlichen Imprägnierung kann man die Außenseiten mit Leinöl einstreichen. Das Dach kann man mit einer wasserfesten Folie überziehen. Zur einfachen Reinigung des Kastens kann man in den Kasten Wellpappe am Boden und teilweise an den Seitenwänden anbringen.
- Zu empfehlen ist es, den Nistkasten einmal im Jahr zu reinigen, am besten in den Monaten September und Oktober.

ÖKOLOGIE	ÖKONOMIE	SOZIALES
• Lebensraum und Schutz für Vögel	• Selbstbau • Verkauf (Wert) • Nachhaltige Materialien	• Sicherung des Überlebens der Vögel für alle Lebewesen • artgerechte Tierhaltung

DIDAKTISCHER KOMMENTAR

PARTIZIPATION

Die Kinder haben hier die Möglichkeit mit zu planen und zu organisieren.

PRINZIP DER INTERDISZIPLINARITÄT

Die Bereiche Natur, Technik und Kunst bieten sich für das Thema „Nistkästen" besonders an. Die Kinder lernen etwas über die spezifischen natürlichen Bedürfnisse der Tiere, üben sich im Bau und der Gestaltung der Nisthilfen und schulen dabei ihr Geschick und ihre Motorik.

KOOPERATION UND VERNETZUNG

Hier wäre eine Kooperation mit einem Forstwirt denkbar. Vielleicht gibt es im familiären Umkreis auch Großeltern, die Nistkästen bauen.

PRINZIP DER INTERGENERATIONELLEN GERECHTIGKEIT

Eventuell haben die Eltern und Großeltern der Kinder früher schon Nistkästen gebaut und können mit Ratschlägen tatkräftig unterstützen.

PRINZIP DER ZUKUNFTSORIENTIERUNG

Durch das Bauen der Nistkästen erleichtert man den Vögeln das Überleben und gibt ihnen einen Lebensraum.

BIODIVERSITÄT

Mit den Vögeln können auch weitere Tiere in einem Biotop überleben.

SOZIALES LERNEN UND KULTURELLE VIELFALT

Stellenwert der Vögel, Insekten und anderen Lebewesen und menschliche Kulturen und ihre Beziehungen dazu.

RAUM- UND AKTIONSORIENTIERUNG

Aktions- und Handlungsräume: Für den Nistkastenbau wäre ein Werkraum der ideale Aktionsraum. Man kann die Nistkästen aber auch draußen oder im Gruppenraum bauen. Ruhe- und Kommunikationsräume: Hier kann man Bilderbücher über Vögel anschauen, Artenkenntnis erwerben und über den Lebensraum der Tiere sprechen.

[23] Hühner

AKTION 2: TIERE IN DER NATUR UND IM HAUS / EXKURSION HÜHNERHOF

MATERIAL
Ein Hühnerhof, der besichtigt werden kann. Hierbei kann auch ein Bauernhof ausreichen, auf dem man Hühner beobachten kann.
- Gutes Schuhwerk
- Fotoapparat
- Für jedes Kind ein DIN-A4-Blatt
- Tische oder Stühle

DURCHFÜHRUNG
Durch die Besichtigung des Hühner- oder Bauernhofes können die Kinder selber miterleben, wie Hühner leben, was sie fressen und woher die Eier kommen. Ziel der Exkursion ist es, das Lebensumfeld der Tiere anzuschauen und zu erkunden, wie viel Platz sie zum Leben haben. Nach der Exkursion können die Kinder in den Räumen des Kindergartens einen Hühnerhof einrichten. Dabei werden verschiedene Haltungsformen nachgeahmt, dies jedoch ohne „Katastrophenpädagogik". Erfahrungen und Eindrücke werden gesammelt.

- Ökologische Haltung: Die Kinder stellen sich vor, sie wären ein Huhn und laufen durch den Raum. Sie leben in ökologischer Haltung und haben sehr viel Platz zur Verfügung.
- Freilandhaltung: Mit Tischen und Stühlen wird ein Teil des Raumes abgeteilt. Die Kinder haben weniger Platz, können sich jedoch immer noch frei bewegen.
- Bodenhaltung: Der Raum wird noch mehr mit Tischen und Stühlen abgeteilt.

Die Kinder stehen jetzt recht eng beieinander. Sie können jedoch immer noch von einem zum anderen Ende laufen.

· Käfighaltung: Jetzt wird der Raum noch kleiner gemacht. Die Kinder können sich kaum noch bewegen. Jedes Kind bekommt ein DIN-A4-Blatt. Diese werden auf den Boden gelegt und aneinandergereiht. Jedes Kind hockt sich jetzt auf ein Blatt. Jetzt sollen sie versuchen sich zu strecken, zu picken und versuchen es sich gemütlich zu machen.

S.O.F Save Our Future – Umweltstiftung (2013). Henne-Berta-Experiment: Wie viel Platz hat ein Huhn. Verfügbar unter: http://www.kinder-tun-was.de/fileadmin/user_upload/pdfs/experiment_9_wie_viel_platz_hat_ein_huhn.pdf, letzter Zugriff am 15.12.2014

BEOBACHTUNG
Nun trifft man sich gemeinsam mit den Kindern im Halbkreis und die Kinder berichten von den Erlebnissen. Sie haben auf dem Hühnerhof erlebt, wie Hühner dort leben und dann im Eigenversuch die verschiedenen Haltungsformen der Tiere nachgeahmt. Hierbei sollte auf die Gefühle der Kinder bei den unterschiedlichen Haltungsformen eingegangen werden. Es stellt sich heraus, je weniger Platz ein Huhn hat, desto weniger gut fühlen sich auch die Kinder in der jeweiligen Haltungsform.

ERKLÄRUNG
Durch den engen Platz ist der natürliche Bewegungsdrang der Hühner unterdrückt. Es bilden sich zahlreiche Verletzungen und Fehlbildungen bei den Tieren. Hierbei bekommen die Tiere auch nur vorgefertigtes Futter, das oftmals mit Medikamenten versehen ist, denn bei vielen Tieren auf kleinem Raum breiten sich Krankheiten viel schneller aus. Auch die schnelle Aufzucht von Hühnern, die dann ihr Schlachtgewicht schneller erreichen, geschieht oftmals durch Medikamente im Futter. Hühner brauchen Platz, frisches Futter und genügend Wasser, um gute Eier zu legen.

ÖKOLOGIE	ÖKONOMIE	SOZIALES
· Woher kommen unsere Eier? · Wie gesund sind sie?	· Bewusst-werden der Qualität (billige Eier = gute Eier?) · Tiermast / Massenproduktion · Bedingungen, unter denen die Tiere aufwachsen, kritisch betrachten	· Nachhaltiges Konsumverhalten diskutieren (weniger Eier von Tiermast kaufen) · W Diskussion: Fleisch als Luxusgut

DIDAKTISCHER KOMMENTAR

PRINZIP DER INTERDISZIPLINARITÄT
Kunst und Kultur: Eier bemalen, z.B. zu Ostern. Selbst Küken züchten. Gehege besuchen.

HANDLUNGSORIENTIERUNG
Üben, sinnvoll einzukaufen und Konsumverhalten überdenken: Würden wir weniger Eier und Fleisch von Massentierhaltungen kaufen, so würde es auch weniger Massentierhaltung geben. Stattdessen sollten wir unsere Eier und unser Fleisch beim Bauern kaufen. Dort wissen wir, wo es herkommt.

KOOPERATION UND VERNETZUNG

Man könnte einen Besuch beim Bauernhof vereinbaren. Dabei kann man sich bewusst machen, unter welchen Bedingungen die Tiere aufwachsen (abgesehen vom Bio-Bauernhof). Besuch beim Vogelzuchtverein.

PRINZIP DER ZUKUNFTSORIENTIERUNG

Wir müssen uns bewusst machen, woher unser Fleisch kommt. Ist billig gleich gut? Der Fleischkonsum der Menschen nimmt immer mehr zu. Dabei achten die wenigsten, woher eigentlich das gekaufte Fleisch kommt. Empfehlenswert wäre, wenn man ein bis zwei Mal die Woche Fleisch und Wurst isst. Aber leider nehmen immer mehr nahezu jeden Tag tierische Produkte zu sich. Ein Kilo Fleisch belastet das Klima so stark wie 250 Kilometer Autofahrt (Quelle: www.spiegel.de, Klimabilanz).

SOZIALES LERNEN UND KULTURELLE VIELFALT

Symbolik von Eiern, Märchen. Welches Fleisch verwenden welche Kulturen? Zum Beispiel dürfen manche Kulturen kein Schweinefleisch essen. Schwein gilt als „unrein" im Islam. Im Hinduismus (Indien) gilt die Kuh als heilig.

ERNÄHRUNG UND NAHRUNGSMITTEL / KONSUM UND LEBENSQUALITÄT

Müssen wir jeden Tag Eier und Fleisch essen? Vegetarische Ernährung schützt das Klima (vgl. „PrimaKlima-Kochbüchle", erhältlich im Ministerium für Umwelt, Klima und Energiewirtschaft, Stuttgart).

RAUM- UND AKTIONSORIENTIERUNG

Sinnes- und Naturräume: Wie viel Platz hat ein Huhn? Dies können die Kinder am eigenen Leib spüren. Ruhe- und Kommunikationsräume: Über das Erlebte sprechen. Wie war es auf dem Bauernhof und was ist euch aufgefallen?

WEITERE PROJEKTIDEEN

INSEKTENFALLE SELBER BAUEN

http://www.haus-der-kleinen-forscher.de/de/forschen/praxisideen-experimente/ nachhaltigkeit/experiment-detail/experiment/zeige/detail/insektenfalle-selber- bauen/, letzter Zugriff am 15.12.2014

WAS MACHEN REGENWÜRMER

http://www.kidsweb.de/experi/regenw.htm, letzter Zugriff am 15.12.2014

REIM ÜBER REGENWÜRMER

http://www.reimix.de/wp- content/uploads/2010/06/Von-vorne-und-hinten- Lustiger-Kinderreim-über-den-Wurm.pdf, letzter Zugriff am 15.12.2014

GESTALTUNGSKOMPETENZ ZUM THEMENFELD
BIODIVERSITÄT: PFLANZEN UND TIERE

GESTALTUNGS-KOMPETENZ: TEILKOMPETENZEN	DIE KAR-TOFFEL AUS DEM EIMER	WIE PFLANZEN WACHSEN	NIST-KÄSTEN BAUEN	WIE VIEL PLATZ HAT EIN HUHN?
Weltoffen und neue Perspektiven integrierend Wissen aufbauen	●		●	●
Vorausschauend Entwicklungen analysieren und beurteilen können	●	●	●	●
Interdisziplinär Erkenntnisse gewinnen und handeln	●	●	●	●
Risiken, Gefahren und Unsicherheiten erkennen und abwägen können	●		●	●
Gemeinsam mit anderen planen und handeln können	●	●	●	
Zielkonflikte bei der Reflexion über Handlungsstrategien berücksichtigen können		●		●
An kollektiven Entscheidungsprozessen teilhaben können	●	●	●	
Sich und andere motivieren können, aktiv zu werden	●	●	●	●
Die eigenen Leitbilder und die anderer reflektieren können				●
Vorstellungen von Gerechtigkeit als Entscheidungs- und Handlungsgrundlage nutzen können	●			●
Selbstständig planen und handeln können	●	●	●	●
Empathie für andere zeigen können	●	●	●	●

2. WISSENSWERTES: DAS KLIMA

„Als Klima bezeichnet man [...] den charakteristischen Verlauf des Wetters an einem Ort oder in einem bestimmten Raum über einen längeren Zeitraum hinweg." (vgl. Allianz Umweltstiftung 2007, S. 2). Gebiete mit ähnlichen Klimazügen werden zu Klimazonen zusammengefasst.

Man unterscheidet folgende Klimazonen:
- die polaren Gebiete am Nord- und Südpol, wo fast immer Dauerfrost herrscht
- die boreale Zone auf der Nordhalbkugel, wo die Temperatur max. 10 Grad Celsius erreicht und Nadelwälder und Moore vorherrschend sind
- die gemäßigten Breiten, wo die Jahresmitteltemperaturen zwischen 5 und 20 Grad Celsius liegen und die Lebensbedingungen dank ausreichend Wasser für alle Lebewesen ideal sind
- die Subtropen, mit 20-40 Grad Celsius Durchschnittstemperatur und Steppen, Wüsten und Savannen
- und die Tropen, um den Äquator, wo es sehr heiß und feucht ist und das Wasser schnell verdunstet (vgl. Brandstetter u. a. 2009, S. 5 f.).

Der Hauptgrund für das Vorhandensein von Klimazonen ist der unterschiedliche Einfallswinkel der Sonne auf die Erde. Verschiedene Bereiche auf der Erde werden demnach unterschiedlich stark von der Sonne bestrahlt. Bei einem flachen Einstrahlungswinkel in höheren Breiten legt die Strahlung einen längeren Weg zurück und wird zudem auf eine größere Fläche verteilt, was zu einer deutlich geringeren Strahlungsintensität führt. Klimazonen sind nicht starr, da sich das Klima auf der Erde immer wieder verändert (vgl. Allianz Umweltstiftung 2007, S. 3 und S. 9-11). Die äußere Schale der Erde besteht aus einer Gashülle, der sog. Atmosphäre, die aus einem Gemisch aus Gasen besteht. Das in den unteren Schichten häufigste Gas ist der Stickstoff, der hier 78 Prozent ausmacht; der Anteil des Sauerstoffs, der für das Leben notwendig ist, beträgt nur 20 Prozent, noch geringer ist der Anteil an Kohlendioxid (vgl. van Rose 2003). Die schädliche UV-Strahlung der Sonne wird überwiegend durch die Ozonschicht der Erde absorbiert. Etwa 90 Prozent aller Ozonmoleküle befinden sich in der Stratosphäre, wo sie die Ozonschicht bilden. Ozon in der unteren Troposphäre in geringer Konzentration bewirkt einen natürlichen Treibhauseffekt, ohne welchen die Temperatur auf der Erde bei etwa -18 Grad Celsius läge (vgl. Allianz Umweltstiftung 2007, S. 7).

Die Ozonschicht stellt eine Schutzschicht der Erde dar. Nur knapp 50 Prozent der Sonneneinstrahlung erreicht die Erdoberfläche, die je nach Oberflächenbeschaffenheit absorbiert oder reflektiert, das heißt dass einfallende Lichtstrahlen entweder zurückgeworfen oder verschluckt werden, was Auswirkungen auf das Klimasystem hat. Bei der Absorption wandelt die Materie die Sonneneinstrahlung in Wärme um, bei der Reflexion hingegen wird die ankommende Energie ohne Umwandlung direkt wieder in die Atmosphäre zurückgeführt. Helle Oberflächen reflektieren beispielsweise mehr Strahlung als dunkle. Die Gase Ozon, Kohlendioxid und der Wasserdampf der Wolken in der Atmosphäre absorbieren-Weinen großen Teil des Lichts, vor allem. im nicht sichtbaren, beispielsweise ultravioletten Bereich. Die eintreffende Sonneneinstrahlung wird in Wärmeenergie umgewandelt und verlässt wieder die Erdoberfläche Richtung Atmosphäre. Ein Teil entweicht ungehindert in den Weltraum, der Rest wird von den Treibhausgasen absorbiert und erneut gleichmäßig in alle Richtungen abgegeben. Dadurch erwärmt sich die Erdoberfläche zusätzlich und gibt bei Absorption erneut Wärmestrahlung ab, wodurch die Erdoberfläche mehr Energie erhält als durch die Sonneneinstrahlung allein (Treibhauseffekt).

Die Erwärmung hat zur Folge, dass Wasser verdunstet und sich Wolken bilden, die wiederum die Einstrahlung bezüglich der Absorption beeinflussen. Durch den ständigen Austausch zwischen den unterschiedlich warmen Regionen entstehen Winde und Meeresströmungen. Kalte Luft erzeugt aufgrund ihrer größeren Dichte einen höheren Luftdruck (Hochdruckgebiet) als warme Luft, die einen niederen, tiefen Luftdruck erzeugt (Tiefdruckgebiet). Die Luft im Hochdruckgebiet dehnt sich aus und strömt Richtung Tiefdruckgebiet – Wind entsteht. Die Sonneneinstrahlung ist zudem verantwortlich für die Fotosynthese der Pflanzen, sodass der Kohlenstoffdioxidgehalt in der Atmosphäre reduziert wird (vgl. Allianz Umweltstiftung 2007, S. 10 ff).

Die Sonneneinstrahlung bleibt jedoch auch nicht durchgehend konstant. In den Wintermonaten treffen weniger Sonnenstrahlen auf die Erdoberfläche als in Sommermonaten. Die Entstehung der Jahreszeiten hängt mit dem Neigungswinkel der Erdachse um circa 23,5 Grad und der elliptischen Umlaufform um die Sonne zusammen. Die Sonne dreht sich innerhalb eines Tages einmal um sich selbst. Dadurch entstehen Tag und Nacht. Auf der der Sonne zugewandten Seite der Erde ist es Tag, auf der anderen Seite der Erdhalbkugel

ist es dann Nacht. Deshalb scheint es so, als würde die Sonne wandern. Ebenso umrundet die Erde auf einer elliptischen Umlaufbahn die Sonne einmal innerhalb eines Jahres. Da die Erdachse um etwa 23,5 Grad geneigt ist, liegt bei der Umrundung der Sonne einmal die Nordhalbkugel und einmal die Südhalbkugel näher zur Sonne. Dadurch verändert sich die Strahlungsintensität auf die Erdoberfläche und somit auch die Temperatur. Das bedeutet ebenso, dass auf einer Seite der Erdhalbkugel, die der Sonne zugewandt ist, warme und sommerliche Temperaturen herrschen, während es auf der anderen Seite kalt und winterlich ist. Je senkrechter die Sonneneinstrahlung auf die Erde fällt, desto wärmer ist es, da die Sonnenstrahlen auf dem Weg weniger Energie verlieren (vgl. Cosmos Media 2011, o. S.).

Fallen die Sonnenstrahlen im rechten Winkel auf die Erde ein, so sagt man, die Sonne steht im Zenit. „Im Sommer steht die Sonne im Zenit und bringt die tropischen Kontinente zum Glühen" (Orsena 2010). Und je näher eine Region am Äquator liegt, wo die Sonnenstahlen nahezu im rechten Winkel einfallen, desto weniger jahreszeitliche Schwankungen gibt es, da sich der Einfallswinkel der Sonneneinstrahlung im Laufe des Jahres nicht so stark verändert. Der Äquator liegt auf dem nullten Breitengrad in der Mitte zwischen Nord- und Südpol. Da sich der Neigungswinkel der Erdachse dort kaum auswirkt, sind auch Tag und Nacht etwa gleich lang. Ebenso ist es an den Polkappen immer kalt, da die Sonnenstrahlen dort immer in einem flachen Winkel auf die Erde fallen.

Sommersonnenwende oder der Sommeranfang (21. Juni) stellt den längsten Tag des Jahres dar. Die nördliche Halbkugel ist der Sonne dann zugewandt und die Sonneneinstrahlung fällt nahezu senkrecht ein. Deshalb wird es um diese Jahreszeit in den nördlichsten Ländern der Erde, wie Finnland und Schweden, auch nachts nicht richtig dunkel (Mittsommer). Das Mittsommerfest ist in den skandinavischen und nördlichen Ländern eines der wichtigsten Feste. Zur Wintersonnenwende (21./22. Dezember) werden die Tage langsam wieder kürzer und die Nächte länger. Wenn es dann auf der Nordhalbkugel Winter wird, beginnt es auf der Südhalbkugel wärmer und sommerlicher zu werden. Winter- und Sommersonnenwende sind daher auf Nord- und Südhalbkugel genau umgekehrt (vgl. Cosmos Media 2011, o. S. o. A.).

Die Sonneneinstrahlung in die Atmosphäre und auf die Erde ist Grundvoraussetzung für Leben auf der Erde. Viele wichtige Prozesse auf der Erde werden durch die Sonnenenergie angetrieben. Sie beeinflusst Vegetationsformen, das heißt das Pflanzenaufkommen in einem bestimmten Gebiet und viele für den Organismus lebensnotwenige Vorgänge und Funktionen, wie zum Beispiel die Fotosynthese der Pflanzen.

Es bestehen Wechselwirkungen zwischen dem Klima auf der Erde und den Lebewesen. So vermutet man auch, dass Klimaveränderungen im Verlauf der Erdgeschichte dafür verantwortlich sind, dass beispielsweise ganze Tier- und Pflanzengattungen ausgestorben sind. Lebewesen passen sich den klimatischen Veränderungen an, sofern sie die Chance dazu haben und diese nicht zu rasant geschehen (vgl. Allianz Umweltstiftung 2007, S. 18).

Es lässt sich zum Beispiel beobachten, dass gleichwarme Tiere (halten ihre Körpertemperatur durch Stoffwechsel nahezu konstant) in kälteren Regionen der Erde größer als ihre nahe verwandten Artgenossen in wärmeren Gefilden sind (Bergmannsche Regel: günstigeres Verhältnis von Körpervolumen zu -oberfläche). Ebenso lassen sich bei gleichwarmen Tieren in wärmeren Regionen längere Körperfortsätze (Beine, Schwanz, Ohren) feststellen als in kalten Gebieten, da über die Oberfläche Wärme abgegeben wird (Allensche Regel: Wärme kann besser abgeleitet werden). So werden Eisbären oder Bären in Alaska deutlich größer als in anderen Teilen der Erde und der Fennek (Wüstenfuchs) hat einen deutlich längeren Schwanz, längere Beine und größere Ohren als die Fuchsart, die wir aus Europa kennen. Pflanzen dagegen überdauern Trockenperioden, indem sie Wasser speichern, wie zum Beispiel Kakteen, oder sie werfen ihre Blätter ab. Manche Tiere haben zusätzlich eine „Oberfläche" (Haut) entwickelt, die sie vor Austrocknung schützen soll, so zum Beispiel der Chitin-Panzer, und viele Pflanzen besitzen eine wachsartige, schützende Cuticula. Zugvögel ziehen in den kalten Jahren in wärmere Gefilde.

Umgekehrt beeinflussen aber auch die Lebewesen das Klima. Es werden durch natürliche Prozesse, durch anthropogene Prozesse und Aktivitäten anderer Lebewesen auch Emissionen (das heißt Luftverunreinigungen, Geräusche, Strahlen, Wärme und Erschütterungen) an die Umwelt abgegeben. „Der Anteil davon, der auf Menschen, Tiere, Pflanzen und Sachgüter einwirkt, wird Immission genannt" (Knoch 2013 S. 187). Aber auch die Nahrungsmittelproduktion sowie weite Transportwege haben Einfluss auf den Kohlendioxid-, Lachgas- und Methan-Gehalt in der Atmosphäre. 2006 ermittelte die Europäische Kommission, dass etwa 20 bis 30 Prozent der gesamten Treibhausgasemissionen in der EU auf Erzeugung, Verarbeitung,

Bereitstellung / Lagerung und Verbrauch / Zubereitung und Entsorgung von Nahrungsmitteln zurückzuführen sind. In Deutschland ist die landwirtschaftliche Produktion etwa für 11 bis 14 Prozent aller Treibhausgasemissionen verantwortlich (vgl. Noleppa 2012, S. 8 und S. 10). Durch unsaubere Luft sind etwa 7,11 Milliarden. Menschen erkrankt (vgl. Knoch 2013, S. 188).

Ein weiterer Faktor, der die Klimasituation beeinflusst, ist die Art der Vegetation der Pflanzen sowie die Aufnahme von Umweltstoffen durch die Lebewesen, in den unterschiedlichen Klimaregionen. Zum einen reflektieren und absorbieren die verschiedenen Vegetationsformen (Wüstengebiete, Waldgebiete und weitere.) die Strahlungsenergie unterschiedlich (vgl. Treibhauseffekt). Zum anderen binden Lebewesen Kohlenstoffdioxid (absorbiert Strahlungsenergie in der Atmosphäre), das nach ihrem Tod wieder freigesetzt wird – ein unendlicher Kreislauf des Kohlenstoffs zwischen Atmosphäre und Biosphäre. Dies geschieht durch den Vorgang der Fotosynthese oder durch Einlagerung des Kohlenstoffdioxids, beispielsweise in den Schalen von Meerestieren. Aber auch die Knochen von Landtieren und Menschen enthalten Kohlenstoff. Durch Zersetzung wird der eingelagerte Kohlenstoff zum Großteil wieder als Kohlenstoffdioxid (CO_2) frei, das heißt in die Atmosphäre abgegeben.

Von großer Bedeutung für das Klima auf der Erde sind die Kieselalgen, welche etwa drei Viertel des Phytoplanktons (wandelt Lichtenergie in chemische Energie um, vgl. Fotosynthese) ausmachen, da diese nach dem Absterben mit dem gebundenen Kohlenstoff im Meeresboden versinken (vgl. Allianz Umweltstiftung 2007, S. 18).

Kohlenstoffdioxid wird zudem langfristig als Kohlenstoff in Kohle, Erdöl und Erdgas gebunden, die aus Resten von Lebewesen bestehen. Kohle entstand aus Sumpfwäldern und Erdöl aus Meeresablagerungen hauptsächlich aus toten Kleinstorganismen (Plankton). Erdgas stellt ein Spaltungsprodukt aus Kohle und Erdöl dar oder entstand aus organischen Resten mithilfe von Bakterien. Wenn diese Stoffe abgebaut werden und wieder an die Erdoberfläche gelangen oder zur Energiegewinnung verbrannt werden, wird Kohlenstoffdioxid frei und in die Atmosphäre abgegeben (vgl. Allianz Umweltstiftung 2007, S. 19). Heute weiß man, dass das Klima im Laufe der Erdgeschichte immer wieder Schwankungen unterlag, wobei die wärmeren Erdzeitalter überwiegen.

Mit den rasanten Klimaveränderungen waren immer drastische Auswirkungen auf das Leben auf der Erde verbunden. Als bekanntestes Beispiel wäre das Aussterben der Saurier zu nennen. Vor etwa zwei Millionen Jahren hatten Kontinente, Gebirge und Ozeane im Wesentlichen ihre heutige Gestalt angenommen und das Eiszeitalter begann. Mit der Entstehung des maritimen Stromes, über welchen auch ein Wärmeaustausch stattfindet, zeigt der Temperaturverlauf einen Wechsel von ausgeprägten Kaltzeiten (wiederkehrende Eiszeiten) und Warmzeiten. Momentan befinden wir uns in einer abklingenden Phase der Warmzeit. Neueren Berechnungen zufolge soll in 30.000 bis 50.000 Jahren die nächste Eiszeit auf die Erde zukommen. In den letzten 5.000 Jahren schwankte die globale Mitteltemperatur nur gering etwa zwischen 13 und 17 Grad. Das zeigt einerseits, wie stabil das Klima in dieser Zeitspanne war, andererseits aber auch, wie stark sich schon geringe Klimaschwankungen auf die Lebensbedingungen der Menschen auswirken. Verantwortlich für die klimatischen Veränderungen waren hauptsächlich Änderungen der Meeresströmungen und Schwankungen in der Erdumlaufbahn. Die Schwankungen der letzten 1.000 Jahre lassen sich ziemlich gut auf Auswirkungen vulkanischer Aktivitäten und schwankender Sonnenstrahlung zurückführen (vgl. Allianz Umweltstiftung 2007, S. 27).

„Klimaforscher sind sich einig, dass der derzeitige Anstieg der weltweiten Durchschnittstemperatur durch den Menschen verursacht wird. [...] Im letzten Jahrhundert ist die durchschnittliche Lufttemperatur weltweit um fast 0,8 Grad Celsius gestiegen, [...] gleichzeitig hat die technologische Revolution enorm viel Energie verbraucht" (Woodward 2008, S. 14 ff.). Zudem ist seit Beginn des 20. Jahrhunderts ein immer weiter ansteigender Energieverbrauch zu verzeichnen. Dies lässt sich zum einen auf die ansteigende Weltbevölkerung und zum anderen auf die technische und wirtschaftliche Entwicklung zurückführen. Die Nutzung fossiler Energieträger, bei der durch die Verbrennung von Treibstoffen viel Kohlendioxid freigesetzt wurde, führt zu einem Anstieg des Kohlenstoffdioxidgehalts in der Atmosphäre, der wiederum das Klima beeinflusst. Unter anderem wurde durch die erhöhte Konzentration von CO_2 die Lufttemperatur erhöht und der natürliche Klimawandel beschleunigt. In der Atmosphäre ist die Kohlenstoffdioxidkonzentration seit 1750 um ca. 35 Prozent angestiegen und die Methangaskonzentration sogar um 148 Prozent (Stand: 2005). Des Weiteren finden sich in der Atmosphäre Treibhausgase, die nicht natürlichen Quellen entstammen, sondern ausschließlich industriell erzeugt werden, von denen die Fluorchlorkohlenwasserstoffe (FCKW), deren Einsatz heute verboten ist, am

bekanntesten sind. Die Abgabe dieser Gase in die Atmosphäre, welche dort als Treibhausgase wirken, führt zu einer Zerstörung des natürlichen Schutzschildes der Erde (Ozonloch).

Seit 1861 werden systematische und flächendeckende Temperaturmessungen durchgeführt, die einen Anstieg der mittleren globalen Erdtemperatur verzeichnen. In den Jahren 1995 bis 2006 wurden elf der zwölf wärmsten Jahre seit 1850 festgehalten. In den arktischen Regionen ist eine besonders starke Erhöhung der Temperatur zu verzeichnen. Auch die Meere absorbieren Wärme. Man geht davon aus, dass circa 80 Prozent der zusätzlichen Wärmemenge des Klimasystems auf Ozeane zurückzuführen sind (vgl. Allianz Umweltstiftung 2007, S. 27 ff.).

Insgesamt nehmen Gebirgsgletscher und schneebedeckte Flächen ab, die Polkappen beginnen zu schmelzen, was wiederum zu einem Anstieg des Meeresspiegels führt. Das Meer-Eis der Arktis verzeichnet seit 1978 einen Rückgang um durchschnittlich 8 Prozent. Schmelzvorgänge und Gletscherabbrüche haben den Schwund an Landmasse in der Antarktis, vor allem Grönland zur Folge. Etwa 40 Prozent des im 20. Jahrhundert um 17 cm gestiegenen Meeresspiegels ist darauf zurückzuführen. Der restliche Anteil ergibt sich aus der thermischen Ausdehnung aufgrund der Erwärmung der Meere. Das Schmelzen der Gletscher verschärft zudem die Trinkwasserproblematik. Es ist bekannt, dass die Erde zu etwa 70 Prozent aus Wasser besteht. Davon sind jedoch nur etwa 3 Prozent Süßwasser, dessen Großteil in den Gletschern gefroren ist. Mit dem Anstieg der Meeresspiegel dringt Salzwasser in Flüsse und Seen sowie in das Grundwasser. Die Aufbereitung von Salzwasser für Brauch- und Trinkwasser ist sehr aufwendig und kostspielig. Begleitet wird der Klimawandel von zunehmenden extremen Wetterereignissen. (vgl. Allianz Umweltstiftung 2007, S. 29 ff.). Der Temperaturanstieg lässt sich zudem an einem früheren Frühlingsbeginn und dem Verhalten von Zugvögeln, die erst viel später oder sogar nicht mehr in wärmere Gefilde ziehen, feststellen. Durch die veränderten Klimabedingungen werden aber auch Lebensräume zerstört und somit Nahrungsketten unterbrochen, da sich die meisten Tierarten nicht schnell genug anpassen können. Jeden Tag sterben annähernd 130 Tier- und Pflanzenarten, was hauptsächlich der Mensch zu verantworten hat, da er den Naturkreislauf stört und die veränderten Umweltbedingungen Auswirkungen auf die Ökosysteme haben.

Durch Besiedelung und Nutzung der Erde, greift der Mensch in das ökologische Gleichgewicht ein, was erst mal keine direkt erkennbaren und spürbaren Auswirkungen hat. Eingriffe des Menschen sind deshalb also umso gefährlicher zu bewerten, da sich die Auswirkungen erst viel später zeigen und man daher präventive Maßnahmen ergreifen muss. Vor allem mit Beginn der Industrialisierung zeichnet sich eine globale Dimension der Auswirkungen ab, da der Einfluss des Menschen auf das Klima nicht mehr lokal begrenzt ist (vgl. Allianz Umweltstiftung 2007).

Obwohl Entwicklungsländer nur einen Bruchteil der Treibhausgasemissionen im Vergleich zu den Industrienationen verursachen, müssen diese genauso mit den Folgen leben. Klimafolgen können für die Menschen in diesen Ländern unter Umständen lebensbedrohlich werden, da die finanziellen Mittel für Umweltschutz im Land fehlen. Es herrscht Wasserknappheit und das Ackerland ist nicht mehr zu bewirtschaften (vgl. Buchczik 2011, „kidsweb.de"). Mittlerweile setzen sich viele Länder für den Kli-

maschutz ein. Seit 1992 treffen sich die Vertreter eines jeden Landes jährlich auf einer Klimakonferenz, um sich über den Klimawandel und seine Auswirkungen zu beraten. Ziel ist es, einen gemeinsamen Konsens zu finden, wie gegen die Erderwärmung durch Mensch und Technik vorgegangen werden kann. Industrienationen haben einen erheblichen technischen und wirtschaftlichen Vorsprung, den Entwicklungsländer gar nicht mehr aufholen können, erst recht nicht unter Berücksichtigung des Klima- und Umweltschutzes. Aufgrund dessen ist es notwendig, diese Länder in Ihren Entwicklungen zu unterstützen (vgl. Buchczik 2011, „kidsweb. de"). Zur Bekämpfung der Luftverschmutzungen hat die EU Richtlinien und Verordnungen erlassen und Grenzwerte für verschiedene Schadstoffe in der Luft festgelegt. Verordnungen allein reichen aber nicht. Jeder kann etwas tun. Man kann seinen „Kohlenstoff-Fußabdruck" verringern, indem Geräte, die einen „Stand-by-Modus" haben, wirklich abgeschaltet werden, indem man mehr zu Fuß geht oder das Fahrrad nimmt und öffentliche Verkehrsmittel nutzt, die Zimmertemperatur etwas verringert, Einkäufe in der Nähe tätigt, Alltagsdinge repariert und mehrfach verwendet, statt laufend neue Dinge zu kaufen und damit den Wert der Rohstoffe schätzt, Energiesparlampen und Mehrwegverpackungen verwendet und Vieles mehr.

[26, 27, 28, 29, 30] „Klima im Treibhaus"

AKTION 1: KLIMA IM TREIBHAUS

MATERIALIEN
- Eine Kiste aus Holz oder stabilem Karton
- Blumen- oder Komposterde
- Kresse- oder Weizensamen
- Ein Einmachglas
- Ein Zerstäuber

DURCHFÜHRUNG

Als Erstes wird die Blumen- oder Komposterde in die Kiste gefüllt. Nachfolgend müssen die Samen in die Erde gesteckt werden und mit der flachen Hand angedrückt werden. Nun muss die Erde angefeuchtet werden, dabei ist ein Wasserzerstäuber sehr gut geeignet, damit alle Samen gleich viel Wasser erhalten. Wenn die Erde befeuchtet ist, kommt das Einmachglas zum Einsatz. Dieses wird nun verkehrt herum, mit der Öffnung nach unten, in die Mitte der Kiste gestellt. Die Kiste sollte einen Platz bekommen, an dem sie den ganzen Tag Sonnenlicht bekommt. Hier muss sehr viel Sonnenlicht einwirken, damit der Unterschied deutlich wird. Je nachdem, wie viele Samen benutzt wurden oder wie stark die Sonne scheint, kann das Experiment auch länger dauern, dies muss beachtet werden.

Die Erde in der Kiste sollte jeden Tag genässt werden, auch unter dem Einmachglas, damit die Keimlinge richtig gut wachsen können. Dabei sollte das Glas kurz hochgehoben und mit dem Zerstäuber Wasser auf die Erde gesprüht werden.

BEOBACHTUNG

Die Kinder können erkennen, dass in einem Treibhaus schon Pflanzen wachsen, während drum herum noch nichts Sichtbares geschieht. Die Pflanzen im Glas wachsen durch den Effekt des Treibhauses deutlich schneller. Mit dem Thermometer kann auch die Wärme gemessen werden, dies macht das Experiment deutlicher. Die Kinder kommen ins Gespräch, warum die Pflanzen im Glas schneller wachsen wie die Pflanzen, die nicht vom Glas umgeben sind. Natürlich muss sich auch weiterhin um die Pflanzen gekümmert werden, damit die Kinder auch die weiteren Entwicklungen beobachten können.

ERKLÄRUNG

Kinder erkennen hier deutlich den Treibhaus-effekt. In diesem „kleinen" Treibhaus werden Sonnenstrahlen, die durch das Glas kommen, eingefangen, sodass diese nicht mehr entweichen können. Im Glas befinden sich jetzt die Sonnenstrahlen. Aufgrunddessen erhitzt sich die Luft im Glas. Weil die Sonnenstrahlen warm sind, wachsen die Pflanzen jetzt schneller, da es im Glas wärmer ist als draußen. So nutzen die Pflanzen die zusätzliche Wärme und wachsen im Vergleich zu einer Pflanze, die außerhalb des Glases steht, deutlich schneller. Dieses Experiment lädt Kinder dazu ein, sich forschend das Thema Klima anzueignen und neue Erfahrungen zu machen. Erklärungen werden selbstständig gesucht und ergänzt.

DIDAKTISCHER KOMMENTAR

PRINZIP DER INTERDISZIPLINARITÄT

Wie funktioniert der Treibhauseffekt auf physikalischer Ebene? Welche Gase entstehen bei dem Treibhauseffekt, welche Gase sind schädlich? Auswirkungen auf Pflanzen und Tiere, wie leben diese Tiere mit dem Treibhauseffekt? Wie verändert sich die geografische Lebenswelt. Verlust von Ländern durch Wasseranstieg etc.

Die Auswirkungen des Treibhauseffekts können mit dem Klimawandel in Verbindung gebracht und auf andere Bereiche übertragen werden. Das Vorhandensein verschiedener Lebensmittel zu jeder Jahreszeit ist ein Anzeichen des nicht nachhaltigen Konsumverhaltens.

KOOPERATION UND VERNETZUNG

Eine Kooperation mit den umliegenden landwirtschaftlichen Betrieben und Exkursionen sind Ideen, um die Bepflanzung und Ernte unter „normalen" Umständen besichtigen zu können. Auch in Omas Garten besteht oftmals der direkte Vergleich mit Pflanzen, die in einem Gewächshaus wachsen oder ganz gewöhnlich im Freien. Eventuell kann auch ein Produkttest bei einem Landwirt stattfinden, beispielsweise mit Erdbeeren frisch vom Feld und Erdbeeren aus dem Treibhaus. Ein Gartenbauverein kann den Kindern Tipps zum gerechten und nachhaltigen Anbau von Erzeugnissen geben.

PRINZIP DER INTRAGENERATIONELLEN GERECHTIGKEIT

Durch die Möglichkeit, in jeder Jahreszeit das gewünschte Lebensmittel zu bekommen, verschafft sich der Mensch in den Industrienationen eine vermeintlich hohe Lebensquali-

tät. Gewächshäuser in warmen Ländern werden errichtet und weitere Anbaugebiete geschaffen (übermäßige Landnutzung), um Lebensmittel für reichere Länder kostengünstig zu produzieren. Hier entsteht ein Konflikt zwischen Ländern, die in der Nordhalbkugel liegen, und den Ländern, die im Süden liegen und bestens geeignet sind für den Lebensmittelanbau.

PRINZIP DER ZUKUNFTSORIENTIERUNG

Treibhäuser sind schon heute für die Lebensmittelindustrie unabdingbar. Hier wird in Zukunft weiter daran gearbeitet, zu jeder Jahreszeit die verschiedensten Gemüse- und Obstsorten anzubauen. Hierbei kann auch ein Bezug zu der Tomatenzucht vorgenommen werden. Kritisch zu bedenken ist hier der enorme Wasser- und Stromverbrauch. Teilweise müssen eigene Stromkraftwerke für diese Gewächshäuser gebaut werden. Der CO_2-Ausstoß erhöht sich durch die Einlagerung von Lebensmitteln. Daher ist der Konsum saisonaler Lebensmittel ökologisch verträglicher.

SOZIALES LERNEN UND KULTURELLE VIELFALT

Welche Nahrungsmittel werden in anderen Ländern angebaut? Welche Kulturen sind beim Anbau üblich? Wie werden die Lebensmittel dort verwertet? Was heißt regional und saisonal in anderen Ländern?

MENSCHENWÜRDE UND EMPATHIE

Beim Kauf und Konsum von Lebensmitteln (vor allem Gemüse, Obst und Fleisch / Fisch) sollte auf die Herkunft und die Herstellung geachtet werden. Lebensmittel sollten bewusst konsumiert werden.

ERNÄHRUNG UND NAHRUNGSMITTEL / KONSUM UND LEBENSQUALITÄT

Die Gewächshäuser machen den saisonal angebauten Lebensmitteln Konkurrenz. Durch die enorme Masse, die in Gewächshäusern jahreszeitunabhängig angebaut werden kann, können diese Lebensmittel teilweise günstiger als die saisonal angebauten Lebensmittel produziert und verkauft werden. Jedoch werden diese oftmals schon im unreifen Zustand geerntet und enthalten weniger Vitamine. Zusätzlich entstehen möglicherweise Überproduktionen von Lebensmitteln, die oft weggeworfen werden.

RAUM- UND AKTIONSORIENTIERUNG

Aktionsraum: Forscherecke mit Materialien zum Experiment. Ruhe- und Kommunikationsraum: Diskutieren und Reflektieren; Bilderbücher zur Anschauung, Poster, z.B. zur Tomatenzucht, Produktion von Erdbeeren.

[31] Orangensaft

AKTION 2: DER WEG DES ORANGENSAFTS

MATERIALIEN

- Orangensaft aus 100 Prozent Frucht
- Orangensaft aus Orangensaftnektar
- Becher
- Stifte
- Papier
- Orangen
- Orangenpresse

DURCHFÜHRUNG

Jeder Becher wird mit einem Stift markiert. Es geht darum, einen Unterschied zwischen den zwei Säften festzustellen. Am besten hierbei zwei sich deutlich unterscheidende Farben benutzen (rot und blau). Nun werden in die „rot markierten" Becher immer Orangensaft-nektar gefüllt und in die „blau markierten" Becher Orangensaft aus 100 Prozent Frucht. Nun bekommen alle Kinder zuerst die rot markierten Becher. Beschreibungen der Kinder werden schriftlich festgehalten. Nachfolgend bekommen die Kinder den anderen Becher und beschreiben auch hier den Geschmack und auch das Aussehen. Die Kinder verglei-chen die Getränke und diskutieren über Geschmack, Farbe, Konsistenz und ähnliche Dinge. Zum Schluss wird mithilfe einer Presse Orangensaft selbst hergestellt und verkostet. Mit Kindern kann hier über den Anbau ver-schiedenster Lebensmittel diskutiert werden. Des Weiteren können sich die Kinder über ih-ren eigenen Konsum unterhalten und gegen-seitig informieren, was sie zu Hause trinken.

Verkehrsclub Deutschland (2006). Unterrichtsmaterialien und Spielideen für Kindergarten und Grundschule zum Thema »Klima, Verkehr und Nachhaltigkeit«. Verfügbar unter: http://www.klima-tour.de/fileadmin/user_upload/redakteur/Lehrer/Umaterialien/ Grundschule/unterrichts-_und_spielideen.pdf, letzter Zugriff am 10.12.2014

BEOBACHTUNG

Der Orangensaftnektar schmeckt um einiges süßer als der Orangensaft aus 100 Prozent Frucht. Hierbei können die Kinder auch feststellen, dass der Orangennektar kein Fruchtfleisch mehr enthält. Bei Orangensaft aus 100 Prozent Frucht kann dieses teilweise noch enthalten sein. Nachdem die Kinder gemeinsam Orangen zu Saft verarbeitet haben, erkennen sie, wie viele Orangen man braucht, um ein Glas überhaupt zu füllen.

ÖKOLOGIE	ÖKONOMIE	SOZIALES
· Lebensraum und Schutz für Vögel	· Selbstbau · Verkauf (Wert) · Nachhaltige Materialien	· Sicherung des Überlebens der Vögel für alle Lebewesen · artgerechte Tierhaltung

ERKLÄRUNG

Orangensaftnektar hat sehr viele Zusatzstoffe, vor allem Zucker. Der Geschmack wird teilweise durch synthetische Zusatzstoffe intensiviert. Presst man Orangen aus, sieht man, wie viele Orangen benötigt werden, um ein Glas zu füllen. Da die Orangen nicht mit einer Maschine geerntet werden kön-

nen, sind sehr viele Menschen nötig, um die Orangen zu ernten. Dies soll zum maßvollen Umgang mit Saft und Obst anregen. Wenn der Saft zum Beispiel in Brasilien hergestellt wird, dann wird er als Konzentrat über das Meer zur Weiterverarbeitung in Fabriken versandt. Nur im Saft aus 100 Prozent Orangen (Direktsaft) ist kein zusätzlicher Zucker enthalten.

DIDAKTISCHER KOMMENTAR

KOOPERATION UND VERNETZUNG

Kooperationen können hier mit einem örtlichen Lebensmittelmarkt und Landwirten mit Streuobstwiesen hergestellt werden, damit die Kinder sich direkt dort informieren können, was den Unterschied ausmacht zu Fair-Trade-Orangen, Bio-Obst und herkömmlich produzierten Orangen. Außerdem können unterschiedliche Säfte probiert werden. Den Kindern wird dadurch bewusst, was ihnen schmeckt und was nicht, und man kann den Fokus auf heimische Obstsorten lenken (Apfelsaft selbst herstellen). Auch Obst- und Gartenbauvereine sind sehr kooperativ.

PRINZIP DER INTRAGENERATIONELLEN GERECHTIGKEIT

Lebensmittel werden günstig für die Industrienationen eingekauft und teurer an den Endverbraucher weitergegeben. Durch fairen Handel werden die Produzenten der Lebensmittel für Anzucht und Ernte gerecht entlohnt.

SOZIALES LERNEN UND KULTURELLE VIELFALT

Der eigene Konsum muss an verschiedene Lebensentwürfe angepasst werden. Das heißt, man sollte beim Konsum global denken und die Bedürfnisse der Menschen weltweit beachten und respektieren. Thematisieren von Produktion und Konsum von Lebensmitteln in anderen Ländern.

MENSCHENWÜRDE UND EMPATHIE

Gerechte Produktion und Verteilung von Lebensmitteln und Unterstützung wirtschaftlich und sozial Benachteiligter.

ERNÄHRUNG UND NAHRUNGSMITTEL / KONSUM UND LEBENSQUALITÄT

Orangen werden über mehrere 1000 Kilometer nach Deutschland exportiert, verlieren einen hohen Vitamingehalt. Andererseits werden die Orangen direkt im Herkunftsland für Saft verwertet, den wir billig einkaufen. Saisonal angebaute Obstsorten sind meist gehaltvoller und vitaminreicher als importierte Obstsorten.

RAUM- UND AKTIONSORIENTIERUNG

Ruheraum zur Diskussion: Bilderbücher mit verschiedenen Obstsorten und Lebensmitteln zur Anschauung. Auch Filme, z.B. über den Weg des Orangensaftes, können angeschaut werden.

WEITERE PROJEKTIDEEN

KLIMA-ROLLENSPIEL

Hier kann das Thema Klima durch Eigenaktivität aufgegriffen werden. http://www.klimaschutzagentur.org/schulen/downloads/ Aktionsideen_Rollenspiel.pdf Letzter Zugriff am 26.12.2014

KLIMA-WELTREISE

Kinder lernen verschiedene Länder und deren Leben kennen. http://www.kinder-mei-len.de/fileadmin/inhalte/Dokumente/ deutsch/2013/ Weltreise_komplett_dt.pdf Letzter Zugriff am 26.12.2014

KLIMA-QUIZ

Hier können Fragen zum Klima beantwortet werden. http://www.klimaschutzagentur. org/schulen/downloads/Aktionsideen_Klimaquiz.pdf Letzter Zugriff am 26.12.2014

KLIMASCHUTZ MATERIAL

Ideen und Ergänzungen zum Klimaschutz http://www.dena.de/projekte/energie-dienstleistungen/aktion-klimaschutz.html Letzter Zugriff am 26.12.2014

GESTALTUNGSKOMPETENZ ZUM
THEMENFELD KLIMA

GESTALTUNGSKOMPETENZ: TEILKOMPETENZEN	KLIMA IM TREIBHAUS	DER WEG DES ORANGENSAFTS
Weltoffen und neue Perspektiven integrierend Wissen aufbauen	●	●
Vorausschauend Entwicklungen analysieren und beurteilen können	●	●
Interdisziplinär Erkenntnisse gewinnen und handeln	●	
Risiken, Gefahren und Unsicherheiten erkennen und abwägen können		●
Gemeinsam mit anderen planen und handeln können	●	●
Zielkonflikte bei der Reflexion über Handlungsstrategien berücksichtigen können		●
An kollektiven Entscheidungsprozessen teilhaben können	●	●
Sich und andere motivieren können, aktiv zu werden	●	●
Die eigenen Leitbilder und die anderer reflektieren können		●
Vorstellungen von Gerechtigkeit als Entscheidungs- und Handlungsgrundlage nutzen können	●	●
Selbstständig planen und handeln können	●	
Empathie für andere zeigen können		●

[32] Ackerboden

3. WISSENSWERTES: DER BODEN

Boden ist die dünne Verwitterungs- und Humusschicht der äußeren Erdkruste, die von Wasser und Luft durchsetzt ist (vgl. Ministerium für Umwelt, Klima und Energiewirtschaft Baden-Württemberg, o. J., o. S.). „Nur rund 100 chemische Elemente sind die Bausteine aller Materie auf der Erde. [...] Die meisten Verbindungen in der unbelebten Natur, die Mineralien, setzen sich aus nur sehr wenigen Elementen zusammen. [...] In den meisten Gesteinen der Erdkruste findet man vor allem acht chemische Elemente: Sauerstoff, Silizium, Aluminium, Eisen,

Kalzium, Magnesium, Natrium und Kalium." (van Rose 2003, S. 20). Im Folgenden sind die wesentlichen Böden, die in Deutschland vorherrschend sind, erklärt:

Ton stammt aus der Natur (Basis: Verwitterungsprodukt Sandstein; aus dem Erdmittelalter – Trias) und setzt sich aus feinkörnigen Mineralen zusammen, meist Schichtsilikate, welche mit Wasser zur plastischen Eigenschaft beitragen. Ton härtet beim Trocknen aus. Es können außerdem organische und anorganische Materialien, Schamotte, u. a. Quarz, Kalzit, Dolomit, Feldspäte und Oxide, vorkommen, welche nicht plastisch sind (vgl. Maresch / Medenbach 1996). Kalkstein ist ein Sedimentgestein und wurde vorwiegend im Jura (Erdmittelalter) von Lebewesen gebildet, aber auch durch chemische Prozesse im Wasser ausgefällt und abgelagert (vgl. Scheffer / Schachtschabel 2002). Kalkstein besteht überwiegend aus den Mineralen Calcit und Aragonit, zwei Kristallisationsformen von Calciumcarbonat (kohlensaures Calcium $CaCO_3$). Es kommen darin auch andere Minerale vor, z.B. Tonminerale, Dolomit ($CaMg(CO_3)_2$), Quarz, Gips und viele mehr. Kalkstein kann außerdem auch organische Substanz enthalten (vgl. Wikipedia „Boden" 2015). Humus besteht bei Waldböden (vor allem Laubmischwald) vorwiegend aus einer Tonmineralsubstanz (Ton-Humus-Komplex). Diese entsteht, wenn komplexe Verbindungen nach deren Absterben durch Bodenorganismen chemisch umgewandelt werden, dabei organische Materie freisetzen und Tone an sich binden. Es wird durch den mikrobiellen Abbau Stickstoff freigesetzt und für Pflanzen verfügbar. Je stickstoffreicher die organische Substanz ist, umso höher ist die Qualität zu bewerten, das heißt je enger ihr Kohlenstoff / Stickstoff-Verhältnis (C / N) ist. Es findet im Boden ein ständiger Abbau und Aufbau von Humus statt und in einem stabilen Ökosystem (zum Beispiel Wald, altes Grünland) halten sich beide Vorgänge die Waage. Auf diese Weise bleibt der Humusgehalt konstant erhalten und verändert sich nicht (vgl. Wikipedia „Boden" 2015).

Sand ist ein natürlich vorkommendes, unverfestigtes Sedimentgestein, meist aus Sandsteinen, magmatischen und metamorphen Gesteinen (z.B. Granit) mit einer Korngröße von 0,063 bis 2 mm (Schluff: Korngröße 0,002 bis 0,063 mm, Feinkies Korngröße 2 bis 6,3 mm). Reiner Sandboden aus vorwiegend Quarz gehört in Mitteleuropa zu den am wenigsten fruchtbaren Bodenarten. Sand entsteht durch die physikalische und chemische Verwitterung anderer Gesteine. Durch mechanische Einflüsse beim Transport und Faktoren, wie Klima und Erdgeschichte, ändert sich die Form der Einzelkörner. Je länger der Transportweg ist, umso mehr werden Ecken und Kanten abgerundet und abgeschliffen. Ein großer Teil des auf der Erde vorkommenden Sandes hat schon mehrere Erosionszyklen hinter sich (Alter eine bis zu 200 Millionen Jahre).

Ackerboden wird von Geologen bezeichnet als oberste belebte (Mineral-) Schicht der Erdkruste. Sie bezeichnen ihn auch als „Mischung von fein zermahlenem Gestein mit organischen Bestandteilen, deren Zwischenräume mit Gas und Wasser gefüllt sind" (vgl. Giradet 2007). Er ist durch physikalische und chemische Verwitterung des Gesteins und durch biologische Prozesse entstanden. In Mitteleuropa vergingen rund 10.000 Jahre zur Entstehung der heutigen Böden. Es gibt sehr viele unterschiedliche Ackerböden (hier: Ton-Sandsteingemisch aus Keuper-Sandstein mit Ton- und Eiseneinlagerungen), beeinflusst durch: Ausgangsgestein, Klima, Relief, Bodenwasser, Vegetation und Bodenlebewesen (vgl. Wikipedia 2015).

Die unterschiedlichen Bodenarten lassen sich auch nach den verschiedenen Korngrößen unterscheiden. Jedoch findet man häufig eine Mischung verschiedener Körnungen vor. Durch eine gröbere Körnung finden sich in Sandböden große Hohlräume, die eine hohe Luftströmung und Wasserdurchlässigkeit zulassen. Sandböden neigen daher zur Trockenheit und die Nährstoffspeicherung ist aufgrund der nicht haftfähigen Oberfläche gering. Sandböden werden jedoch gut durchwurzelt und sind daher landwirtschaftlich leicht zu bearbeiten. Tonböden, dagegen haben ein hohes Wasserhaltevermögen aufgrund der Haftfähigkeit ihrer Oberfläche, jedoch aufgrund ihrer Feinporigkeit eine geringe Luftkapazität. Durch Wassersättigung kann es zu Sauerstoffmangel kommen, von Nährstoffauswaschung sind sie weniger betroffen. Tonböden sind schwer durchwurzelbar und schwer zu bearbeiten. Lehmböden sind ein Gemisch aus Sand, Schluff und Ton. Nährstoffe und Wasser können gut anhaften und das günstige Verhältnis von Grob-, Mittel- und Feinporen begünstigt die Wasser- und Sauerstoffversorgung der Pflanzen. Sie sind gut durchwurzelbar und gut zu bearbeiten. Die Geschwindigkeit physikalischer (mechanische Zerkleinerung der Gesteine und Minerale) und chemischer (Abbau von Mineralen, z.B. durch Säurewirkung des Regens) Verwitterung sind abhängig von Klima, der Gesteinshärte und dem Anteil basisch wirkender Kationen der Minerale, da diese die Säurewirkung mindern (vgl. http://www.wald.de/bodenkunde/).

Als Humus bezeichnet man die abgestorbene organische Substanz des Bodens. Der Abbau organischen Materials durch Bodenorganismen ist zum einen für die Nährstoffversorgung der Pflanzen sehr wichtig und reguliert zum anderen eine Porenverteilung und damit den Luft- und Wärmehaushalt im Boden. Kleinste Bodenlebewesen ernähren sich von dem toten organischen Material und zerkleinern dieses bis es schließlich von Mikroorganismen zersetzt wird. Die pflanzlichen Ausgangstoffe enthalten Mineralstoffe, Kohlenhydrate sowie Lignin und die tierischen Ausgangsstoffe liefern das Eiweiß zum Aufbau der organischen Bodensubstanz. Bis zur vollständigen Umwandlung in Humus wird das organische Material also mehrfach gefressen und verdaut. Bei der Zersetzung des organischen Materials wird der Humus mit Huminstoffen angereichert, die dem Boden seine charakteristische dunkle Farbe verleihen und an die wiederum Mineral- und Nährstoffe gebunden sind. Damit Pflanzen die Nährstoffe wie Stickstoff und Phosphor über die Wurzeln aufnehmen können, müssen diese freigesetzt werden. Dies geschieht durch Mineralisierung, bei der die organische Substanz vollständig in Kohlenstoffdioxid und Wasser abgebaut wird sowie Mineral- und Nährstoffe freigesetzt werden. Die Qualität des Humus hängt vom Gleichgewicht zwischen Stoffauf- und Stoffabbau des Standortes ab. Umgebungsfaktoren und die jeweilige Nutzung eines Standortes beeinflussen das Bodenleben, während natürliche Standorte eher im Gleichgewicht sind als landwirtschaftlich genutzte Flächen, bei denen meist ein schnellerer Abbau des Humus zu verzeichnen ist. In feucht-warmem Milieu bei gutem Nährstoffhaushalt bauen Mikroorganismen das organische Material schneller ab als bei kühl- trockenen Bedingungen und schlechter Nährstoffversorgung. Die Bodenflora besteht aus Bakterien, Pilzen und Algen. Zur Bodenfauna zählen zum Beispiel Ringelwürmer, Schnecken und Wirbeltiere (vgl. Bundesverband Boden e. V. o. J., o. S.)

Der Boden stellt somit ein lebendes System dar, in dem viele biologische, chemische und physikalische Prozesse ablaufen. Einige dieser Prozesse bei der Zersetzung von organischem Material erfolgen relativ schnell, während andere beim Abbau anorganischen Materials sehr lange dauern (vgl. Förderverein der Station Natur und Umwelt e. V. o. J., o. S.).

Den Böden kommt im Natur-, Energie sowie Stoffhaushalt und im Wasserkreislauf eine elementare Bedeutung zu. Böden filtern zudem Giftstoffe. Sie nehmen Schadstoffe beispielsweise aus dem Niederschlag auf, absorbieren diese und tragen somit zur Säuberung des Grundwassers bei. Böden speichern das Wasser jedoch auch. Waldböden können sehr große Mengen an Wasser speichern. Ist die Speicherfähigkeit eines Bodens erreicht, so fließt das Wasser gefiltert ab und erhöht dadurch das erfassbare Grundwasserangebot, wobei die Grundwasserneubildung bei Laubwäldern hauptsächlich aufgrund der geringeren Verdunstung höher als bei Nadelwäldern ist. Der Parabraunerde werden unter den Böden Baden-Württembergs sehr gute Puffer- und Filtereigenschaften zugesprochen. Im Allgemeinen gelten die Böden Baden-Württembergs als vielfältig und fruchtbar (vgl. Ministerium für Umwelt, Klima und Energiewirtschaft Baden-Württemberg o. J., o. S.). Der Boden ist weiterhin Lebensgrundlage für Menschen, Tiere und Pflanzen. Er stellt nicht nur Lebensraum, sondern auch landwirtschaftliche Nutzfläche dar und filtert das Regenwasser. Als Lebensraum dient er von Mikroorganismen über Pflanzen, die uns Sauerstoff und Holz spenden, bis hin zu höheren Lebewesen wie Tieren oder uns Menschen. Als Nutzfläche dient er dem Menschen zum Anbau von Ressourcen oder Nahrungsmitteln (vgl. Station Natur und Umwelt o. J., o. S.) In Deutschland werden rund 1.100 Quadratmeter Boden benötigt, um einen Menschen zu ernähren. 48 Prozent der Landesfläche werden in Baden-Württemberg landwirtschaftlich genutzt. Dabei ist es wichtig, die Bodenfruchtbarkeit und Leistungsfähigkeit der Böden möglichst auf Dauer zu erhalten (vgl. Ministerium für Umwelt, Klima und Energiewirtschaft Baden-Württemberg, o. J., o. S.)

Doch nicht nur in Europa nutzt der Mensch die Böden intensiv. Der Mensch ist auch dafür verantwortlich, dass Wüstenregionen, wie die Sahel-Zone, wachsen. Diesen Vorgang nennt man „Desertifikation" und er geschieht dadurch, dass Bauern die Randzonen, vor allem die Savannen, zu stark für Ackerbau und Viehzucht nutzen. Die kargen Böden werden ausgelaugt und die wenigen vorhandenen Gräser und Kräuter werden von zu großen Herden abgefressen. Der geringe Busch- und Baumbestand verschwindet, weil die Bauern das Holz zum Heizen nutzen. Die UNCOD hat Aktionspläne und Maßnahmen entwickelt, um den Menschen in den Trockenzonen Hilfestellungen zu bieten und die Umweltzerstörung zu verringern (vgl. Sutton 1985, S. 46 f.).

Neben der Schädigung des Bodens durch intensive Landnutzung, stellen auch Schadstoffe eine Gefahr für die Böden dar. Es sind Schadstoffe, die neben Niederschlägen als „Abfallprodukte" der Industrie, des Verkehrs oder der Verwertung von Klärschlamm, Bio-Abfällen und anderen Abfällen, die unsachgemäße Anwendung von Pflanzenschutzmitteln sowie Schadstoffabgaben durch Massentierhaltung in die Böden gelangen. Dies reduziert die natürlichen Puffer- und Filterreserven, was eine vermehrte Aufnahme der Schadstoffe durch belastete Nahrungs- und Futterpflanzen sowie Verunreinigung des Grundwassers zur Folge hat. So konnte man beispielsweise die erhöhte Schwermetall- und Arsenkonzentration im Boden der ehemaligen Bergbau- und Aufbereitungshalden im Schwarzwald auf den 2.000 Jahre langen Erzbergbau und die Weiterverarbeitung der Erze zurückführen. Für den Anbau von Lebensmitteln, vor allem im Gemüseanbau, wurden Anbauverbote zur Qualitätssicherung entsprechend der EG-Verordnung ausgesprochen (vgl. Ministerium für Umwelt, Klima und Energiewirtschaft Baden-Württemberg o. J., o. S.). Auch durch Massentierhaltung wird die Schadstoffkonzentration in den Böden erhöht. Durch die erheblichen Mengen an Gülle gelangen schädliche Stickstoff-, Nitrat- und Phosphatverbindungen in den Boden, wodurch das Trinkwasser verunreinigt wird.

Des Weiteren stellen die vielen Monokulturen von Futterpflanzen ein Problem dar. Monokultur bedeutet, dass auf einer bestimmten Fläche nur eine Art von Pflanze (z.B. Kartoffeln oder Spargel) vertreten ist. Dieser Ackerbau, einseitige Forstwirtschaft und Massentierhaltung bringen für die Umwelt sehr viele Nachteile mit sich (vgl. Cosmos Media UG 2011). Aus wirtschaftlichen Aspekten scheint eine Monokultur aufgrund des Ertrags und anfallender Kosten sinnvoller zu sein, jedoch überwiegen die Nachteile für die Umwelt deutlich. Monokulturen verdrängen Nützlinge, wie den Regenwurm, und führen zur Verbreitung von Schädlingen. Sie stellen zudem eine einseitige Belastung für den Boden dar. Dadurch kommt es zu einer Auslaugung des Bodens, das heißt ihm werden auf Dauer wichtige Substanzen entzogen. Die Bodenzusammensetzung verändert sich und Pflanzen werden anfällig-

er für Krankheiten. Aufgrund der vermehrt landwirtschaftlich genutzten Flächen (kaum mehr Brachflächen), schwindet der Lebensraum vieler Tier- und Pflanzenarten (vgl. Beckert o. J., o. S.).

Eine Überbeanspruchung des Bodens über dessen Eigenstabilität hinaus, kann eine verminderte Puffer- und Filterkapazität zur Folge haben. Bodenverdichtung und Verformung entstehen hauptsächlich durch land- und forstwirtschaftliche Nutzung und stören die natürlichen Regulationsmechanismen der Böden wie Pufferung, Speicherung und Leitung von Wasser, Sauerstoffregulation, Nähr- und Schadstoffen. Dadurch kommt es wiederum zu einer Minderung des land- und forstwirtschaftlichen Ertrags, da ein optimaler Luft- und Wasseraustausch nicht mehr gewährleistet ist. Während bei trockenem Klima eine günstige Wasserversorgung nicht gegeben ist, steigt bei Starkniederschlägen die Gefahr für Überflutungen, was Nährstoffabspülungen und Erosion zur Folge hat. Weltweit sind etwa 40 Prozent der landwirtschaftlich genutzten Flächen von Bodenverdichtung betroffen. In Baden-Württemberg sind Teile Nordbadens von Erosion betroffen. In Baden-Württemberg entstehen durch den Bodenabtrag beträchtliche volkswirtschaftliche Schäden. Ebenso beeinflusst das Klima Bodenprozesse, da dieses beispielsweise Auswirkungen auf die Mineralisierung durch die Mikroorganismen hat. Starkregen begünstigt Bodenerosion und Trockenzeiten führen zu einer Austrocknung der Böden (vgl. Ministerium für Umwelt, Klima und Energiewirtschaft Baden-Württemberg o. J., o. S.).

Aufgrund zunehmender Eingriffe des Menschen in das ökologische Gleichgewicht, wird es umso wichtiger, Böden als Lebensgrundlage zu schützen und zu erhalten. Der Mensch greift in den Boden direkt oder indirekt ein: Er bearbeitet den Boden durch Pflügen, Hacken und Eggen, verdichtet ihn, indem er einen Bodendruck durch Traktorräder erzeugt und greift in den Boden ein durch Landnutzung auf verschiedene Arten. Bei einseitiger ackerbaulicher Bodennutzung besteht die Gefahr von Erosion, Nitratauswaschung und Humusabbau (vgl. Gisi 1997, S. 241). „In Deutschland regelt u. a. das Bundes-Bodenschutzgesetz das Auf- und Einbringen von Materialien in Böden. Nach der Verordnung über die Grundsätze der Erhaltung landwirtschaftlicher Flächen in einem guten landwirtschaftlichen und ökologischen Zustand sind Erosionen zu vermeiden, ist die organische Substanz im Boden zu erhalten und die Bodenstruktur zu schützen". [...] „Gemäß dem Bundesnaturschutzgesetz müssen Landwirte gewährleisten, dass der Boden nachhaltig fruchtbar bleibt" (Knoch 2013, S. 168 f.).

Es ist schon ein erster Schritt eines jeden Konsumenten, wenn man beginnt regionales und saisonales Gemüse in der Nachbarlandwirtschaft zu kaufen. Dies ist dann vor allem besonders sinnvoll und nachhaltig, wenn es auch biologisch angebaut ist. Auch der Kauf von sogenannten „alten" Gemüsesorten schützt den Boden, da sie oft unempfindlicher gegen Schädlinge sind und weniger mit Insektiziden und Pestiziden behandelt werden müssen. Auch sind sie genetisch weniger verändert. Insgesamt spart man durch den Kauf regionaler und saisonaler Produkte virtuelles Wasser (vgl. Kapitel 4 „Wasser").

Auch das Kompostieren von Garten- und Küchenabfällen, in Verbindung mit Mist, Holzasche oder Pappe, sorgt für einen guten Humus, welcher die Böden mit natürlichen Mineraldüngern anreichert. Im Komposthaufen werden verschiedene organische Stoffe in nährstoffreiche Humuserde durch Bakterien und Pilze umgewandelt (vgl. Steinbach 1991, S. 17). Der Komposthaufen selbst bietet Würmern, Pilzen und anderen Lebewesen einen Unterschlupf, also eine Lebensgrundlage als Biotop.

Um einen Komposthaufen für Lebewesen „freundlich" zu machen, sollte man nach Faltermayr und Mönter (2001) folgende Dinge beachten: Der Komposthaufen sollte für Luft durchlässig sein, indem man z.B. Latten an den Seiten verwendet und die Abfälle locker von oben aufschichtet. Der Komposthaufen sollte feucht, jedoch nicht nass gehalten, also ggf. gegossen werden. Er sollte an einem windgeschützten Platz aufgestellt werden und Kontakt zum Untergrund haben, sodass Tiere einwandern können. In einem halben Jahr kann so aus Küchen- und Gartenabfällen ideale Erde werden, die sich zum Düngen eignet (vgl. S. 21). Jeder kann dazu beitragen den Boden zu schützen, indem er dafür sorgt, dass die organischen Abfallstoffe aus dem Garten und dem Haushalt nicht im Restmüll landen, sondern im Kompost. Nach Gisi (1997) ist Bodenschutz eine Aufgabe, die jeder erfüllen kann, indem man dafür sensibel ist: „Wenn wir den Boden als lebendigen Teil unserer Umwelt betrachten und seine lebenserhaltenden Funktionen achten, werden wir ihn schonungsvoll nutzen, aber niemals ausnutzen." (S. 312)

[33, 34] Verschiedene Böden

AKTION 1: BODEN SPEICHERT WASSER

MATERIALIEN

- Drei kleine Blumentöpfe (mit Loch)
- Drei große Trinkgläser
- Teesieb oder Kaffeefilter
- Blumenerde
- Spielkastensand
- Lehm
- Wasser

DURCHFÜHRUNG

Die Kinder füllen jeden Blumentopf zur Hälfte mit einer der drei Bodenarten (Blumenerde, Sand und Lehm). Jeder Topf wird dann auf ein Glas gestellt. Bei dem Blumentopf, der mit Sand gefüllt ist, wird zwischen dem Sand und dem Glas ein Teesieb darunter geklemmt. So fließt der Sand nicht gleich wieder durch die Löcher heraus. Den Kindern stellt man nun folgende Frage: Wo wird am meisten und wo am wenigsten Wasser durchfließen? Und warum? Um das herauszufinden, wird gleich viel Wasser in jeden Blumentopf gegossen.

Goethe-Institut (2010). Bodenexperimente – Wie speichert der Boden Wasser. Verfügbar unter: http://www.goethe.de/ins/pt/pro/amazonas/campus/dokumente- lehrer/bodenexperimente.pdf, letzter Zugriff am 14.12.2014

BEOBACHTUNG

Lehm lässt das Wasser kaum durchsickern, sondern staut es. Die Blumenerde saugt das Wasser auf und das überschüssige Wasser läuft durch das Loch im Topfboden ab.

Durch den Sand fließt das meiste Wasser, da Sand genügend Hohlräume hat und mehr Wasser durchlässt als Lehm.

ERKLÄRUNG

Lehm lässt das Wasser kaum durchsickern, da die Poren dieses Bodens so eng sind, dass selbst Wasser nur schwer durchpasst. Würde man in einen Lehmboden eine Pflanze einpflanzen, würde sie wahrscheinlich nach kurzer Zeit verfaulen. Pflanzen, die in der Blumenerde eingepflanzt werden, werden sich dort wohl am wohlsten fühlen, da das Wasser dort durchfließen kann. Sand speichert das Wasser nicht. Somit sickert das Wasser direkt durch. Eine Pflanze hat hier wenig Wasser zur Verfügung. Aber es gibt Pflanzen, die sich darauf spezialisiert haben mit wenig Wasser auszukommen, zum Beispiel Kakteen.

DIDAKTISCHER KOMMENTAR

PRINZIP DER INTERDISZIPLINARITÄT

Boden hat für alle Tierarten eine lebensnotwendige Bedeutung, fast alle Lebewesen sind vom Boden abhängig. Dies sollte problematisiert werden. In den Regionen der Erde gibt es verschiedene Böden, die unterschiedlich bearbeitet werden müssen, um Lebensmittel anbauen zu können. In der Geschichte sind viele Kriege meist auch um „Ländereien und Böden" geführt worden. Dies könnte man mit den Kindern besprechen. Mit verschiedenen Böden gestalten: z.B. Ton, Lehm, Thema: Architektur. Es können mit verschiedenen Böden Kunstwerke geschaffen werden, beispielsweise kann man auch mit Bodenstoffen „malen".

ÖKOLOGIE	ÖKONOMIE	SOZIALES
· Speicherfunktion des Bodens · Bodenaufbau, Bodenschichten, Bodenarten	· Bodenqualität (wertvoll und weniger wertvoll) bestimmt die Anbaumöglichkeit und den Ertrag und damit den Preis.	· Chancengleichheit beim Anbau und der Erzeugung von Nahrungsmitteln gewährleisten. · Recht auf sauberes Wasser und Trinkwasser

KOOPERATION UND VERNETZUNG

Die Kinder besuchen gemeinsam Landwirtschaftsbetriebe, um den Nutzen und die Wichtigkeit des Bodens zu erkennen. Denkbar wäre auch ein Besuch im örtlichen Museum, das oftmals archäologische Ausstellungen darbietet.

PRINZIP DER INTRAGENERATIONELLEN GERECHTIGKEIT

Durch die aktive Auseinandersetzung kann ein Bezug zu anderen Ländern und Kontinenten hergestellt werden. Welche Böden sind dort aufzufinden und was bedeutet das für das Leben der Menschen dort? Trockener Boden bedarf viel Feuchtigkeit, ist jedoch ausreichend Wasser vorhanden? Durch das Leben auf und mit verschiedenen Böden ist es manchen Kulturen verwehrt, den Boden für Landwirtschaft oder zum Lebensunterhalt zu nutzen.

PRINZIP DER ZUKUNFTSORIENTIERUNG

Wiesenflächen müssen erhalten bleiben, um Leben zu ermöglichen. Feuchtgebiete und Wälder dienen als Wasserspeicher, in denen verschiedene Lebewesen einen Lebensraum

finden. Ein sorgfältiger Umgang mit Gefahr-
stoffen ist unabdingbar, um den Boden zu
schützen.

SOZIALES LERNEN UND KULTURELLE VIELFALT

Hier kann mit Kindern diskutiert werden
und es können ideenreiche Gespräche entstehen. Was verbinden Kinder mit dem Thema Boden? Welche Begriffe kennen hier die
Kinder aus ihren unterschiedlichen kulturellen Hintergründen? Welche Bedeutung hat
das Wort „Boden" oder „Erde" für die Kinder?
Wie wird der Boden in unterschiedlichen
Kulturen genutzt?

MENSCHENWÜRDE UND EMPATHIE

Kinder können sehr gut Empathie entwickeln, indem sie sich und ihr Leben mit dem
anderer Kulturen vergleichen.

ERNÄHRUNG UND NAHRUNGSMITTEL /
KONSUM UND LEBENSQUALITÄT

Bodenverschmutzung, Bodendegeneration,
Welternährung? Gifte im Nahrungs- und
Wasserkreislauf.

RAUM- UND AKTIONSORIENTIERUNG

In einem Ruheraum können gemeinsame
Gespräche über verschiedene Böden entstehen. Im Garten oder aber auch in einer
naturwissenschaftlichen Lernwerkstatt können die Kinder gemeinsam experimentieren und verschiedene Bodeneigenschaften
erkennen. Auch eine Forscherecke, die zur
weiteren Wissensaneignung dient, wäre
ein idealer Raum. In einem Atelier kann mit
verschiedenen Böden künstlerisch gearbeitet
werden.

[35] Tiere in der Laubstreu

AKTION 2: ÖKOLOGIE DER BODENTIERE

MATERIALIEN

- Becherlupe oder ein durchsichtiges, verschließbares Gefäß
- Siebe
- Spritzflaschen
- Schalen
- Große Handlupen
- Kleine Schaufeln
- Papier
- Kamera
- Bestimmungskarte

DURCHFÜHRUNG

Die Kinder erkunden den Boden mit den oben aufgeführten Materialien. Dazu nehmen die Kinder mit einer Handschaufel Boden auf. Ist der Boden zu kompakt, dann wird er durchgesiebt und beobachtet, welche Tiere sich darin befinden. Am besten nutzt man dazu eine Becherlupe, um auch kleinste Lebewesen genau zu betrachten. Mit Hilfe eines Bestimmungsbuches kann man nachsehen, welche Tiere Sie gefunden habt.

Berlin – Das offizielle Hauptstadtportal (2014). Der Boden und ich! Anleitung zur Erkundung des Umweltmediums Boden mit 2- bis 6-jährigen Kindern. Verfügbar unter: http://www.berlin.de/imperia/md/content/umwelt/boden_und_ich.pdf?start&ts=1320911103&file=boden_und_ich.pdf, letzter Zugriff am 10.12.2014

BEOBACHTUNG

Findet man während der Bodenerkundung Tiere, so erforscht man sie am besten ganz genau (Größe, Anhaltspunkte, Körperbau, oder Ähnliches). Die Tiere sollten in ihrer Umgebung belassen werden, genau an dem Ort, an dem sie entdeckt worden sind. Oftmals leben verschiedene Tierarten im gleichen Bereich friedlich nebeneinander. Im Boden findet man Steine, Wasser, Verwitterungsstadien, Luft, lebende und verrottete Pflanzen, Pilze und Beutetiere. Ein typischer Bodenbewohner ist der Regenwurm. Ihn kann man besonders gut bei nassem Wetter sehen, da dieser meist aus seinen Gängen unter der Erde aufgrund des vielen Wassers hervorkommt. Die Kinder können überlegen, was die Tiere im und auf dem Boden machen. Graben sie diesen um oder bauen sie Höhlen darin?

ERKLÄRUNG

Leider ist der Mikrokosmos des Bodens stark gefährdet. Durch sauren Regen, zusätzliche Nährstoffeinträge, durch Dünger oder Stickoxid, Reduzierung der Pflanzenarten, Verdichtung und „Vernässung", durch das Befahren mit schweren Maschinen, Straßenbau und Häuserbau, werden die natürlichen Lebensbedingungen verändert. Diese Veränderungen und das Eindringen in die natürliche Vegetation führen zu einer starken Verringerung der Zahl der verschiedenen Tiere, Pflanzenfresser, Bakterien und Pilze.

ÖKOLOGIE	ÖKONOMIE	SOZIALES
• Verringerung der Zahl verschiedener Tiere • Düngemittel • Maschinen • Saurer Regen • Natürliche Vegetation • Boden bietet vielfältige Lebensbedingungen (wie Wasser, Stein)	• Unterschiedliche Möglichkeiten bei der Landnutzung	• Gemeinsames Entdecken des Lebensraumes • Diskussion über Artenschutz und Biodiversität bei der Landnutzung

DIDAKTISCHER KOMMENTAR

HANDLUNGSORIENTIERUNG

Wären keine Bodentiere mehr vorhanden, geriete das sensible Ökosystem aus dem Gleichgewicht. Durch Verschmutzungen des Bodens kann dies passieren. Achtsamer Umgang mit der eigenen Lebensweise und der Müllentsorgung soll hier angeregt werden. Kinder lernen durch aktives Tun, wie die aktive Betrachtung der Bodentiere und deren Funktion im Ökosystem.

KOOPERATION UND VERNETZUNG

Biologen könnten hier den Kindern die verschiedenen Bodentiere erklären und auch die Funktionen, welche diese Tiere im Ökosystem innehaben, näher erläutern. Ein Landwirt oder ein Gärtner kann den Kindern den Nutzen und die Bedeutung des Bodens und der Bodentiere näherbringen. So lernen diese verschiedene Sichtweisen kennen.

PRINZIP DER ZUKUNFTSORIENTIERUNG

Durch Verschmutzungen und die Vergiftung des Bodens werden die Lebewesen bedroht. Das sensible Ökosystem gerät ins Ungleichgewicht. Hier muss ein Biotop- und Artenschutz auch Kindern von klein an nähergebracht werden.

SOZIALES LERNEN UND KULTURELLE VIELFALT

Wie wird Bodenpflege und Bodennutzung in anderen Regionen betrieben? Gibt es Unterschiede zu unserer heimischen Nutzung?

FRIEDEN

Durch Frieden kann der Boden in ehemaligen Kriegsgebieten von militärischen Hinterlassenschaften gereinigt werden und beispielsweise für die Landwirtschaft wieder nutzbar gemacht. Streit um wertvolle und rohstoffreiche Böden.

MENSCHENWÜRDE UND EMPATHIE

Mitfühlen für die Menschen, die keine guten Bodenvoraussetzungen für den Anbau von Lebensmitteln haben. Kinder erfahren hier mehr über ihren eigenen Lebensraum und was diesen ausmacht. Durch die Erkundung des Lebensraums wird die Achtsamkeit gegenüber Bodentieren angeregt und diese aufmerksam beobachtet. Auch die Tiere, die den Boden bereichern und erhalten, müssen geschützt werden.

ERNÄHRUNG UND NAHRUNGSMITTEL / KONSUM UND LEBENSQUALITÄT

Durch einen sauberen Boden und die Unterstützung der darin lebenden Bodentiere, können biologisch einwandfreie Lebensmittel angepflanzt und geerntet werden. Durch den aktiven Schutz des Bodens kann ein natürlicher Kreislauf gewährleistet werden.

RAUM- UND AKTIONSORIENTIERUNG

Die Aktionsräume können in der Kindertageseinrichtung sein, wenn diese über einen naturnahen Garten verfügt. Hier wäre ein Vergleich von Bodentieren in verschiedenen „Bodenregionen" bedeutsam. Welche Tiere leben im Garten, welche Tiere leben im Wald oder auf einer Wiese? Gemeinsam in einem Ruheraum können die Kinder von ihren Entdeckungen berichten und in einem Sinnesraum gemeinsam Erfahrungen, beispielsweise in Bildern oder Fotos auf Leinwänden , für alle zugänglich machen.

WEITERE PROJEKTIDEEN

DAS LEBEN IM BODEN: BODENTIERE

http://www.ahabc.de/leben/leben-im-boden-bodentiere/, letzter Zugriff am 15.12.2014

MIT BODENPROBEN BILDER MALEN

http://www.berlin.de/imperia/md/content/umwelt/boden_und_ich.pdf?start&ts=1320911103&file=boden_und_ich.pdf, letzter Zugriff am 15.12.2014

ATMET DER BODEN?

http://www.goethe.de/ins/pt/pro/amazonas/campus/dokumente -lehrer/ bodenexperimente.pdf, letzter Zugriff am 15.12.2014

WISSEN MACHT AH! WIE SETZT SICH BODEN ZUSAMMEN?

http://www.wdr.de/tv/wissenmachtah/bibliothek/boden.php5, letzter Zugriff am 15.12.2014

**ATMET DER BODEN? EXPERIMENT ZU
BODENEIGENSCHAFTEN**

http://www.goethe.de/ins/pt/pro/amazo-
nas/campus/dokumente -lehrer/ bodenex-
perimente.pdf, letzter Zugriff am 15.12.2014

DER BODEN UND ICH

http://www.berlin.de/imperia/md/content/
umwelt/boden_und_ich.pdf?start&ts
=1320911103&file=boden_und_ich.pdf,
letzter Zugriff am 15.12.2014

**HUMUS: NÄHRSTOFFREICHER BODEN
OHNE DÜNGEMITTEL**

http://www.goethe.de/ins/pt/pro/amazo-
nas/campus/dokumente -lehrer/ bodenex-
perimente.pdf, letzter Zugriff am 15.12.2014

GESTALTUNGSKOMPETENZ ZUM
THEMENFELD BODEN

GESTALTUNGSKOMPETENZ: TEILKOMPETENZEN	BODEN SPEICHERT WASSER	ÖKOLOGIE DER BODENTIERE
Weltoffen und neue Perspektiven integrierend Wissen aufbauen		●
Vorausschauend Entwicklungen analysieren und beurteilen können	●	
Interdisziplinär Erkenntnisse gewinnen und handeln	●	
Risiken, Gefahren und Unsicherheiten erkennen und abwägen können		●
Gemeinsam mit anderen planen und handeln können	●	●
Zielkonflikte bei der Reflexion über Handlungsstrategien berücksichtigen können		
An kollektiven Entscheidungsprozessen teilhaben können	●	●
Sich und andere motivieren können, aktiv zu werden	●	●
Die eigenen Leitbilder und die anderer reflektieren können		
Vorstellungen von Gerechtigkeit als Entscheidungs- und Handlungsgrundlage nutzen können	●	
Selbstständig planen und handeln können	●	●
Empathie für andere zeigen können	●	●

[36] Bachlauf

4. WISSENSWERTES: DAS WASSER

Etwa 70 Prozent also zwei Drittel der Erdoberfläche unseres Planeten, wird von Wasser bedeckt. Deshalb wird die Erde auch oft als „blauer Planet" bezeichnet. Dennoch ist die Menge an verfügbarem Trinkwasser recht gering. Wasser findet sich nicht nur an der Erdoberfläche in Form von Wasser und Eis, sondern auch im Boden, in der Luft, den Wolken und in Lebewesen. Es bildet als elementarer Bestandteil des Naturhaushalts die Grundlage allen Lebens, denn Wasser ist lebensnotwendig für alle Lebewesen. Dies wird schnell klar, wenn man sich einmal vor Augen führt, dass die meisten Lebewesen zu einem Großteil aus Wasser bestehen, Pflanzen zu 60 bis 95 Prozent und Wirbeltiere zu 60 bis 70 Prozent (vgl. Allianz Umweltstiftung 2007, S. 2). Laut Orsenna (2010) verdankt alles Leben dem Wasser seine Existenz: „ohne das Wasser wäre die Mechanik, die man das Leben nennt, niemals in Gang gekommen, und sie hätte niemals funktioniert" (S. 26). Die meisten Lebewesen können nur wenige Tage ohne Wasser überleben, denn der Körper kann keine größeren Wasservorräte speichern. Ein ausgeglichener Wasserhaushalt ist jedoch wichtig, um alle Körperfunktionen aufrechtzuerhalten. Es dient als Aufnahme-,

Lösungs- und Transportmittel und reguliert den Wärmehaushalt des Körpers. Täglich decken Erwachsene ihren Wassergehalt im Körper mit etwa 800 ml aus Nahrungsmitteln. Jeden Tag sollte ein erwachsener Mensch eineinhalb bis zwei Liter Flüssigkeit trinken. Wird der Körper zusätzlich durch Sport und Bewegung angestrengt, sollte entsprechend mehr getrunken werden (vgl. Schomburg o. J, o. S.).

Die Wasseraufnahme erfolgt durch Getränke oder Nahrung, die je nach Nahrungsmittel einen unterschiedlichen Wassergehalt aufweist. Wasserabgabe geschieht durch Harn, Schweiß und Atmung. Dem Menschen dient Wasser vor allem als Trink- und Brauchwasser. Jeder Deutsche verbraucht täglich im Schnitt 122 Liter Wasser (vgl. Bundesministerium für Umwelt, Naturschutz, Bau und Reaktorsicherheit, Stand: 2007). Trinkwasser ist für den Menschen unentbehrlich, jedoch sind nur etwa 3 Prozent des gesamten Wasservorkommens auf der Erde Süßwasser (Seen, Flüsse) und damit trinkbar. Zudem sind etwa zwei Drittel des Süßwasservorkommens in Schnee und Eis gebunden, hauptsächlich an den Polen (vgl. Allianz Umweltstiftung 2007, S. 2). Trinkwasser wird entweder mithilfe von Brunnen aus Quellen gewonnen, man spricht dann von Mineralwasser – dieses Mineralwasser entsteht aus Niederschlagswasser, das durch Sand-, Kies- und Gesteinsschichten im Boden sickert und dadurch gefiltert und gereinigt wird – oder es wird künstlich hergestellt, das nennt man „Tafelwasser" (vgl. Ragnar Tessloff GmbH 2014). Eine Aufbereitung von Salzwasser aus dem Meer ist sehr aufwendig und kostspielig. Wassermangel kann in armen Regionen der Erde sogar lebensbedrohlich werden,

da die Menschen beispielsweise ihre Felder nicht mehr bewirtschaften können.

Wasser kann jedoch auch auf andere Weise zur Bedrohung für den Menschen werden (Hochwasser, Lawinen oder ähnliche Katastrophen). Oft sind dies hausgemachte Probleme, weil Menschen beispielsweise Bebauungen in Flusstälern vorgenommen oder Flüsse begradigt haben. Gezielte Baumaßnahmen, Renaturierungsmaßnahmen (z.B. mit Deichrückverlegung zur Wiederherstellung natürlicher Überschwemmungsbereiche) sowie Informations- und Warndienste können diese Gefahr mindern (vgl. Bayrisches Staatsministerium 2010, S. 26).

Wasser stellt zudem einen spezifischen Lebensraum für Tiere dar, so z.B. das Ökosystem See oder Fließgewässer, wie Bäche und Flüsse. Es sind vor allem die chemischen und physikalischen Eigenschaften, die das Wasser so besonders machen. In keiner anderen chemischen Verbindung lassen sich so viele Stoffe lösen wie in Wasser. Aus physikalischer Sicht, ist besonders die Dichte des Wassers interessant. Mit abnehmender Temperatur steigt die Dichte und seine maximale Dichte erreicht Wasser bei vier Grad Celsius. Sinkt die Temperatur noch weiter, nimmt die Dichte erstaunlicherweise wieder ab. Das ist der Grund, warum Gewässer im Winter nicht bis zum Boden zufrieren (die Eisschicht sinkt nicht, weil sie eine geringere Dichte als das Wasser darunter aufweist) und auch im Winter einen Lebensraum bieten. Zudem ist Wasser für den Stoffwechsel von Organismen notwendig, z.B. zur Fotosynthese oder für den Transport lebensnotwendiger Substanzen (Adhäsions- und Kohäsionskräfte). Bei Pflanzen stellen die Wurzeln das

Wasseraufnahmesystem dar. Die Wasserabgabe erfolgt durch Transpiration, also die Verdunstung über die Blätter. Das Wasser auf der Erde durchläuft einen unendlichen globalen Kreislauf, der von der Sonne angetrieben wird und Landflächen mit dem lebensnotwendigen Wasser versorgt. Durch die Sonneneinstrahlung verdunstet Wasser, das wiederum zu Wolken kondensiert und dann als Niederschlag wieder auf die Erde gelangt. Über dem Meer verdunstet erheblich mehr Wasser als niederschlägt, während über dem Land diese Menge an Wasser mehr niederschlägt als verdunstet. Durch die unterschiedlich starken Niederschläge und die temperaturausgleichende Wirkung trägt das Wasser wesentlich zum globalen Klima und seinen regionalen Unterschieden bei. Ein Teil des Niederschlags bleibt an Pflanzen haften oder bleibt auf der Erdoberfläche. Dort verdunstet das Wasser rasch oder fließt oberflächlich in Gewässer ab. Ein weiterer Teil des Wassers sickert durch den Boden und wird dort von den Wurzeln der Pflanzen wieder aufgenommen, transpiriert erneut durch die Blätter, oder gelangt ins Grundwasser und fließt unterirdisch in Gewässer ab. Durch das Eindringen in verschiedene Gesteins- und Bodenschichten löst das Wasser vor allem Kalk und Salz. Auf seinem Weg löst das Wasser weitere Mineralien wie Natrium, Calcium oder Aluminium und spült diese ins Meer. Auf diesem Weg wird das Wasser von unterschiedlichen Lebewesen in vielfältiger Weise genutzt (vgl. Allianz Umweltstiftung 2007, S. 2). Wasser ist ein wichtiger wirtschaftlicher Faktor. Es ist für die Erholung, die Freizeit und den Tourismus ebenso von Bedeutung wie für die Binnenschifffahrt. Es dient der Erzeugung von Industriegütern und der Nahrungsmittelproduktion ebenso wie der Produktion von Konsumgütern. Viele moderne Klärwerke werden heute zudem als Kraftwerke zur Biogas- und Stromgewinnung genutzt und tragen so zur Gewinnung erneuerbarer Energien bei. „Seaflow" ist das weltweit erste Kraftwerk, an der englischen Küste gelegen, das die Energie der Meeresströmung nutzt. So kann Energie aus dem Meer gewonnen werden, indem ein Rotor vom strömenden Wasser der Gezeiten in Drehung versetzt wird, ähnlich dem Prinzip der Nutzung der Windkraft (vgl. Crummenerl 2010, S. 44 f.). Nur zu einem kleinen Teil wird Wasser in eine andere Substanz umgewandelt. Wassernutzung heißt also Wasserveränderung durch einfaches Trinken, in industriellen Produkten, z.B. bei der Herstellung von Bier, zum Kühlen von Industrieprozessen, zur Gewinnung von Elektrizität aus Wasserkraft bis zur Erzeugung von künstlichem Schnee für den Wintertourismus (vgl. Mauser 2007, S. 55 f).

Um eine gute Wasserqualität zu erhalten, müssen Schutzmaßnahmen getroffen werden, um Einträge von Schadstoffen in das Oberflächen- oder Grundwasser zu vermeiden. Bayerns Wasserqualität z.B. gilt insgesamt als ausgesprochen gut. Dies hängt zum einen mit den günstigen natürlichen Voraussetzungen zusammen und zum anderen mit wirksamen Schutzmaßnahmen. Etwa 92 Prozent des Trinkwassers kann meist ohne weitere Aufbereitung aus gut geschütztem Grundwasser oder Quellen gewonnen werden. Dieses natürliche Gut gilt es für kommende Generationen zu bewahren. Dazu gehört die Ausweisung von Wasserschutzgebieten ebenso wie der Ausbau der Abwassersysteme durch entsprechende Abwasseranlagen (vgl. Bayrisches Staatsministerium 2010, S. 26).

Kleinste Eingriffe und Störungen im Ökosystem können weitreichende Folgen haben. So halten beispielsweise ungeklärte Abwasser aus Haushalten und Industrie in der Vergangenheit einen großen Einfluss auf die Artenbestände in Gewässern. Das Gleichgewicht wiederherzustellen (Wassersanierung) gestaltet sich äußerst schwierig oder ist zum Teil unmöglich (vgl. Bundesamt für Naturschutz 2010). Aber auch geschlossene Industrieanlagen, Müllkippen, die Landwirtschaft (Düngemittel, Pestizide, Gülle) oder Unfälle (Tanklaster, undichte Abwasserkanäle) bringen Wasserverunreinigungen durch Öl oder andere giftige Stoffe mit sich. Ebenso können sich Abgase aus dem Verkehr im Regen lösen und somit in den Wasserkreislauf gelangen. Ein Tropfen Öl macht beispielsweise etwa 600 Liter Wasser ungenießbar (vgl. Bundesministerium für Umwelt, Naturschutz, Bau und Reaktorsicherheit). Das macht die Aufbereitung von Trinkwasser kompliziert und teuer. Verunreinigungen im Wasserkreislauf stellen nicht nur eine Gefahr für die Ökosysteme selbst, sondern auch für Mensch und Tier dar. Neben Artensterben, kann der Mensch Magen-Darm-Erkrankungen wie Durchfall, Nervenkrankheiten, Krebs, Leber- und Nierenschäden davontragen (vgl. Onequest Health (HK) Ltd. 2014).

Natürliche Gewässer reinigen sich in der Natur in der Regel selbst. Dazu müssen allerdings bestimmte Voraussetzungen, wie ein Leben im Wasser, Fließen des Wassers, Vorhandensein von Sauerstoff und Füllstoffen gegeben sein. Mikroorganismen (Pilze und Bakterien) zersetzen das organische Material. Anorganisches Material und CO_2 wird von Wasserpflanzen verbraucht, die wiederum Sauerstoff freisetzen. Fische und andere Kleintiere fressen die Reste der Pflanzen. Durch das Fließen des Gewässers, werden größere Anhäufungen von Schmutz oder große Materialstücke beseitigt und die Wassertemperatur reguliert. Durch Füllstoffe (organisches Material und Tone) werden Schwermetalle im Wasser gebunden, die sich in Sedimenten am Grund ablagern. So genannte Puffersubstanzen (Hydrogencarbonat-Ionen, Huminsäuren, Tonmineralien) regulieren den pH-Wert des Wassers. Der pH-Wert ist ein Maß für die saure oder basische Wirkung einer wässrigen Lösung (vgl. Wiechoczek 2012, o. S.)

Der pH-Wert hat einen großen Einfluss auf die chemischen und biologischen Vorgänge in Gewässern. Ein pH-Wert zwischen fünf und neun gilt für die meisten Organismen als dauerhaft verträglich. Die Grenzwerte nach der EU-Trinkwasserrichtlinie liegen bei 6,5 (Minimum) und 8,5 (Maximum) und die nach der EU-Badewasserrichtlinie bei 6,0 (Minimum) und 9,0 (Maximum) (vgl. Sächsisches Staatsministerium für Umwelt und Landwirtschaft o. J., o. S.) Durch Eingriffe des Menschen in das Ökosystem kann sich ein Gewässer unter Umständen nicht mehr selbst reinigen. Eine zu starke pH-Wertänderung, z.B. durch Gülle oder sauren Regen, kann ein Versagen der Selbstreinigung zur Folge haben und ein zu rasches Fließen des Wassers (z.B. durch Flussbegradigungen) verhindert ein Zusammenspiel der Reinigungsfaktoren. Durch Aufheizen des Oberflächenwassers wird der O_2-Gehalt gesenkt. Ebenso führt das Vorhandensein von zu viel organischem Material (mehr als ein Prozent) zu einem erhöhten O_2-Verbrauch, was zur Folge hat, dass weniger Organismen an der Reinigung des Gewässers beteiligt sind. Es ist jedoch ganz normal, dass der Sauerstoffgehalt in Gewässern Schwankungen unterliegt. Zu viel Nitrat und Phosphat im Wasser, führen zu einer erhöhten und schädlichen Anreicherung von Pflanzennährstoffen und damit zu einer Störung des ökologischen Gleichgewichts. Der Artenbestand wird unter anderem durch Lösung von Schwermetallverbindungen bei einem pH-Wert unter fünf, chlorierten Kohlenwasserstoffen, Phenolen und Pestiziden gefährdet (vgl. Wiechoczek 2012, o. S.).

Moderne Kläranlagen sollen die Qualität unserer Gewässer verbessern. Zudem gibt es strengere Vorschriften für die Industrie durch die Politik bezüglich des Abwassers und eine EU-Wasserrahmenrichtlinie, die Gewässer in einem guten Zustand halten soll (vgl. Bundesministerium für Umwelt, Naturschutz, Bau und Reaktorsicherheit o.J.).

Jeder Einzelne kann einen Beitrag leisten Wasser zu sparen oder Verunreinigungen zu verhindern, damit weniger Wasser aufbereitet werden muss. Doch nicht in allen Regionen der Erde ist die Wasserqualität unbedenklich oder Wasser im Überfluss vorhanden. Den Ermittlungen der UN zufolge, leben etwa 800.000 Menschen, von denen die Hälfte Kinder sind, unter Trinkwasserknappheit (vgl. SOF Umweltstiftung J., o. S.). Nicht nur die Wüstenregionen der Erde sind vom Mangel an Trinkwasser bedroht. Gerade in Entwicklungsländern leiden die Menschen unter Wassermangel und haben weite Wege zu Wasserquellen. Aber auch die nördlichen Mittelmeerländer und der West-

en der USA sind betroffen. In vielen Ländern gibt es schon jetzt Konflikte aufgrund der Wasserarmut. Prognosen zufolge soll sich zukünftig die Konkurrenz um den Zugang zu Wasser weiter verschärfen und Wasser könnte bald sogar wertvoller werden als die Ressource Öl. Über fünf Millionen Menschen sterben beispielsweise in Afrika jährlich an den Folgen von verunreinigtem Trinkwasser und der schlechten Wasserversorgung. In den Entwicklungsländern werden 80 Prozent aller Krankheitsfälle auf verunreinigtes Trinkwasser zurückgeführt. (vgl. http://www.wasistwas.de/ wissenschaft/ eure-fragen/erde/link//cee4a00ad2/article/ kann-uns-irgendwann- das-trinkwasser-ausgehen.html). Laut Mauser (2007) ist „der Niederschlag ist die Ressource, die es zu bewirtschaften gilt" (S. 235). Nach ihm könnte durch technisch effizientere Bewässerungssysteme und das Auffangen von Niederschlag sehr viel besser genutzt werden.

Der Umgang mit Wasser sollte weltweit verantwortungsbewusst erfolgen. Laut Knoch (2013) ließe sich z.B. sehr viel Wasser sparen, indem man beim Wäschewaschen auf die Vorwäsche verzichtet. Auch schlägt er vor, beim Kauf von Waschmittel darauf zu achten, dass dieses mit biologisch abbaubaren Stoffen produziert wurde und so weniger Verschmutzungen der Abwässer verursacht (vgl. S 81 f.). Man kann entsprechende Produkte an Umweltsiegeln erkennen, wie dem „EU-Umweltzeichen" oder „Charter nachhaltiges Waschen und Reinigen". Krämer (2008) schlägt sogar vor, sich von Waschmaschinen zu trennen, die mehr Wasser verbrauchen als ein neues Modell. Mit Regenwasser kann der Garten gegossen werden, Perlatoren sprudeln Luft in den Wasserstrahl des Wasserhahns und reduzieren dadurch die Wassermenge des Durchflusses. Um Grundwasserverschmutzungen zu vermeiden, sollten Autos auf dafür gedachten Waschplätzen gewaschen werden, damit abgewaschenes Öl, Ruß, Teer und Schwermetallstaub nicht in den Wasserkreislauf gelangen.

Auch die Nahrung, die der Mensch durch das Meer erhält, sollte bewusster konsumiert werden. Aquakulturen, wie in Norwegen oder Asien, wo z.B. der Lachs oder der Pangasiuswels für den Konsum gezüchtet und produziert wird, arbeiten oft mit Antibiotika und Hormonen, die ins Wasser gelangen und starke Umweltbelastungen darstellen. So braucht es für eine nachhaltige Bewirtschaftung ein kritisches Verbraucherverhalten, das diese Massentierhaltung durch bewussten Kauf von heimischen Produkten verhindert (vgl. Bauer u. a. 2008).

Wenn Tierprodukte aus artgerechter Haltung gekauft werden, die von Tieren aus der Aufzucht auf Weiden stammen, kann die wasserreiche Herstellung von Futtermitteln reduziert werden. „Beim Kauf von Nahrungsmitteln kann der Verbraucher viel virtuelles Wasser einsparen (vgl. Kapitel 3 „Boden"). Wer etwa verstärkt regionales und saisonales Gemüse einkauft, kann sicher sein, dass weniger Wasser zu dessen Aufzucht eingesetzt wurde als etwa beim Anbau in sehr trockenen Gebieten außerhalb der üblichen Wachstumsperioden" (Krämer 2008, S. 120).

Wasser sollte in all seinen Formen der Erscheinung auf dieser Erde bewahrt werden. Natürliche und naturnahe Fließgewässer sollten geschützt werden, Gewässerbegradigungen sollten ökologisch verbessert und aufgewertet werden, damit die natürliche Flora und Fauna sich wieder ansiedeln kann und dadurch Lebensräume geschaffen werden. Dazu braucht es eine Finanzierung durch die Gemeinden (vgl. Steinbach 1990).

Um die Meere sinnvoll schützen zu können, braucht es weltweite Übereinkommen durch Gesetze und Verträge. Greenpeace kämpft sogar aktiv für den Schutz von Meeressäugern. Jeder Einzelne kann aber auch etwas tun: „Dem Meer hilft nämlich schon sehr, wer sein Leben ein bisschen ändert, wer phosphatfrei wäscht und umweltschonend heizt, wer Sondermüll trennt, kein Einweggeschirr verwendet und Lebensmittel aus kontrolliertem Anbau kauft" (Crummenerl 2010, S. 47). Woodward (2009) schlägt vor, Häuser mit Wassersparsystemen zu bauen und alte Häuser so umzurüsten, dass Brauchwasser gefiltert wird und mit dem ablaufenden Regenwasser vermischt, z.B. für die Toilettenspülung genutzt werden kann. Mit der Verwendung von Recyclingpapier kann man einerseits zum Schutz der Urwälder beitragen, weil für dessen Produktion weniger „Frischfasern" benötigt werden, andererseits wird weniger Wasser verbraucht. „Hierzu dient als Orientierungshilfe beim Kauf von umweltfreundlichem Hygiene- und Schreibpapier das Umweltsiegel der ‚Blaue Engel' (www.blauer-engel.de), da die Produkte aus 100 % Altpapier hergestellt sind" (vgl. Mesch 2009, S. 233).

[37] Klee

AKTION 1: WASSERKREISLAUF – GARTEN IM GLAS

MATERIAL

- Ein Einmachglas
- Holzkohle oder Tondrainage
- Erde
- Eine Pflanze, z.B. Glücksklee, oder jede andere kleine Blattpflanze
- Wasser
- Durchsichtige Folie
- Gummiband

DURCHFÜHRUNG

Zuerst wird die Holzkohle in das Glas gelegt. Anschließend wird die Erde eingefüllt. Die Pflanze wird in die Erde eingesetzt und die Erde mit Wasser gut angefeuchtet. Es muss darauf geachtet werden, dass die Pflanze nicht schwimmt. Mit der durchsichtigen Folie wird das Glas luftdicht abgeschlossen und an einen sonnigen Platz gestellt. Im Freien, in der Sonne, beschlägt das Glas sehr schnell. Wenn das Glas ständig beschlagen ist, befindet sich zu viel Feuchtigkeit darin. Das Glas sollte dann kurz zum Lüften geöffnet werden. Wenn zu wenig Feuchtigkeit im Glas ist, muss gegossen werden, sonst vertrocknet die Pflanze.

S. O. F. Save Our Future – Umweltstiftung (2013). Wasserkreislauf – Garten im Glas. Verfügbar unter: http://www.kinder-tun-was.de/fileadmin/user_upload/pdfs/ Wasserkreislauf_Garten_im_Glas.pdf, letzter Zugriff am 14.12.2014

BEOBACHTUNG

Der Wasserkreislauf ist zu beobachten: Aus der Erde nimmt die Pflanze das Wasser auf und über die Blätter wird es wieder „ausgeatmet". Wasserdampf kondensiert am Glas, sammelt sich und rinnt in den Boden zurück.

ERKLÄRUNG

Regnet es, läuft das Wasser in die Flüsse und Bäche, es rinnt in die Straßenschächte oder versickert in der Erde. Das Wasser ist aber nicht einfach verschwunden. Es wird durch Verdunstung, erneute Niederschläge und die Bildung von Wolken in einem ständigen Kreislauf gehalten.

ÖKOLOGIE	ÖKONOMIE	SOZIALES
• Wasser als natürliches „Produkt" • Wasser als Bestandteil der Lebewesen • Kreislauf von Regen und Wasserverschmutzung	• Wege und Kreisläufe des Wassers und Wasser als Transportmittel • Wasser als Energieträger • Hochwasser als Problem	• Wasser als wichtige Ressource • Wasser dient zum Überleben • Recht auf Wasser

DIDAKTISCHER KOMMENTAR

PRINZIP DER INTERDISZIPLINARITÄT

Anomalie des Wassers, Aggregatszustände, Eis, Dampf usw. Wasser als Lösungsmittel. Leben im Wasser und Atmen im Wasser, Wasser als Lebensgrundlage, Wasser im Körper.

HANDLUNGSORIENTIERUNG

Wie kann man Wasser sparen? Im Alltag müssen wir uns bewusst werden, wo man überall Wasser sparen kann. Zum Beispiel kann man im Garten eine Regentonne aufstellen und damit die Pflanzen gießen. Es muss nicht immer alles aus dem Wasserhahn kommen. Den eigenen Wasserverbrauch reflektieren. Was mache ich mit Wasser, und wann und wie oft benutze ich Wasser an einem normalen Tag? Im Kindergarten kann man Handlungsstrategien entwickeln um das Wasser gemeinsam zu sparen. Zum Beispiel gibt es Maßnahmen, die den Wasserverbrauch senken.

PRINZIP DER ZUKUNFTSORIENTIERUNG

Wasser als lebensnotwendiger Rohstoff wird knapper: Wie kann man selber im Alltag Wasser sparen? Muss man zum Beispiel jeden Tag duschen oder mehrmals wöchentlich baden?

SOZIALES LERNEN UND KULTURELLE VIELFALT

Religion: Bedeutung von Wasser und Waschung. Wo kommt das Wasser her? Wasserhahn, Brunnen, Wasserloch, Wasserquelle?

FRIEDEN, MENSCHENWÜRDE UND EMPATHIE

Kriege um Wasser haben im Laufe der Menschheitsgeschichte regelmäßig stattgefunden.

Vor allem sind die Trinkwasservorräte in trockenen Regionen der Erde sehr begrenzt. Man sollte daher den Kindern klar machen, dass Wasser ein wertvolles Gut ist. Auch die Gewinnung von Trinkwasser ist nicht einfach: Um aus Meerwasser Trinkwasser zu gewinnen, braucht es Hitze und die Sonnenenergie. Durch die Hitze der Sonne entsteht Verdunstung, durch die Verdunstung entsteht Niederschlag und Regen, der gesammelt als Trinkwasser genutzt werden kann.

ERNÄHRUNG UND NAHRUNGSMITTEL / KONSUM UND LEBENSQUALITÄT

Heimisches Trinkwasser bevorzugen und sparsam mit Leitungswasser umgehen. Auch bei der Nahrungszubereitung und beim Spülen von Geschirr muss sparsam mit Wasser umgegangen werden.

RAUM- UND AKTIONSORIENTIERUNG

Sinnes- und Naturräume: Mit den Kindern kann man gemeinsam den Garten erkunden und schauen, was Wasser benötigt und wo es vorkommt. Aktions- und Handlungsräume: Wie kann ich im Garten Wasser sparen, um z.B. die Pflanzen zu gießen? Hier könnte man eine Regentonne aufstellen. Es muss nicht immer das Wasser aus der Leitung sein.

[38] Fließendes Wasser

AKTION 2: WASSERSPARTIPPS

MATERIALIEN

- Stifte
- „Sprechstein" (oder ein anderes Objekt, das den Kindern verhilft, geordneter zu sprechen, da nur das Kind sprechen darf, das im Moment im Besitz dieses Objektes ist)
- Papier
- Sitzkissen

DURCHFÜHRUNG

Gemeinsam wird mit den Kindern eine Gesprächsrunde eröffnet. In dieser Gesprächsrunde soll es um verschiedene Angewohnheiten gehen, die mit Wasser zu tun haben. Die Kinder werden von der pädagogischen Fachkraft gefragt, was sie vermuten, wie viel Wasser in eine Badewanne passt, wie viel Wasser beim Duschen verbraucht wird oder beim Toilettengang. Gemeinsam werden Ideen gesammelt, wie man denn zu Hause und im Kindergarten Wasser sparen kann. Die Fachkraft erklärt, warum es so wichtig ist, mit Wasser bewusst umzugehen.

S. O. F. – Save Our Future (2013). Wasserspartipps. Verfügbar unter: http://www.kinder-tun-was.de/fileadmin/user_upload/pdfs/Spartipps_WasserKTW. pdf, letzter Zugriff am 15.12.2014

BEOBACHTUNG

Kinder setzen sich aktiv mit ihren eigenen Handlungsweisen auseinander und analysieren verschiedene andere Handlungsweisen. Sie können sich sprachlich oder auch kreativ mit dem Thema beschäftigen. Durch die gemeinsame Diskussion, welche Wassersparregeln gefunden werden können, entstehen immer weitere und nützliche Ideen. Die Kinder können diese Ideen in der Kindertageseinrichtung selbst auf ihre Nützlichkeit hin ausprobieren.

ERKLÄRUNG

„Für ein Vollbad in der Badewanne benötigt man rund 140 Liter Wasser. Das ist annähernd so viel Wasser, wie ein deutscher Normalbürger durchschnittlich an einem ganzen Tag verbraucht. Beim Duschen hingegen fließen pro Minute lediglich etwa 20 Liter Wasser; und bei Verwendung einer Durchlaufmengenbegrenzung sogar noch weniger. Also: Lieber seltener und dafür mit Genuss baden. Ein tropfender Wasserhahn kann im Laufe eines Jahres sehr viel Wasser kosten. Ein Tropfen pro Sekunde ergibt rund einen Liter ungenutztes Wasser nach fünfeinhalb Stunden. Rein rechnerisch sind das rund 1.580 Liter in einem Jahr. Eine Reparatur zahlt sich somit schnell aus. Alte Spülkästen verbrauchen bei einer Toilettenspülung etwa neun Liter Wasser. Durch eine Zwei-Mengen-Spülung oder eine Spül-Stopp-Taste im WC werden nur drei bis sechs Liter Wasser pro Spülgang verbraucht. Bei gleicher Hygiene kann der Wasserverbrauch hier also um 30 bis 50 Prozent reduziert werden. Eine vier-köpfige Familie kann so bis zu 40.000 Liter Trinkwasser pro Jahr sparen. Damit amortisieren sich die Umbaukosten meist in weniger als einem Jahr!" (vgl. http://www.kinder-tun-was.de/file-admin/ user_upload/pdfs/Spartipps_Was-serKTW.pdf, letzter Zugriff am 15.12.2014).

ÖKOLOGIE	ÖKONOMIE	SOZIALES
· Verschmutzungen vorbeugen · Lebensraum aller Lebewesen schützen	· Wasser nicht als endlosen Rohstoff sehen · Regionales Trinkwasser bevorzugen	· Viele Menschen haben kaum sauberes Trinkwasser · Achtsam mit dem Wasser umgehen

DIDAKTISCHER KOMMENTAR

HANDLUNGSORIENTIERUNG

Die Kinder können aktiv an der Wassereinsparung in der Kita aber auch in ihrem eigenen Zuhause mitwirken. Durch ihr Handeln weisen sie andere Menschen in ihrem Umfeld auf ihren eigenen Wasserverbrauch hin. Durch die Sammlung von Wasserspartipps können die Kinder eigene Ideen einbringen und diese gleich auf ihre Nützlichkeit hin ausprobieren.

Mit den Kindern gemeinsam Regeln aufstellen:

- Während ihr euch die Zähne putzt, ist es nicht notwendig, die ganze Zeit den Wasserhahn offen zu lassen. Füllt euch einfach einen Zahnputzbecher mit Wasser, das Wasser reicht euch zum Ausspülen.

- Während ihr euch die Hände einseift, ist es nicht nötig das Wasser laufen zu lassen, sonst kann die Seife ja gar nicht einwirken.

- Wenn der Papa sich rasiert, dann dürft ihr ihm sagen, dass er sein Waschbecken ein bisschen auffüllen darf mit Wasser, aber nicht die ganze Zeit das Wasser laufen lassen soll.

- Wenn ihr in der Küche mithelft, dann bitte das Geschirr möglichst nicht unter fließendem Wasser abspülen.

- Wenn ein Wasserhahn tropft, dann muss er repariert werden, weil sonst sehr viel Wasser ungenutzt verloren geht.

http://www.kinder-tun-was.de/fileadmin/ user_upload/pdfs/Spartipps_ WasserKTW. pdf, letzter Zugriff am 15.12.2014

KOOPERATION UND VERNETZUNG
Besuch einer Kläranlage oder der örtlichen Wasserabfüllfirma kann hier sinnvoll und anschaulich sein.

PRINZIP DER INTERGENERATIONELLEN GERECHTIGKEIT
Die Großeltern können hier eventuell den Kindern in einem Gespräch verdeutlichen, wie mühsam es früher war, ausreichend Wasser zur Verfügung zu haben.

PRINZIP DER ZUKUNFTSORIENTIERUNG
Durch die Nutzung von Wasserzisternen oder Regenwassertonnen kann das Regenwasser aufgefangen und für Situationen verwendet werden, für die ansonsten ohne dieses aufgefangene Wasser Süßwasser aus dem Hahn verwendet würde.

SOZIALES LERNEN UND KULTURELLE VIELFALT
Nicht jedes Land verfügt über ein ausreichendes Süßwasservorkommen. Wir können unsere Landwirtschaft erfolgreich mit Wasser betreiben, dies bleibt vielen Menschen verwehrt. Wie leben Menschen in anderen Ländern mit geringeren Wasservorkommnissen? Für was wird dort Wasser verwendet und was hat Wasser in verschiedenen Kulturen für eine Bedeutung?

FRIEDEN
Um Frieden gewährleisten zu können, muss Wasser für jeden zugänglich gemacht werden, damit es nicht zu Ungerechtigkeit und Streit kommt. Ein Projektbeispiel „Viva con Agua".

MENSCHENWÜRDE UND EMPATHIE
Einfühlen in die Menschen, die wenig Wasser zur Verfügung haben, und dies auf das eigene Leben beziehen. Durch das Vergleichen von verschiedenen Lebenssituationen und Lebensweisen anderer Menschen entsteht bei Kindern das Bewusstsein für den Wert des Wassers.

ERNÄHRUNG UND NAHRUNGSMITTEL / KONSUM UND LEBENSQUALITÄT
Wir benötigen viel Wasser für den Anbau von Lebensmitteln. Unsere Lebensqualität ist sehr hoch, das lässt sich auch am hohen Wasserverbrauch festmachen.

RAUM- UND AKTIONSORIENTIERUNG
Ein Ruheraum oder aber eine Forscherecke, in der die Kinder selbst Wasserspartipps ausprobieren können und verschiedene Wassereigenschaften kennenlernen. Bücher, Materialien zum Experimentieren etc. In Sinnes- und Naturräumen, beispielsweise direkt in der Kita oder aber auch im Wald, an einem Bachlauf in Wiesen, Wasser und seine elementare Bedeutung hautnah erleben und Kreisläufe diskutieren.

WEITERE PROJEKTIDEEN

DAS GRUNDWASSERMODELL

http://www.kinder-tun-was.de/fileadmin/
user_upload/pdfs/Grundwassermodell.pdf,
letzter Zugriff am 13.07.2015

WASSER SCHMECKEN

http://www.kinder-tun-was.de/fileadmin/
user_upload/pdfs/Wasser_schmecken_-_
sinnliches_Ratespiel.pdf, letzter Zugriff am
15.12.2014

SÜSSWASSER ODER SALZWASSER

http://www.k inder-tun- was.de/fileadmin/
user_upload/pdfs/Salz wasser- Suesswasser.
pdf, letzter Zugriff am 15.12.2014

ERDE REINIGT WASSER

http://www.kinder-tun-was.de/fileadmin/
user_upload/pdfs/Die_Erde_reinigt_das_
Wasser.pdf, letzter Zugriff am 15.12.2014

WASSERGEDICHT UND WÜRFELSPIEL

http://www.angela-hilger.de/Wasser.pdf,
letzter Zugriff am 15.12.2014

GESTALTUNGSKOMPETENZ ZUM
THEMENFELD WASSER

GESTALTUNGSKOMPETENZ: TEILKOMPETENZEN	WASSERKREISLAUF – GARTEN IM GLAS	WASSERSPARTIPPS
Weltoffen und neue Perspektiven integrierend Wissen aufbauen	●	●
Vorausschauend Entwicklungen analysieren und beurteilen können	●	●
Interdisziplinär Erkenntnisse gewinnen und handeln	●	●
Risiken, Gefahren und Unsicherheiten erkennen und abwägen können	●	●
Gemeinsam mit anderen planen und handeln können	●	
Zielkonflikte bei der Reflexion über Handlungsstrategien berücksichtigen können		●
An kollektiven Entscheidungsprozessen teilhaben können		
Sich und andere motivieren können, aktiv zu werden	●	●
Die eigenen Leitbilder und die anderer reflektieren können		●
Vorstellungen von Gerechtigkeit als Entscheidungs- und Handlungsgrundlage nutzen können		●
Selbstständig planen und handeln können	●	
Empathie für andere zeigen können	●	●

[39] Energie

5. WISSENSWERTES: NATÜRLICHE RESSOURCEN UND ENERGIE

„Energie kommt aus dem Griechischen von ‚energeia' und bedeutet soviel wie Tatkraft. Energie ist unsichtbar, eine Rechengröße und kann nur an ihren Wirkungen erkannt werden: Sie ist nötig, wenn etwas in Bewegung gesetzt, schneller gemacht, hochgehoben, beleuchtet bzw. erwärmt werden soll, sie ist z.B. in Rohstoffen gespeichert. Ohne Energie ist kein Leben möglich!" (Informationszentrale der Elektrizitätswirtschaft e. V. 1996, S. 1 ff.). Der menschliche und tierische Körper benötigt Energie, die durch die Nahrung aufgenommen wird. Und alle Organismen nehmen in unterschiedlicher Form aus ihrer Umwelt Stoffe auf, die sie verarbeiten. Als „Abfallprodukte" dieser Stoffwechselarbeit werden andere Stoffe abgegeben. Organe, Drüsen, Zellen, die Atmung, das Herz, die Muskulatur und die Zellen benötigen Energie, um zu arbeiten. Die aufgenommenen Stoffe dienen als Energielieferanten. In der Nahrung sind Eiweiße, Kohlenhydrate und Fette sowie Ergänzungsstoffe wie Vitamine und Mineralstoffe sowie Ballaststoffe und Spurenelemente enthalten. „Diese Substanzen dienen zum Aufbau oder zur Erneuerung von Strukturen des Organismus (Baustoffwechsel). Beide Vorgänge sind miteinander verzahnt und voneinander abhängig. Die Fülle aller Stoffumsetzungen im Organismus ist der Stoffwechsel (Metabolismus)." (vgl. http://www.wissen.de/lexikon/energie-physik 22.01.2015).

Der Energiewert der Nahrung wird in Kilokalorien oder Kilojoule angegeben. Ein durchschnittlicher männlicher Erwachsener hat etwa einen Tagesbedarf von 2.900 Kilokalorien, wobei dies sehr stark von Alter, Lebensweise, Geschlecht, Größe und Gewicht abhängt (vgl. Medienwerkstatt Mühlacker Verlagsgesellschaft, o. J., o. S.).

Bei der Verdauung werden Nährstoffe und Abfallprodukte voneinander getrennt. Die Nährstoffe gelangen ins Blut und werden beim Stoffwechsel in Energie umgewandelt. Den größten Teil der durch die Nahrung aufgenommenen Energie verarbeiten unsere Muskeln in Wärme. Bei der Verbrennung von Glucose (Traubenzucker) nimmt der Muskel Sauerstoff auf und gibt Kohlendioxid ab. Pflanzen beziehen ihre Energie aus der Sonne durch Fotosynthese (vgl. Kapitel 1 „Biodiversität") und nutzen sie für ihre Stoffwechselprozesse (vgl. Zentrum für Kinder- und Jugendmedizin Heidelberg o. J., o. S.).

Weitere Energie, die im Leben des Menschen eine wesentliche Rolle spielt, ist die Energie, die aus so genannten „Bodenschätzen" gewonnen wird. Dies sind Stoffe, die aus den Tiefen der Erde gefördert werden. Dazu zählen Kohle, Öl, Erdgas und Uran, die in großen Mengen dazu eingesetzt werden, um Wärme und elektrischen Strom zu gewinnen. Andere Stoffe, wie Salz, Schwefel, oder Kalk, verwendet der Mensch für die chemische Industrie oder für den Einsatz als Dünger in der Landwirtschaft, z.B. Kalisalze und Phosphate (vgl. Köthe 1998).

Es wird zwischen Primär-, Sekundär-, End- und Nutzenergie unterschieden. Unter Primärenergie versteht man Energie, die direkt in der Natur vorkommt und noch nicht umgewandelt wurde (wie Sonne, Biomasse, Kohle oder Rohöl). Diese wird in Kraftwerken und Raffinerien zu Sekundärenergie umgewandelt (wie Heizöl, Benzin, Strom oder Briketts). Als Endenergie wird die Energie bezeichnet, die der Verbraucher unmittelbar nutzen kann, sie besteht meist aus Sekundärenergie, aber auch aus Primärenergie. Nutzenergie sind Energieformen, die in einem Gerät oder in einer Anlage für den Energiebedarf umgewandelt werden (wie Licht, Wärme, Schall, Kälte oder Bewegungsenergie) (vgl. Umweltministerium Baden-Württemberg o. J., S. 19 f.).

„Die Umwandlung einer Energieform in eine andere beruht auf dem physikalischen Satz von der Erhaltung der Energie. Er besagt, dass Energie nicht verloren gehen kann, sondern nur in eine andere Energieform umgewandelt wird. Darauf beruhen Generatoren zur Erzeugung elektrischer Energie. Bei jeder Umwandlung tritt Energieverlust ein, da ein Teil der Energie als Wärme verloren geht. Jede Freisetzung von Energie bedeutet auch eine Energieumwandlung. Die heute in Haushalten und Industrie benötigte elektrische Energie entsteht überwiegend durch Verbrennung fossiler Brennstoffe, z.B. Erdöl und Erdgas, oder durch Kernbrennstoffe wie Uran, was teilweise mit erheblichen Umweltproblemen verbunden war und ist." (vgl. Link: http://www.wissen.de/lexikon/energie-physik 22.01.2015).

Kraftwerke erzeugen Energie. Meist wird dazu Wasser in einem Kreislauf erhitzt. Der entstehende Dampf treibt eine Turbine an, welche einen Generator betreibt, der die Energie in Strom umwandelt. Als Brennstoffe dienen Rohöl, Erdgas, Kohle oder Biomasse. Der Energieverbrauch steigt stetig global an. Die Verfügbarkeit fossiler Energieträger ist jedoch begrenzt und bringt die Abgabe schädlicher Treibhausgase in die Atmosphäre mit sich. Eine Energiequelle, bei deren Nutzung keine Schadstoffe anfallen, wäre optimal. Man geht davon aus, dass der Erdölvorrat bei gegenwärtiger Nutzung nur noch circa 40 Jahre ausreicht und die Menschheit dann in zweihundert Jahren das verbraucht hat, was in Millionen von Jahren entstanden ist. Der steigende Energieverbrauch ist zum einen auf die wachsende Weltbevölkerung und zum anderen auf die ansteigenden Ansprüche der Gesellschaften zurückzuführen. Dies führt zu einer Veränderung des Klimas und des Wasserhaushaltes der Erde. Die Nutzung von Kernenergie gilt als Brückentechnologie: Die Nutzung regenerativer Energien (Wind-, Solarenergie, Wasserkraft, Geothermie, Verwendung nachwachsender Rohstoffe / Biomasse wie Holz) muss gesteigert und „Energievorräte" effizienter (Wirkungsgrad steigern) genutzt werden (vgl. Umwelt- und Energieberatungszentrum, o. J., S. 6 ff.). Dazu muss man wissen, dass nur circa ein Drittel der Primärenergie wirklich vom Verbraucher genutzt wird, das heißt letztlich beim Verbraucher als Heiz- und Prozesswärme, Licht- und mechanische Energie ankommt.

Die Industrienationen, welche Vorbild für ähnlichen Wohlstand anstrebende Länder sind, kaufen riesige Mengen an Energie von Entwicklungs- und Schwellenländern ein, doch es lassen sich schon jetzt deutliche Anzeichen erkennen, dass die Belastungsgrenze des Ökosystems Erde bald erreicht ist: Waldsterben, Ozonloch oder Trinkwasserverunreinigungen verdeutlichen dies.). Umso wichtiger wird ein Umdenken unserer Gesellschaft und jedes Einzelnen hin zu einer nachhaltigen Einstellung / Denkweise. Das bedeutet, eine vermehrte Nutzung regenerativer Energien, Energie zu sparen und verantwortungsbewusst zu nutzen. „2008 lag der Anteil erneuerbarer Energien in Deutschland bereits bei 9 Prozent des Energieverbrauches" Dieser Anteil soll sich bis 2020 auf 15 Prozent erhöhen (vgl. Umwelt- und Energieberatungszentrum o. J., S. 6 ff.).

Aber auch aus Pflanzen lässt sich Energie gewinnen. In Deutschland wird mehr als die Hälfte aller erneuerbarer Energien aus Biomasse, das heißt pflanzlichem Material gewonnen. „Aktuell werden in Deutschland auf circa 2,1 Millionen Hektar Energiepflanzen angebaut […]. Verschiedene Studien kommen zu dem Ergebnis, dass diese Fläche bis 2020 auf vier Millionen Hektar ansteigen könnte. Dann wäre etwa ein Drittel unserer Ackerfläche mit Energiepflanzen bestellt. […] Generell hat Deutschland genügend agrarisches Potenzial, um Nahrungsmittel und verstärkt auch nachwachsende Rohstoffe zu erzeugen. Außerdem werden importierte Bioenergieträger und Biokraftstoffe die heimische Erzeugung ergänzen. Dabei ist wichtig, dass Biomasse im selben Maße wie Pflanzen für die Verwendung im Lebens- und Futtermittelbereich nachhaltig erzeugt wird" (vgl. Fachagentur Nachwachsende Rohstoffe e. V., o. J., o. S.).

Aus Raps wird beispielsweise Treibstoff für Kraftfahrzeuge gewonnen. Aus Zuckerrohr kann man Alkohol gewinnen, welcher wiederum Benzin zugesetzt werden oder dieses ersetzen kann. Kunststoffteile im Innenraum von Fahrzeugen werden in der Automobilindustrie schon lange aus pflanzlichen Fasern produziert. Henry Ford entwickelte 1941 ein Auto, welches komplett aus Hanffasern bestand. Die Karosserie war sogar leichter und widerstandfähiger als Metall. Aber auch Windeln und Verpackungsmaterialien lassen sich aus Stärke oder Naturfasern wie Flachs, Kokos und Hanf herstellen. Die Energieerzeugung aus Pflanzen bringt jedoch einen großen ethischen Konflikt mit sich, da aufgrund des Anbaus der „Energiepflanzen" weniger Ackerfläche zur Verfügung steht, wo Futter- und Nahrungsmittel angebaut werden können. In Drittweltländern kann dies schnell zu Hungersnöten führen. Es zeichnet sich schon jetzt die Tendenz ab, dass eher Monokulturen (vgl. Kapitel 3 „Boden") mit Energiepflanzen angebaut werde n, da diese einen größeren Gewinn versprechen. Wenn Energie in dieser Weise aus Biomasse gewonnen wird, schadet sie der Umwelt und dem Klima mehr als sie ihr nutzt, da dies zu Umweltzerstörungen führt, den Humusgehalt in Böden minimiert, Grundwasser gefährdet und den Lebensraum für Tiere reduziert (vgl. http://www.wasistwas.de/technik/die-themen/ artikel/link//0873a247f2/article/nachwachsende-rohstoffe.html – 29.08.2014).

Pflanzliche Treibstoffe wären Alternativen zu den bisherigen Treibstoffen. Aus Mais und Zuckerrohr gewinnt man Ethanol, indem man den darin enthaltenen Zucker und die Stärke vergärt. Verschiedene Pflanzliche Öle, wie z.B. Soja-, Raps-, Leinöl als „Biodiesel",

dienen als Treibstoff in dafür geeigneten Fahrzeugen. Aus Holz und landwirtschaftlichen Abfällen kann Methanol erzeugt werden. Auf Mülldeponien zersetzen Bakterien die Abfälle und produzieren dabei ein Gas, das aus 60 Prozent Methan besteht, was als Treibstoff genutzt werden kann (vgl. Fardou 2008, S. 54 f.).

Energie aus Pflanzen bildet die Energiegrundlage der Zukunft und hilft dabei Mobilität und Versorgung mit Wärme und Strom zu sichern. Rohstoffe zur Erzeugung von Bioenergie sind im Gegensatz zu anderen erneuerbaren Energien speicherbar. Sie können zusätzlich (in Fruchtfolge) Kulturlandschaften und Lebensräume erweitern, wenn man nicht auf Monokulturen setzt. Sie reduzieren die Menge an schädlichen Treibhausgasen in der Atmosphäre (vgl. Treibhausgase, Klima) und schaffen durch Anbau und Verwertung Arbeitsplätze. Die Koalitionspartner der Bundesregierung einigten sich 2009 auf ein gemeinsames Energiekonzept bis 2020 mit folgenden Eckpunkten: Reduzierung der Treibhausgasemissionen um 40 Prozent gegenüber 1990, ein Anteil von 18 Prozent von erneuerbaren Energien am Bruttoenergieverbrauch und ein Anteil von 35 Prozent von erneuerbaren Energien am Bruttostromverbrauch, ein Anteil von 10 Prozent der Biokraftstoffe (vgl. http://www.energie-pflanzen.info/ aktuelles – 29.08.2014).

„Bei den erneuerbaren Energien wird die in Wind, Wasser und Sonnenstrahlung vorhandene Energie in elektrische umgewandelt. Die Nutzung von Wind-, Wasser- und Sonnenenergie gestaltet sich allerdings aufgrund kaum vorhandener Speichermöglichkeiten noch schwierig. Letztlich stammt jede erneuerbare Energie von der Sonne, weswegen man hier tatsächlich von einer ‚unerschöpflichen Energiequelle' sprechen kann. Diese Energieform wird jedoch u. a. wegen hoher Kosten und Wetterabhängigkeit bisher nur in geringem Maß genutzt. [...] Trotz des technischen Fortschritts, der zu immer effizienterer Nutzung von Energie führt, gibt es immer noch einen enormen Entwicklungsbedarf, da derzeit ein Vielfaches der Energiemenge verbraucht wird, die erneuerbare Energiequellen zur Verfügung stellen können. Somit ist das Thema „Energiesparen" zu einem festen Bestandteil der öffentlichen Diskussion geworden." (vgl. http://www.wissen.de/ lexikon/energie-physik – 22.01.2015).

In der EU soll die Energieeffizienz, (das heißt der größtmögliche Wirkungs- und Nutzungsgrad von genutzer Endenergie, mit möglichst geringem Verlust durch z.B. Abwärme) bis 2020 um 20 Prozent erhöht werden. Die EU-Staaten wollen bis 2017 mindestens 9 Prozent ihres Energieverbrauchs (von dem 40 Prozent in den privaten Haushalten anfallen) einsparen. Durch die Einrichtung von Energieaudits und einem Energieeffizienzverpflichtungssystem in jedem Staat soll im Sinne eines EU- Umwelt-Aktionsprogramms ein möglichst hoher Wirkungs- und Nutzungsgrad bei der Energienutzung erreicht werden (vgl. Knoch S. 236 f.).

Dennoch ist die Energiewende schwierig für den einzelnen Menschen, da viele nicht über den eigenen Horizont hinaus schauen und den Klimawandel als globales Problem der Menschheit nicht bewusst wahrnehmen, obwohl die Folgen für die bedrohten Tierarten an Nord- und Südpol und für die Menschen,

die in extremen Klimazonen leben, bereits sichtbare und spürbare Folgen haben. Bei den Diskussionen sollte es nicht bleiben und die Energiewende wird schnell gebraucht. Der Mensch sollte dazu seine Gewohnheiten mit offenen Augen wahrnehmen und aktiv Umweltschutz betreiben, indem er sich aktiv mit seiner Umwelt auseinandersetzt und bewusst auf sparsamen Umgang mit Energie achtet. Jeder kann etwas tun, um Energie zu sparen. Im Folgenden sind ein paar Tipps aufgelistet: (vgl. Hennemann 2013).

Man kann warmes Wasser, das ja erhitzt werden muss, sparen, indem man duscht, anstatt sich ein Vollbad einzulassen (vgl. Kapitel 4 „Wasser"). Auch ist es sinnvoll, den Wasserhahn nicht so weit aufzudrehen und die Temperatur geringer einzustellen. Auch kann man bei der Toiletten-Spülung mit einer Spartaste sehr viel Wasser sparen. Spülmaschinen und Waschmaschinen sollten erst dann benutzt werden, wenn sie wirklich voll sind. So spart man Wasser und Energie.

Was an elektrischen Geräten nicht gebraucht wird, kann ganz abgeschaltet werden. Die Stand-by-Funktion verbraucht unnötigerweise nämlich sehr viel Energie. Generell sollte man beim Kauf von elektrischen Geräten darauf achten, dass sie energiesparend sind. Auch ist es nicht notwendig, dass in ungenutzen Räumen Licht brennt, wobei das genutzte Licht aus Energiespar-Lampen kommen sollte. Im Winter braucht man in Europa meist eine Heizung, welche sehr viel Energie verbraucht, um die Räume für den Menschen angenehm warm zu gestalten. Deshalb ist es notwendig, dass man beim Lüften darauf achtet, dies kurz zu tun und mit weit geöffnetem Fenster (Stoßlüften). Längeres Lüften auf der Fens-

ter-Kipp-Stellung lässt erwärmte Luft dauerhaft entweichen und sorgt für verschwende-
te Energie.

Beim Kochen ist es energiesparender, den
Deckel geschlossen zu halten, um die Energie
im Topf zu halten. Um neue Materialien, z.B.
Papier, Toilettenpapier, Kunststoffprodukte u.
a., zu kaufen, kann man auf recycelte Materialien zurückgreifen oder man kauft gleich
Mehrwegprodukte. Die Herstellung recycel-
ter Dinge braucht meist weniger Energie als
aus Rohmaterial; z. B. bei Herstellung von
Getränkedosen aus Aluminiumresten statt
aus Rohaluminium. Das Recycling von Kunststoffen hilft Öl zu sparen. Und wer statt dem
Auto öffentliche Verkehrsmittel, wie Bahn,
Bus oder Tram oder gar das Fahrrad benutzt,
tut nicht nur im Sinne der Umwelt etwas
Gutes, sondern er tut auch sich selbst etwas
Gutes, durch die Bewegung und den Sport,
die im Alltag meist zu kurz kommen.

[40] Sonne

AKTION 1: WARUM ES AUF DER ERDE IMMER WÄRMER WIRD

MATERIALIEN

Hierzu werden die Geschichte im Folgenden sowie die Bilder, die im Folgenden beigefügt sind, zur besseren Anschauung benötigt.

- Bild 1: Sonneneinstrahlung
- Bild 2: Gewächshaus
- Bild 3: Treibhauseffekt durch Gase
- Bild 4: fahrendes Auto
- Bild 5: Menschen in Gefahr durch Schmelzen der Pole / Eisbär?

DURCHFÜHRUNG

Anhand der fünf Bilder wird mit den Kindern das Thema „Erderwärmung" besprochen. Gemeinsam bespricht man, was auf den Grafiken zu sehen ist. Die ErzieherInnen ergänzen dabei kindgerecht, was das Bild mit Nachhaltigkeit zu tun hat. (siehe „Erklärung").

1.

Durch die Sonneneinstrahlung erwärmt sich die Erde. Die Erde ist von einer Gasschicht ummantelt, die verhindert, dass die ganze Wärme wieder ins Weltall zurückgeht. Hier wird auch vom „Treibhauseffekt" gesprochen. Gäbe es den Treibhauseffekt nicht, wäre es auf der Erde eisig kalt. Durch die Sonneneinstrahlung erwärmt sich die Erde. Die Erde ist von einer Gasschicht ummantelt, die verhindert, dass die ganze Wärme wieder ins Weltall zurückgeht. Hier wird auch vom „Treibhauseffekt" gesprochen. Gäbe es den Treibhauseffekt nicht, wäre es auf der Erde eisig kalt.

2.

In einem Gewächshaus funktioniert es ähnlich. Durch die Glasscheiben strahlt die Sonne in das Gewächshaus rein und es wird im Haus sehr warm. Die Glasscheiben machen dasselbe wie die Gasschicht der Erde. Sie haben die Funktion, dass sie die Wärme im Haus festhalten. Das hat den Effekt, dass die Pflanzen schneller wachsen können, auch wenn es draußen kalt ist.

3.

Bilden sich zu viele Schadstoffe in der Luft, wird die Gasschicht um die Erde zunehmend dichter. Die Folge ist, dass die Wärme dadurch langsamer entweicht und es auf der Erde immer wärmer wird.

4.

Durch unser Verhalten, dass wir mehr Abgase produzieren, erwärmt sich die Erde immer schneller. Deshalb sollten wir weniger unser Auto benutzen.

5.

Die Erderwärmung hat auch zur Folge, dass es in einigen Ländern immer heißer wird, es stärkere Stürme geben wird und der Meeresspiegel ansteigt. Dadurch ist die Menschheit auf Dauer gefährdet.

BEOBACHTUNG

Kohlendioxid kann man weder sehen noch riechen. Aber man kann die Umweltschäden beobachten, wie z.B. das Schmelzen der Gletscher und die Naturkatastrophen.

ERKLÄRUNG

Das Auto wird mit Benzin oder Diesel angetrieben. Im Motor des Autos wird Benzin oder Diesel verbrannt. Die dabei entstehenden Stoffe sind für Mensch und Umwelt schädlich. Dieser schädliche Stoff heißt auch „Kohlendioxid". Kohlendioxid ist ein Gas, das man weder sehen noch riechen kann. Außerdem entsteht beim Verbrennungsprozess Feinstaub, welcher sich als Ruß schwarz in der Umgebung ablagert. Auch dieser ist gesundheitsschädlich.

ÖKOLOGIE	ÖKONOMIE	SOZIALES
• Auswirkungen von Wärme und Umweltproblemen • Überschwemmungen, Pole schmelzen, Stürme (Umweltkatastrophen wie der Tsunami von 2004 oder Wirbelstürme, die es jedes Jahr in der Karibik z.B. gibt.)	• Auswirkungen für Flora und Fauna • Nicht jedes Land kann Gelder für ausreichende Schutzmaßnahmen aufbringen.	• Hier sollte an andere Regionen der Erde gedacht werden, die bereits massiv mit den Auswirkungen des Klimawandels zu kämpfen haben. • Spendenaktionen für Opfer im Notfall

DIDAKTISCHER KOMMENTAR

HANDLUNGSORIENTIERUNG
Die Kinder können zu Hause selbst beobachten, wie viel sie täglich mit dem Auto mitfahren und welche Entfernungen sie dabei zurücklegen. Ist es der Bäcker um die Ecke oder weitere Strecken?

PRINZIP DER INTERDISZIPLINARITÄT
Energieverbrauch, Verbrennungsmotoren, Heizung, Wasserenergie, Windenergie

PRINZIP DER INTRAGENERATIONELLEN GERECHTIGKEIT UND SOZIALES LERNEN
Weniger Ausstoß von Kohlendioxid und anderen starken Treibhausgasen belastet die Umwelt weniger und verbessert dadurch den Lebensraum aller Lebewesen. Weniger Lebensräume werden global vernichtet, sondern sie bleiben erhalten und damit wichtige Flora und Fauna.

PRINZIP DER ZUKUNFTSORIENTIERUNG
Den „Ökologischen Fußabdruck" berechnen: unter http://www.footprint- deutschland. de, letzter Zugriff am 14.12.2014

ERNÄHRUNG UND NAHRUNGSMITTEL / KONSUM UND LEBENSQUALITÄT
Massenproduktion bei der Tierhaltung und Fleischproduktion fördert den Methanausstoß, welcher den Treibhauseffekt verstärkt. Reduzierter Konsum tierischer Nahrungsmittel fördert somit den Erhalt unserer Umwelt.

RAUM- UND AKTIONSORIENTIERUNG
Ruhe- und Kommunikationsraum: Sich gemeinsam Gedanken machen, wie viel man mit dem Auto fährt. Die Menschen sollen sich verinnerlichen, welche Auswirkungen es hat, wenn sie unbedacht das Auto nutzen. Viele Menschen nutzen ihr Auto bereits für kurze Strecken, die auch zu Fuß oder mit dem Fahrrad zurückgelegt werden können. Außerdem muss ein Umdenken stattfinden: Es sollten mehr Fahrgemeinschaften gebildet werden und man sollte öfter mit öffentlichen Verkehrsmitteln fahren.

[41] Windräder

AKTION 2: DAS AUFWINDKRAFTWERK

MATERIALIEN

- eine lange Papprolle (z.B. das Innere einer Küchenrolle)
- schwarze Farbe oder schwarzes Tonpapier
- die Aluminiumhülle eines großen Teelichts
- eine Reißzwecke
- glatte Pappe (z.B. von einem Karton)
- Schere, Klebstoff, Bleistift

DURCHFÜHRUNG

Besondere Windkraftanlagen sind Aufwindkraftwerke. Sie nutzen nämlich neben dem Wind zusätzlich die Wärme von der Sonne aus. So kann man ein Aufwindkraftwerk im Kleinformat selbst bauen.

[42] Gebasteltes Windrad

BASTELANLEITUNG

Die Papprolle wird schwarz angemalt oder mit schwarzem Papier beklebt. Sie wird später zum Turm der Windkraftanlage. Das große Teelicht wird 16-mal mit der Schere eingeschnitten. Dann drückt man die Schnitte mit der Schere platt und verlängert die Schnitte bis an den inneren Ring im Teelichtboden. Vorsicht! Nicht zu weit einschneiden!

So entsteht das Flügelrad. Mit einem Bleistift wird genau in der Mitte eine Kuhle gedrückt. Vorsicht: Nicht durchdrücken! Am besten legt man einen Radiergummi darunter. Nun winkeln Sie die Flügel alle in eine Richtung schräg ab, wie bei einer Weihnachtspyramide.

Danach werden zwei jeweils 2 cm breite Pappstreifen ausgeschnitten und beide Streifen aufeinander geklebt.. Der doppelte Pappstreifen wird später quer über die Öffnung des Turms geklebt. Stecken Sie Die Reißzwecke wird genau von unten durch die Mitte des doppelten Pappstreifens gesteckt. Die Spitze dient als Auflagefläche (Träger) für die Kuhle im Flügelrad. Der Pappstreifen mit der Nadel darin wird quer auf die obere Öffnung des Turms geklebt und das Flügelrad aufgesetzt. Zum Ausbalancieren werden die Flügel etwas nach unten gebogen.

Schon ist ein einfaches Windrad fertig. Es dreht sich allerdings nur bei Wind oder z. B. durch Pusten. Für ein einfaches Windrad bräuchte man auch den Turm nicht schwarz anstreichen. Um das Windrad zu einem Aufwindkraftwerk auszubauen, fehlen noch Einströmöffnungen für die warme Luft in den Turm. Das untere Ende des Turms wird sechs Mal im gleichen Abstand etwa 5 cm tief eingeschnitten. Jede zweite Lasche wird hochgeklappt oder abgeschnitten. Der Turm steht dann auf Stelzen. Wenn man jetzt den Turm in die Sonne stellt oder eine warme Lampe darauf richtet, drehen sich die Flügel auch ohne Wind.

BEOBACHTUNG

Nachdem man die Laschen abgeschnitten oder hochgeklappt hat, steht der Turm auf Stelzen. Stellt man den Turm in die Sonne, auf die Heizung oder richtet eine warme Lampe darauf, kann man beobachten, dass sich die Flügel auch ohne Wind drehen.

ERKLÄRUNG

Wie funktioniert ein Aufwindkraftwerk? Durch die Öffnung unten im Turm strömt die Luft durch. Stellt man den schwarzen Turm in die Sonne, erwärmt sich die Luft darin und steigt auf. Kamine funktionieren nach diesem Prinzip. Da die Luft ständig angezogen wird, drehen sich die Flügelräder. Wind entsteht durch Temperaturunterschiede. Warme Luft ist leichter als kalte Luft, deshalb steigt warme Luft auf und kalte Luft sinkt ab. So entsteht Wind. Die warme Luft wird dabei von der Sonne erwärmt. Große Aufwindkraftwerke mit 200 Meter Höhe arbeiten nach dem gleichen Prinzip. Am besten funktionieren sie in sonnigen Ländern, wie zum Beispiel in Spanien oder Australien.

http://www.klimanet4kids.baden-wuerttemberg.de/pages/info/wind.html, letzter Zugriff am 16.12.2014

ÖKOLOGIE	ÖKONOMIE	SOZIALES
• Auswirkungen von Wärme • regenerative Energien versus fossile Energieträger	• Durch Solarzellen kann man eigenen Strom erzeugen. • Bau von Windkraftanlagen	• Nutzung eigener, z.B. solarbetriebener Energiequellen • Holzschlag im brasilianischen Regenwald (Heizmittel, Landnutzung)

DIDAKTISCHER KOMMENTAR

HANDLUNGSORIENTIERUNG

Die Kinder lernen selbst zu planen und zu agieren. Sie müssen selbst tätig werden, um die Funktion des Aufwindkraftwerks zu verstehen. Sie motivieren sich und die anderen dabei.

PRINZIP DER INTERDISZIPLINARITÄT

Die Kinder beschäftigen sich mit dem Messen, Vergleichen und Ordnen der Materialien, lernen etwas über die Energie durch Wind und konstruieren mit unterschiedlichem Material.

PRINZIP DER ZUKUNFTSORIENTIERUNG

Die Sonnenenergie kann man für den Menschen nutzbar machen, zum Beispiel durch Solarzellen. Man kann Solarzellen auf seinem eigenen Hausdach anbringen. So erzeugt man durch die Sonnenenergie selber Strom. Auch Wind- und Wasserenergie wird immer häufiger zur Stromerzeugung genutzt.

PRINZIP DER INTRAGENERATIONELLEN GERECHTIGKEIT, SOZIALES LERNEN, MENSCHENWÜRDE UND EMPATHIE

In einigen Ländern gibt es nur schwerlich Strom und Energie für alle lebensnotwendigen Bereiche. Im Gegensatz dazu gibt es Länder und Städte, in denen Strom sinnlos genutzt wird, z.B. in Las Vegas und Dubai, wo allein nur für sinnlose Lichtquellen Strom verschwendet wird. Wie fühlt es sich an, ohne Strom auskommen zu müssen? Wie bekommen die Menschen zum Beispiel warmes Wasser ohne den Wasserkocher?

ERNÄHRUNG UND NAHRUNGSMITTEL / KONSUM UND LEBENSQUALITÄT

Ohne Strom können wir nur schwerlich kochen und backen. Wir sollten den Strom maßvoll einsetzen und nicht für sinnlose Energieverschwendung verbrauchen, z.B. Stand-by-Funktionen, Licht brennen lassen, wo es nicht notwenig ist. Auch Heizöl und Benzin sollten nur notwendigerweise verbrannt werden, z.B. kann man den Zug nutzen, das Fahrrad oder sogar zu Fuß gehen.

Wir sollten energetisch sparsamer konsumieren.

RAUM- UND AKTIONSORIENTIERUNG

In der Forscherwerkstatt beschäftigen sich die Kinder aktiv mit den Materialien, die sie für das Aufwindkraftwerk benötigen. Sie können das Werkzeug erkunden und experimentieren. Im Ruhe- und Kommunikationsraum sprechen die Kinder über das Erlebte, ihre Beobachtungen und diskutieren über ihren Stromverbrauch.

WEITERE PROJEKTIDEEN

EINE SONNENUHR SELBST GEBAUT

http://www.kinder-tun-was.de/fileadmin/user_upload/pdfs/Eine_Sonnenuhr_selbst_gebaut.pdf, letzter Zugriff am 16.12.2014

ENERGIE ERWÄRMUNG

http://www.kinder-tun-was.de/fileadmin/user_upload/pdfs/Energie_Erwaermung.pdf, letzter Zugriff am 16.12.2014

AUCH WÄRME IST ENERGIE

http://www.haus-der-kleinen-forscher.de/de/forschen/praxisideen-experimente/strom-und-energie/experiment-detail/experiment/zeige/detail/auch-waerme-ist-energie/, letzter Zugriff am 16.12.2014

GESTALTUNGSKOMPETENZ ZUM THEMENFELD
NATÜRLICHE RESSOURCEN UND ENERGIE

GESTALTUNGSKOMPETENZ: TEILKOMPETENZEN	WARUM ES AUF DER ERDE IMMER WÄRMER WIRD	AUFWIND-KRAFTWERK
Weltoffen und neue Perspektiven integrierend Wissen aufbauen	●	●
Vorausschauend Entwicklungen analysieren und beurteilen können	●	
Interdisziplinär Erkenntnisse gewinnen und handeln	●	●
Risiken, Gefahren und Unsicherheiten erkennen und abwägen können	●	●
Gemeinsam mit anderen planen und handeln können	●	
Zielkonflikte bei der Reflexion über Handlungsstrategien berücksichtigen können	●	●
An kollektiven Entscheidungsprozessen teilhaben können		●
Sich und andere motivieren können, aktiv zu werden	●	●
Die eigenen Leitbilder und die anderer reflektieren können	●	
Vorstellungen von Gerechtigkeit als Entscheidungs- und Handlungsgrundlage nutzen können	●	●
Selbstständig planen und handeln können		
Empathie für andere zeigen können	●	●

[43] Komposthaufen

6. WISSENSWERTES: KREISLÄUFE UND SYSTEME

Alle Vorgänge auf der Erde hängen irgendwie in einem Kreislauf zusammen. Man findet Kreisläufe im globalen Ökosystem der Erde, z.B. bei verschiedenen Stoffen im Boden oder dem Wasserkreislauf (vgl. Kapitel 3 „Boden" und Kapitel 4 „Wasser"), beim Klima (vgl. Kapitel 2 „Klima") oder bei der Gewinnung von Energie (vgl. Kapitel 5 „Natürliche Ressourcen und Energie"). Kreisläufe gibt es auch in Lebewesen beim Stoffwechsel (z.B. der Herz-Lungenkreislauf, Blutkreislauf).

Bereits einmal genutztes Wasser zum Beispiel wird in Kläranlagen wieder erneut aufbereitet (vgl. Kapitel 4 „Wasser"). Grundwasser wird dabei durch Pumpen in einen Hochbehälter transportiert. Von dort aus fließt das Wasser über verschiedene Rohre in die Haushalte. Im Vorklärbecken setzt sich grober Schmutz am Boden ab, da das Wasser sehr langsam fließt. Durch Bakterien werden im Belebungsbecken Schmutzstoffe abgebaut. Dazu wird Sauerstoff in das Becken gepumpt. Das aufgewirbelte Wasser beruhigt sich im Nachklärbecken. Dabei setzen sich die abgestorbenen Bakterien und Schmutzstoffe unten ab und das klare Wasser an der Oberfläche fließt in einem Bach ab, der übrig gebliebene Schlamm kann nach Aufbereitung als Dünger genutzt oder verbrannt werden (vgl. Medienwerkstatt Mühlacker o. J., o. S.).

Ein weiterer Kreislauf, der hier besonders ausgeführt werden soll, ist der von Abfallstoffen. Das vermehrte Anfallen von Abfall seit der Industrialisierung und im Zuge des

Bevölkerungswachstums führt zu einem Abfallkreislauf. Statistisch gesehen produziert beispielsweise jeder Deutsche circa 450 Kilogramm Abfall im Jahr (vgl. Greenpeace e. V. Hamburg o. J., o. S.). Die EU-Richtlinie schreibt dabei genau vor, wie die Abfälle zu entsorgen sind, und hat dafür Systeme entwickelt. In Deutschland gibt es dafür das Duale System, über das jährlich über 20 Millionen. Tonnen Wertstoffe gewonnen und stofflich verwertet werden; wodurch die Primärstoffproduktion mit der Gewinnung durch Abbau aus der Natur geringer ist und die Natur dadurch geschont wird (vgl. Knoch 2013 S. 112 f.).

Aber was ist eigentlich Abfall? Nach Knoch zählen zu „Abfall im Sinne des Kreislaufwirtschafts- und Abfallgesetzes alle beweglichen Sachen, deren sich der Besitzer entledigen will oder muss." (Knoch 2013, S. 103). Man kann Abfall unterscheiden: Es gibt Haus- und Restmüll, Sperrmüll, organischen Abfall, Bau- und Industrieabfälle, Wertstoffe (Sekundärstoffe), zu denen viele Verpackungen gehören, wie z.B. Glas, Kunststoffe, Weißblech und Aluminium, Verbundmaterialien mit verschiedenen Wertstoffen, Papier und Kartons, Bioabfälle und vieles mehr. Batterien, radioaktive Stoffe und anderer „Sondermüll" müssen gesondert beseitigt werden. Beim Atommüll gibt es dabei ein riesiges Problem, denn keine Deponie kann diesen giftigen Müll ewig sicher aufbewahren. Bisher gibt es für dieses Problem noch keine endgültige Lösung.

Jeder, der Abfälle beseitigt, muss gewährleisten, dass die Entsorgung der Dinge nicht umweltschädigend verläuft, die Dinge also weder [...] „gesundheits-, luft-, boden-, oder wassergefährdend oder gar explosibel oder brennbar sind" (vgl. Knoch S. 103).

Damit die Schadstoffe aus Industrie und Privathaushalten nicht in die Umwelt gelangen, ist es von Nöten, das Müllaufkommen zu reduzieren und Abfälle gezielt zu verwerten oder sogar zu recyceln. Man kann für die Wiederverwertung von Kunststoffen beispielsweise das Verfahren des „Downcycling" anwenden. Aus einem Produkt, welches recycelt wird, entsteht so ein minderwertiges Produkt, indem eingeschmolzene Kunststoffe zu Granulat verarbeitet und z.B. zu Parkbänken oder Ähnlichem verarbeitet werden. Kunststoffe brauchen bis zu 450 Jahre bis sie sich in der freien Natur wieder vollständig zersetzt haben. Unmengen an Plastikmüll befinden sich inzwischen in unseren Weltmeeren – rund 18.000 Plastikteile pro Quadratkilometer Meer. An manchen Stellen bilden sich daraus gewaltige Müllstrudel. Tiere verwechseln diesen Plastikmüll häufig mit Nahrung, an welchem sich Giftstoffe im Wasser ablagern. Dadurch gelangen diese Gifte auch in unsere Nahrungskette. Häufig verenden Meerestiere auch an den Folgen der Aufnahme dieses Plastikmülls, unter anderem weil die weitere Nahrungsaufnahme erschwert wird.

Aber auch zehntausende Tonnen Elektroschrott werden jährlich abtransportiert – illegal in Drittweltländer wie Nigeria oder Indien. Eine eindeutig bindende Gesetzgebung wäre hierbei hilfreich. In diesem Metallschrott befinden sich giftige Farben, Asbest und andere Farbstoffe, welche von den Arbeitern bei der Zerlegung oft aufgenommen werden. In der Praxis hat sich die thermische Verwertung (Verbrennung) von Müll am besten bewährt. Für die nicht wiederverwertbaren Abfallstoffe wurden spezielle Verbrennungsanlagen entwickelt, die zusätzlich zur Müllverbrennung noch Wärme und Strom erzeugen können. Dadurch kann die Abwärme nutzbar gemacht werden und zur Stromerzeugung, Fernwärme- oder Industriewärmeerzeugung verwendet werden.

Doch diese Müllverbrennungsanlagen sind, so gut das alles auch klingen mag, nicht immer problemlos. Sie geben als Nebenprodukte auch gesundheitsschädliche Abgase in die Luft ab (vgl. Greenpeace e. V. Hamburg o. J., o. S.).

Verbundmaterialien aus Verpackungen sind heutzutage noch sehr schwer zu trennen und landen daher meist in der Verbrennung. Dabei anfallende Rohschlacke können nach einer entsprechenden Aufbereitung im Straßen- und Erdbau verwendet werden. Eisen- und Buntmetallschrott wird der Industrie als Sekundärrohstoff aus der Schlackeaufbereitung zugeführt. Rohstoffe, welche nicht verwertbar sind, müssen auf Deponien abgelagert werden. Dabei ist ein schwer wasserdurchlässiger Untergrund, eine Basis- und Oberflächenabdichtung entscheidend, um die Umwelt nicht unnötig zu belasten. Abfallprodukte bergen Gefahren für Mensch und Umwelt. Deshalb gilt es auch bei Verbrauchern ein umsichtiges Konsumverhalten zu fördern.

„Vielfach stehen derartige Entscheidungen oder Entscheidungsprozesse in engem Zusammenhang mit Konsum und ökonomischem Handeln, aber auch und gerade bei Kindern und Jugendlichen mit persönlicher Identitätsfindung und Wertschätzung innerhalb der Familie und des Freundeskreises." Die Ziele einer Bildung für Nachhaltige Entwicklung sind demnach Marktkompetenz, Finanzkompetenz, Informations-, Daten- und Medienkompetenz, Konsumabschätzung, psychische Kompetenzen und soziale Kompetenzen. Als „konsumkompetent" bezeichnet das Bayerische Staatsministerium für Arbeit und Sozialordnung, Familie und Frauen und das Bayerische Staatsministerium für Umwelt und Gesundheit, wer sich seiner Bedürfnisse, die hinter den Konsumwünschen stehen, bewusst ist und Werbebotschaften kritisch hinterfragen, mit Gruppendruck umgehen und autonome Entscheidungen treffen kann, wer den individuellen Nutzen, den Preis und die Qualität eines Produktes oder einer Dienstleistung in Einklang mit seinen finanziellen Ressourcen bringen und die sozialen, ökologischen und ökonomischen Folgen seines Konsums abschätzen kann. (vgl. Hellfritsch 2010, S. 74 ff.).

Die Abholzung des Regenwaldes hat beträchtliche Folgen für Menschen, Pflanzen und Tiere, aber auch das Klima. Täglich sterben mehr als 100 Arten aus. Etliche Tier- und Pflanzenarten, die im Regenwald leben, wurden bisher nicht erforscht. Unter Umständen werden Pflanzen zerstört, deren Wirkstoffe gegen Krankheiten helfen könnten. Durch die Abholzung gelangt zudem das in Bäumen und Torfmooren gespeicherte CO_2 in die Atmosphäre und beeinflusst dadurch das Klima (vgl. Treibhausgasemissionen, Kapitel 2 „Klima"). Weltweit macht die Abholzung von Wäldern etwa 15 Prozent des CO_2-Ausstoßes aus. Wenn der nahezu perfekte Wasserhaushalt des Regenwalds gestört wird, kann dies zur Ausweitung von Wüsten führen. Etwa drei Viertel des Wassers zirkuliert ständig im Regenwald und wird von diesem recycelt. Fehlen die Bäume, sickert das Regenwasser einfach ab und es können sich keine neuen Wolken mehr bilden (vgl. Wasserkreislauf, Kapitel 4 „Wasser"). Durch das Anlegen von Plantagen werden Ureinwohner vertrieben und ihnen ihre Nahrungsgrundlage genommen, da der Boden mit der Zeit unfruchtbar wird. Durch den vielen Regen in den Tropen werden Nährstoffe einfach ausgeschwemmt (vgl. Rettet den Regenwald e. V., o. J., o. S.).

Nährstoffe spielen nicht nur in der Natur eine zentrale Rolle. Sie sind elementar verantwortlich für unsere Ernährung und unser Überleben. „Die fruchtbaren Böden sind auf dem Globus sehr ungerecht verteilt. Afrika und Indien besitzen das wenigste, Brasilien dagegen das meiste fruchtbare Land mit rund 16 Prozent der gesamten nutzbaren Ackerfläche der Welt" (Bommert 2009, S. 73 f.). Etwa fünf Milliarden Menschen (80 Prozent) der Weltbevölkerung leben in Entwicklungsländern. Diese Länder sind im Gegensatz zu den Industrieländern sehr arm und wirtschaftlich weniger entwickelt. Dort können sich viele Menschen nicht mit ausreichend Nahrung versorgen. Viele Menschen leben in diesen Gebieten vom Müll der Reichen und gehen damit das Risiko ein, sich Infektionen durch verdorbene Lebensmittel zu holen. Kriege und politische Unruhen sind ebenfalls Ursachen von Hunger, wenn Menschen aus Kriegsgebieten flüchten, in Flüchtlingslagern landen und dort nicht ausreichend versorgt werden können (vgl. Floto-Stammen 2009, S. 45).

Obwohl täglich knapp eine Milliarde Menschen hungern, werden allein in Europa so viel Nahrungsmittel in den Müll geworfen, dass es zweimal reichen würde, alle hungernden Menschen zu versorgen. In Europa wird oft überschüssige Milch entsorgt, statt sie in die Länder zu bringen, wo die Menschen hungern, weil dies billiger ist. Auch werden große Mengen an Nahrungsmitteln weggeworfen, die in den Supermärkten übrig bleiben. Im besten Fall werden sie den Tafeln überlassen. Nicht zuletzt werfen Bauern Lebensmittel weg, weil sie nicht der Norm entsprechen. So kommen jährlich etwa 20 Millionen Tonnen zusammen. Es gibt Schätzungen, dass bis zu elf Millionen Tonnen Lebensmittel in Deutschland pro Jahr in den Müll geworfen werden! Das sind 275.000 Lastwagen, die aneinandergereiht eine Länge von 4.500 Kilometern hätten (vgl. Bundesministerium für Ernährung und Landwirtschaft, Berlin / Bonn o. J., o. S.).

Zudem verlagern Industrienationen ihre Nahrungsmittelproduktion oft in arme Länder und betreiben ungerechte Preis- und Handelspolitik. Die staatlich geförderten Landwirtschaftserzeugnisse machen die Märkte der Drittweltländer kaputt und rauben den Menschen jegliche wirtschaftlichen Perspektiven. Auch wird in „vielen Teilen von Afrika bis zu einem Viertel des gespeicherten Korns von Schimmel, Käfern und Nagetieren vernichtet." Nur in erhöhten Speichern lässt sich die Ernte sicher lagern. [...] „Internationale Hilfsprogramme unterstützen die Bauern beim Bau solcher Speicher" (vgl. Bramwell 2001, S. 15).

Aber auch in Deutschland kämpfen die Bauern um fairere Preise, so zum Beispiel die Milchbauern. Die Verwendung fair gehandelter Produkte, Bioproduktion sowie regionale und saisonale Produkte können einer solchen Entwicklung entgegenwirken (vgl. Nahrungsmittelproduktion, Kapitel 2 „Klima"). Dies kommt auch dem Klima- und Umweltschutz zugute (vgl. Greenpeace e.V. Hamburg o. J., o. S.).

Leider entscheidet oft nicht mehr die Qualität darüber, was in den Supermarktregalen und im Haushalt des Konsumenten landet, sondern schlicht und ergreifend der billigste Preis. So werden zur Produktion von Lebensmitteln oft Chemikalien und Pestizide eingesetzt, um Ernteausfälle zu vermeiden. Diese können krank machen und sogar das Erbgut schädigen, wenn sie in den Nahrungs- und Wasserkreislauf gelangen. Dieses Problem ist jedoch kein lokales, sondern ein globales Problem. Die Giftstoffe, welche am Einsatzort verdunsten, werden von Winden weitergetragen oder kommen als Niederschlag wieder zu Boden. Anschließend werden die Pestizide von Mikroorganismen aus dem Wasser aufgenommen, welche wiederum durch Plankton aus dem Wasser gefiltert werden und einigen Meerestieren als Nahrung dienen, sodass sie in die Nahrungskette gelangen. In Zukunft wird ein weiteres Problem auf die Menschheit zukommen – nämlich der Einsatz gentechnisch veränderten Saatguts. So wurde beispielsweise vor einigen Jahren an einem Gen für die Anti-Matsch-Tomate geforscht – dabei altert die Tomate zwar (das heißt sie enthält kaum mehr Vitamine), sieht aber immer noch frisch und knackig aus. Das täuscht den Verbraucher. Da Auswirkungen und Eigenschaften der ausgetauschten und veränderten Gene nicht absehbar sind, weil es noch keine größeren Langzeitstudien hierzu gibt, kann man auch die Folgen kaum kontrollieren. Erschwerend

kommt hinzu, dass sich auch gentechnisch veränderte Pflanzen natürlich über Pollenflug und Bienentransport fortpflanzen und die Verbreitung somit nicht an Landesgrenzen stoppt. Trotz der vielen Unsicherheiten wird Gentechnik aufgrund von höherem Profit oft gerne in Kauf genommen (vgl. Greenpeace e. V. Hamburg o. J., o. S.).

Aus all diesen genannten Gründen wird es immer wichtiger, großen Wert auf eine naturnahe und nachhaltige Erzeugung von Nahrungsmitteln zu legen. Dies haben wir zu einem großen Maße als Verbraucher selbst in der Hand. Da die Nachfrage nach Biolebensmitteln in den vergangenen Jahrzehnten angestiegen ist, bieten heute sogar Discounter Bioprodukte an. Dies kann jedoch problematisch sein, da die heimischen Biobauern diese Mengen gar nicht produzieren können und daher zusätzlich aus dem Ausland importiert werden muss. Das neue Biosiegel seit 2010 regelt unter anderem die Herkunft der verwendeten Rohstoffe. Alternative Produkte zu Bioprodukten werden unter dem Fair-Trade-Siegel gehandelt. Mit dem Siegel soll kenntlich gemacht werden, unter welchen Bedingungen ein Produkt produziert und gehandelt wird. Es vertritt fairen Handel für die Hersteller und biologisch nachhaltige Produktion beim Anbau.

Um als einzelne Person etwas gegen die Abholzung des Regenwaldes zu tun, gibt es verschiedene Möglichkeiten. Der Kauf von Tropenholz muss unbedingt vermieden werden und indem der Konsument Recyclingpapier statt Papier aus Primärrohstoffen nutzt, werden Wälder vor Abholzung geschützt (vgl. Kapitel 5 „Natürlichen Ressourcen und

Energie"). Knoch (2013) fordert eine „globale Abkehr von der Wegwerfgesellschaft hin zur Kreislaufwirtschaft durch Umgestaltung des Konsum- und Produktionsverhaltens" (S. 104 ff.). Dazu muss jeder schon beim Einkaufen auf recycelfähige Verpackung achten, die Verpackungen sollten dazu möglichst schadstoffarm sein. Besser wären Mehrwegverpackungen. Statt Plastiktüten für den Einkauf lassen sich mehrfach nutzbare Stofftaschen zum Transport des Einkaufs einsetzen. Die Möglichkeiten Müll zu vermeiden sind vielfältig.

Nach Lemke (2012) müssen wir unsere Denkgewohnheiten ändern und damit unser Verhältnis zur Welt. Essen darf nicht mehr nur als ein privates Vergnügen unseres Innersten betrachtet werden. Essen hat etwas mit anderen zu tun und ist ein Thema der Weltbevölkerung. „Spätestens im Zeitalter des globalen Kapitalismus und dessen weltweiten Wirtschaftsverflechtungen stellt jedes Lebensmittel und jeder Essakt komplexe Beziehungen unter unzähligen Menschen [...] her". Nach Lemke muss sich der Mensch darüber im Klaren sein, dass „das globale Nahrungsgeschehen die politische Agenda aller Länder beherrscht in den Bereichen der Agrarkultur, Gesundheit, Klimawandel, Gentechnik, Migration, Lebensmittelskandale, Alltagskultur, Gesundheit und Geschmack." (S. 18). Jeder sollte daher beginnen, sich bewusst zu ernähren und zwar nicht nur im Sinne einer gesunden Ernährung.

[44] Müll

AKTION 1: MÜLL IN UNSERER WELT

MATERIALIEN

- Verschiedene Müllsorten
- Joghurtbecher
- Aluminium
- Schraubgläser
- Konservendosen
  (VORSICHT! Ohne scharfen Rand!)
- Plastiktüten
- Styroporreste
- Alte Verpackungsmaterialien
- Küchenpapierrollen, Kartonagen
  (Keine Klopapierrollen! Unhygienisch!)

DISKUSSION

Wie kann man gemeinsam Müll vermeiden in der Kita? Hier kann mit Kindern gemeinsam das eigene Verhalten bezüglich des „Wegwerfens" beobachtet und reflektiert werden.

FOLGENDE FRAGEN HELFEN DEN KINDERN SICH SELBST ZU BEOBACHTEN

1. Was entsorge ich täglich?
   Was entsteht für Müll?
2. Aus welchem Material sind diese Dinge?
   Gibt es dazu eine umweltfreundlichere und schützende Alternative?
3. Hätte ich manches davon noch weiter verwenden können um etwas anderes herzustellen?

4. Habe ich alles davon wirklich gebraucht, oder hätte ich auf manche Dinge von vorneherein verzichten können?
5. Habe ich alle Dinge richtig entsorgt?

Stellen Sie gemeinsam mit den Kindern Regeln für den Umgang mit Müll in der Kita auf.

FOLGENDE DREI SCHRITTE KÖNNEN HELFEN, MÜLL ZU VERMEIDEN

1. Müll vermeiden: Das eigene Leben so anpassen, dass Müll soweit es geht vermieden wird, z.B. Lebensdauer verlängern, nichts kaputt machen und Materialien und Objekte kaufen, die langlebig und haltbar sind.
2. Müll verwerten: Es sollten wiederverwertbare Materialien und Dinge verwendet werden, die der Umwelt nicht nachhaltig schaden. Generell sollten Materialien weiterverwendet werden.
3. Müll entsorgen: Wichtig! Der doch entstandene Müll muss unbedingt richtig und sachgemäß entsorgt werden. Hier ist eine ausgeklügelte Trenntechnik sehr hilfreich und erleichternd.

Republik Österreich – Parlamentsdirektion (2014). Abfall und Müll. Kinderbüro der Universität in Wien. Verfügbar unter: http://informationskompetenz.e-learning.imb-uni-augsburg.de/node/1175, letzter Zugriff am 12.12.2014

BEOBACHTUNG

Kinder setzen sich aktiv mit ihrem eigenen Müllverhalten auseinander. Sie stellen fest, dass sie sehr viele Sachen wegwerfen, die eventuell noch repariert werden können. Auch Dinge aus dem Alltag können wiederverwertet werden, beispielsweise fürs Basteln.

ERKLÄRUNG

Müllentstehung und unsere Wegwerfgesellschaft: Seit es Menschen gibt, gibt es Abfälle und Dinge, die auf dem Müll landen. Vor langer Zeit wurden alle Abfälle in eine Grube geworfen und sind dort verrottet. Heute geht das nicht mehr so leicht, da es nicht mehr nur Müll gibt, der verrottet, sondern auch Materialien, die sich nicht zersetzen, wie beispielsweise Plastik, oder auch sehr giftige Abfälle, wie Batterien oder Kühlschränke. Müll entsteht also durch unseren täglichen Verbrauch. Eine Wegwerfgesellschaft kann so erklärt werden, dass beispielsweise die Großeltern noch sehr viele Dinge weiterverwendet oder repariert haben. Diese Fähigkeiten besitzen die Menschen heute nur noch recht selten. Deswegen werfen viele Menschen kaputte Dinge einfach weg und kaufen sich neue, meist Billigprodukte, anstatt wieder zu erlernen, wie diese Dinge repariert werden könnten.

Müll muss getrennt werden. Das heißt, die verschiedenen Müllarten müssen in Bestandteile sortiert und nach Materialart wiederverwertet werden. Um die Wiederverwertung zu erleichtern, sollte der Müll gut vorsortiert werden.

Altglas: Glas ist einer der langlebigsten Rohstoffe, die es gibt. Verpackungsglas kann unendlich oft wiederverwendet werden. Altglas muss nach Bunt- und Weißglas getrennt werden. In die Altglastonnen dürfen aber keine Glühbirnen, feuerfestes Glasgeschirr, Spiegelglas oder Porzellan.

Altpapier: Zeitungen, Papierverpackungen, alte Schulhefte, Werbeprospekte oder Kartons – Papier ist einer der wichtigsten Rohstoffe. Es wird in der Papiertonne gesammelt, kann aber nur acht bis zwölf Mal wiederverwendet werden, da Papierfasern sehr empfindlich sind. In die Altpapiertonne darf aber keine Milchtüte oder sonstige Papierverpackung mit Kunststoffbeschichtung.

Altmetall, wie Alufolien, Kronenkorken von Getränkeflaschen, Weißblechdosen oder Aluminiumdosen, wird in der blauen Tonne gesammelt.

In **die gelbe Tonne** oder in den gelben Sack kommen Kunststoffe wie Plastikflaschen, Joghurtbecher oder Folien. Aber Achtung! Nicht jedes Plastikteil ist auch wiederverwertbar, Spielzeugsachen oder Blumentöpfe dürfen nicht rein!

Biogene Abfälle werden alle Abfälle genannt, die kompostierbar sind. Bioabfälle, wie Küchen- oder Gartenabfälle, Lebensmittelreste, Teesäckchen, Blumen oder Obst- und Gemüsereste, werden zu Komposterde und sind ein natürliches Düngemittel. Asche, Speiseöl oder der Staubsaugerbeutel gehören aber nicht in die braune Tonne.

Restmüll: All die Dinge, die nicht verwertet werden können, wandern in die Restmülltonne und kommen in die Müllverbrennungsanlage. Je mehr gesammelt und sortiert wird, desto weniger Restmüll fällt an. Da gibt es aber noch viel zu tun, denn momentan besteht der Restmüll aus 60 Prozent verwertbaren Abfällen, die im falschen Abfalleimer gelandet sind. (vgl. www.demokratiewebstatt.at/, S. 5 ff.)

ÖKOLOGIE	ÖKONOMIE	SOZIALES
• das sensible Umweltsystem schützen • Wiederverwerten von Rohstoffen • natürliche Ressourcen schonen	• weniger Geld ausgeben für neue Materialien	• Kinder setzen sich mit Konsumverhalten auseinander • gemeinsame Aktionen gegen zu viel Müll • Landschaftsputzaktionen

DIDAKTISCHER KOMMENTAR

HANDLUNGSORIENTIERUNG

Alle Kinder können sich zum Thema Müll Gedanken machen. Gemeinsam können Wertstoffe aus den Abfällen heraus gesammelt werden und die Kinder können mithelfen, sie in die richtigen Container zu bringen. Gemeinsam wird der Nutzen von Verpackungsmaterialien besprochen und ob diese wirklich sinnvoll sind. Auch Mehrweggeschirr sollte bei Festen verwendet werden. Gemeinsam beispielsweise einen Flohmarkt für gebrauchte Dinge ausrichten oder kaputte Dinge gemeinsam reparieren. Durch gemeinsame Aktionen können alle Kinder gemeinsam am Thema Müll teilhaben: Gemeinsames Müllsammeln in der

Umwelt oder in Wäldern, Mülltrennen in der Gemeinschaft üben, neue Sachen aus „Müll" entstehen lassen oder Ähnliches..

KOOPERATION UND VERNETZUNG

Ein Besuch bei der Mülldeponie, um festzustellen, wie viel Müll dort landet. Auf den Recyclinghof gehen und selbst erlernen, wie Wertstoffe richtig getrennt werden.

PRINZIP DER INTRAGENERATIONELLEN GERECHTIGKEIT

Inwieweit ist es gerecht, in andere Länder den eigenen Müll zu verschiffen oder an andere Plätze abzuladen? Was geschieht im dortigen Land mit den Massen an „fremdem Müll"?

PRINZIP DER ZUKUNFTSORIENTIERUNG

Vermeidung von übermäßigem Müll. Durch die richtige Trennung können neue Rohstoffe gewonnen und wiederverarbeitet werden. Weniger Rohstoffe müssen künstlich gewonnen werden, wenn durch Mülltrennung und richtige Verwertung neue Rohstoffe aus alten Rohstoffen entstehen (Recycling).

SOZIALES LERNEN, MENSCHENWÜRDE UND EMPATHIE

Empathie für die Menschen zeigen, die auch im Müll und vom Müll leben müssen. Die keine Wahl haben, ob sie Rohstoffe neu kaufen, da sie selbst nicht über die finanziellen Mittel verfügen. Beispiel: Das Sammeln von Wertmetall in Afrika aus Elektroschrott der Industrienationen.

ERNÄHRUNG UND NAHRUNGSMITTEL / KONSUM UND LEBENSQUALITÄT

Ein eingeschränkter Konsum bedeutet auch weniger Müllentstehung, da weniger Verpackungen oder Ähnliches. hergestellt werden müssen. Auch die Verwendung von alten Gegenständen anstatt ständig „Neues" zu kaufen. Auch im kleinen Maß kann man Wiederverwendung betreiben. Beispielsweise kann man zu Hause aus harten Brötchen Semmelbrösel herstellen.

RAUM- UND AKTIONSORIENTIERUNG

Hier sind Aktionsräume, die außerhalb der Kita liegen, denkbar. Es kann eine Besichtigung der örtlichen Müllgewerkschaft (zum Beispiel GOA) stattfinden. Gemeinsam können Müllhalden besichtigt oder ein Wertstoffplatz besucht werden. Auch in der Kita können in geeigneten Räumen Aktionen betrieben werden. Wenn möglich, kann beispielsweise ein „Mülltrennplatz" ins Leben gerufen werden direkt in der Kita. Auch ein Atelier, in dem die Kinder mit Müll gestalten wäre sinnvoll; sie können hier kreativ werden und neue Dinge durch Wiederverwendung gestalten.

AKTION 2: ZERSTÖRUNG DES URWALDES

MATERIALIEN
- Bild-Motivkarten
- Urwaldgeräusche als CD
- Evtl. ein Film über die Abholzung
- Verschiedene Zweige
- Sitzkissen

DURCHFÜHRUNG
Gemeinsam wird mit den Kindern über die Urwaldzerstörung diskutiert. Die pädagogische Fachkraft erläutert, was das Wort „Urwald" bedeutet und bringt den Kindern diesen Begriff näher. Gemeinsam werden verschiedene Bilder und Motivkarten angeschaut und festgestellt, für welche Dinge Tropenholz verwendet wird. Wenn möglich, wird ein Film über die Baumrodung gezeigt und die Kinder sehen, was diese Rodung mit sich bringt.

Greenpeace (2014) Kids Greenpeace – Urwaldzerstörung. Verfügbar unter: http://kids.greenpeace.de/taxonomy/term/48?type=knowledge, letzter Zugriff am 15.12.2014

BEOBACHTUNG
Kinder setzen sich aktiv mit der aktuellen Zerstörung des Urwaldes auseinander. Sie können im Verlauf der Diskussions- und Informationsrunde erkennen, dass Holz vielfältig verwendet wird: Alltagsgegenstände wie Vesperbretter, Holzgriffe, Möbel und als Brennstoff. Die Kinder sollten ebenso erfahren, dass an der Rodung wenige Menschen verdienen und viele Menschen einen Nachteil haben. Tiere verlieren ebenso wie Menschen ihren Lebens- und Nutzraum.

ERKLÄRUNG
Urwälder werden überall auf der Welt vernichtet, weil die Menschen das haben wollen, was den Urwald ausmacht: die Bäume, ihr Holz. Und zwar sehr viel und in sehr kurzer Zeit. Kein Wald kann sich aber so schnell erneuern, wie er abgeholzt wird. Durch die Zerstörung des Urwaldes haben viele Tiere keinen Lebensraum mehr. Durch Palmölplantagen z.B. wird der Lebensraum von Mensch und Tier, wie beispielsweise des Orang-Utans, sensibel gestört. Dieses Holz, zum Beispiel das der gigantischen Bäume aus südamerikanischen, afrikanischen oder indonesischen Regenwäldern, wird für die Herstellung von Schiffen verwendet, für haltbare Gartenmöbel auf europäischen Terrassen oder für den Hausbau. Palmöl findet sich sogar in Lebensmitteln. Sehr beliebt sind zum Beispiel Mahagoni-, Teak- und Bankiraiholz. Aber genauso wird dieses Holz einfach zu Brennholz verarbeitet und verfeuert, oder zu kleinsten Holzstückchen, die dann in irgendwelchen Sperrholzplatten verschwinden. Wenn beispielsweise im südamerikanischen Regenwald Mammutbäume gefällt werden sollen, müssen sie auch abtransportiert werden. Dafür werden große Straßen in den Urwald gebaut, wozu wiederum zahlreiche Bäume geschlagen werden. Manchmal werden diese weiterverarbeitet, manchmal bleiben sie auch abgeholzt zurück und verrotten. Für einen Baum, der von der Industrie verwertet wird, fallen mindestens sieben Baumriesen dem Straßenbau zum Opfer! In Afrika und in Indonesien sieht es leider nicht anders aus.

[45] Wald, [46] Waldrodung

ÖKOLOGIE	ÖKONOMIE	SOZIALES
• Lebensraum der Tiere und der Pflanzen wird zerstört • „Grüne Lunge" der Erde wird zerstört	• Hoher Aufwand an Produktionskraft (Brandrodung, Straßenbau, Arbeitskräfte, Maschinen usw.) • Produkte aus Tropenholz werden in Europa oft unter Wert verkauft	• Der Lebensraum für den Mensch verschwindet (Urvölker) • Menschen werden ausgenutzt, nicht über die Folgen aufgeklärt und haben kaum Gewinn

DIDAKTISCHER KOMMENTAR

HANDLUNGSORIENTIERUNG

Kinder werden an das sensible Thema herangeführt. Sie können überlegen, ob sie auch Produkte aus Holz zu Hause haben und woher diese Produkte stammen. Aus heimischem Holz können Kinder mit der pädagogischen Fachkraft eigene Produkte herstellen und vergleichen, was dies für einen Aufwand bedeutet. Durch den Verzicht auf gefährdete Holzarten kann auf heimisches Holz zurückgegriffen werden. Beim gemeinsamen Waldbesuch lernen die Kinder heimische Tiere zu beobachten und verstehen den Zusammenhang zwischen Flora und Fauna, die es zu schützen gilt.

KOOPERATION UND VERNETZUNG

Mit einem Förster kann der ortsnahe Wald erkundet werden. Dieser zeigt den Kindern den Lebensraum Wald aus seiner Sicht. Außerdem könnte man gemeinsam ein Sägewerk in der näheren Umgebung besichtigen und dort beobachten, wie aus Bäumen baufähiges Holz produziert wird.

PRINZIP DER INTRAGENERATIONELLEN GERECHTIGKEIT UND ZUKUNFTSORIENTIERUNG

Durch die Verwendung von Recyclingpapier oder Papier mit speziellen Umweltsiegeln, wie der Blaue Engel oder FSC, kann wertvolles Roh-Holz eingespart werden und nachhaltigere Waldwirtschaft betrieben werden. Verzicht auf übermäßiges Fremdholz, z.B. aus den Tropen. Kein Kauf von Produkten, die aus diesem Holz hergestellt wurden. Keine Nachfrage, kein Roden.

SOZIALES LERNEN, KULTURELLE VIELFALT, MENSCHENWÜRDE UND EMPATHIE

Sich einfühlen in die Menschen, die unter dem Druck stehen, Geld zu verdienen, aber gleichzeitig durch ihre Handlungen auch ein wichtiges Naturerbe zerstören. Diese Menschen haben oftmals keine andere Wahl und müssen so ihren Lebensunterhalt verdienen oder sie wissen gar nicht über die Folgen und Auswirkungen der Rodung Bescheid. Zwar werden durch den Raubbau Arbeitsplätze geschaffen, jedoch verdienen die Menschen bei dieser Arbeit nicht viel und zerstören sogar den eigenen Lebensraum. Es werden Menschen umgesiedelt und vertrieben, um Boden zu erhalten und zu erzwingen, der für Massenproduktionen wie Futtermais genutzt wird, z.B. für die Futtermittelproduktion.

ERNÄHRUNG UND NAHRUNGSMITTEL / KONSUM UND LEBENSQUALITÄT

Wir könnten im Alltag auf einige Dinge verzichten. Auch lassen sich gebrauchte Dinge oft kostengünstig reparieren, wie zum Beispiel in ehrenamtlich betriebenen

„Reparaturcafés". Die Lebensqualität verringert sich nicht, wenn man auf Produkte, die aus Tropenhölzern hergestellt werden, verzichtet. Auch trägt der reduzierte Konsum von Fleisch einiges dazu bei, dass weniger Wälder für die Futtermittelproduktion (z.B. Mais) der „Fleischlieferanten" gerodet werden.

RAUM- UND AKTIONSORIENTIERUNG

Ein Ruheraum wäre hier von Vorteil. In diesem könnten dann Diskussionen stattfinden und mit verschiedenen Medien, beispielsweise Bücher, Poster oder heimische Holzscheiben etc., eine Themenwoche gestaltet werden. Es könnte auch ein auswärtiger Raum, beispielsweise ein Zoo mit Orang-Utans, besucht werden und die Kinder erfahren dort, wie diese Tiere ursprünglich in freier Wildbahn leben und wie es ihnen ergeht, wenn die Bäume (und damit ihr Lebensraum) weiter gefällt werden.

WEITERE PROJEKTIDEEN

KREISLAUF DES LEBENS

http://www.edidact.de/contentBase/edidact/vorschau/1-06-03-37-4.pdf, letzter Zugriff am 17.12.2014

LINK ZU AUSMALBILDERN

http://www.demokratiewebstatt.at/fileadmin/user_upload/Parlament/DWS/ Umwelt_und_Klima/tipps/umwelttipps_ausmalbilder.pdf, letzter Zugriff am 17.12.2014

KONZEPTIDEE ZUR UMSETZUNG DES THEMAS „ABFALL"

http://www.ihr-umweltpartner.de/download/KiGaKonzept2011_Logo.pdf, letzter Zugriff am 17.12.2014

GESTALTUNGSKOMPETENZ ZUM THEMENFELD
KREISLÄUFE UND SYSTEME

GESTALTUNGSKOMPETENZ: TEILKOMPETENZEN	MÜLL IN UNSERER WELT	ZERSTÖRUNG DES URWALDS
Weltoffen und neue Perspektiven integrierend Wissen aufbauen	●	●
Vorausschauend Entwicklungen analysieren und beurteilen können	●	●
Interdisziplinär Erkenntnisse gewinnen und handeln		●
Risiken, Gefahren und Unsicherheiten erkennen und abwägen können	●	●
Gemeinsam mit anderen planen und handeln können		
Zielkonflikte bei der Reflexion über Handlungsstrategien berücksichtigen können	●	●
An kollektiven Entscheidungsprozessen teilhaben können	●	
Sich und andere motivieren können, aktiv zu werden	●	●
Die eigenen Leitbilder und die anderer reflektieren können		●
Vorstellungen von Gerechtigkeit als Entscheidungs- und Handlungsgrundlage nutzen können	●	●
Selbstständig planen und handeln können	●	●
Empathie für andere zeigen können	●	●

LITERATUR

LITERATUR ZUM TEIL I: THEORIE

Alisch, J. (Hrsg.) (2008): „Schulgärten in Baden-Württemberg unter Berücksichtigung struktureller und personeller Einflussfaktoren – Eine landesweite empirische Untersuchung", Pro Business-Verlag, Berlin

Alisch, J. / Bay, F. / Köhler, K.-H. / Lehnert, H.-J. / Zabler E. (2005): „Schulgärten und naturnah gestaltetes Schulgelände in Baden-Württemberg – eine empirische Untersuchung".
In: Lehnert H.-J. / Köhler, K.-H. (Hrsg.): „Schulgelände zum Leben und Lernen", Karlsruher pädagogische Studien 4, Herbst 2005

Bühr, M. / Holzbaur, U. / Theiss, M. (2013): „Regionale Stakeholderkooperation einer Hochschule zur Umsetzung der Nachhaltigen Entwicklung in Projekten". In: uwf Umwelt Wirtschafts Forum, Volume 21, S. 179 - 186, Springer Verlag, Berlin, Heidelberg

Bühr, M. / Holzbaur, U. (2012): „Synergien zur Nachhaltigkeit – Kooperation zwischen Hochschule und Stadt in studentischen Projekten". In: Thum, R. (Hrsg.): „Forschung an Fachhochschulen Mannheim", horizonte 40, S. 59 - 63

De Haan, G. / Harenberg, D. (1999): „Bildung für eine nachhaltige Entwicklung. Gutachten zum Programm. Materialien zur Bildungsplanung und zur Forschungsförderung", Heft 72 der Bund-Länder-Kommission, Bonn

De Haan, G. (2002): „Die Kernthemen der Bildung für eine nachhaltige Entwicklung". In: Zeitschrift für internationale Bildungsforschung und Entwicklungspädagogik (ZEP) 25 (2002) 1, S. 13 - 20, peDOCS, Deutsches Institut für Internationale Pädagogische Forschung (DIPF), Frankfurt am Main

Dreier, A. (2006): „Was tut der Wind, wenn er nicht weht? Begegnungen mit der Kleinkindpädagogik in Reggio Emilia", 5. Auflage, Beltz Verlag, Weinheim

Emer, W. / Lenzen, K.-D. (2002): „Basiswissen Pädagogik", Schneiderverlag, Hohengehren

Freinet, E. (1985): „Erziehung ohne Zwang. Der Weg Célestin Freinets", Klett-Cotta- Verlag, München

Grober, U. (2013): „Die Entdeckung der Nachhaltigkeit – Kulturgeschichte eines Begriffs", Verlag Antje Kunstmann, München

Haase, H.-M. (2004): „Worldrangers: Ein pädagogischer Beitrag für eine nachhaltige Entwicklung", Verlag Dr. Kovač, Hamburg

Holzbaur, U. (2013): „Manager-Kochbuch – was Manager vom Kochen lernen können", Steinbeis-Edition, Stuttgart

Huber, J. (1995): „Nachhaltige Entwicklung durch Suffizienz, Effizienz und Konsistenz". In: Fritz, P. / Huber, J. / Levi, H. W. (Hrsg.): „Nachhaltigkeit in naturwissenschaftlicher und sozialwissenschaftlicher Perspektive", Stuttgart, S. 31-46

Irskens, B. (Hrsg.) (1997): „Die Lernwerkstatt. Eine lebendige Verbindung von Kreativität und Lernen", Materialien für die sozialpädagogische Praxis (MSP) 28, Eigenverlag des Deutschen Vereins für öffentliche und private Fürsorge, Frankfurt / Main

Janßen, W. (1988): „Naturerleben", In: „Unterricht Biologie" Heft 137, Friedrich- Verlag, Seelze

Klautke, S. / Köhler, K. (1991): „Umwelterziehung – ein didaktisches Konzept und seine Konkretisierung". In: „Unterricht Biologie", Heft 164, Friedrich-Verlag, Seelze

Klein, L. (2005): „Lernwerkstatt ist überall – Wie die ganze Kita Lernwerkstatt werden kann". In: „Theorie und Praxis der Sozialpädagogik (TPS)", Heft 1, Friedrich-Verlag, Seelze

Köhler, K. (2005): „Aufgaben und Funktionsräume eines Schulgeländes aus pädagogischer und didaktischer Sicht". In: Lehnert, H.-J. und Köhler, K. (Hrsg.): „Schulgelände zum Leben und Lernen", Karlsruher pädagogische Studien 4, Karlsruhe

Michelsen G. / Siebert H. / Lilje J. (2011): „Nachhaltigkeit lernen – ein Lesebuch", VAS-Verlag, Bad Homburg

Nachhaltigkeitsstrategie Baden-Württemberg (2014), Hrsg. Ministerium für Umwelt, Klima und Energiewirtschaft Baden-Württemberg

Programm Transfer 21 (2006): „Bildung für nachhaltige Entwicklung – Hintergründe, Legitimation und (neue) Kompetenzen", Freie Universität Berlin, Leitung: Prof. Dr. Gerhard de Haan, Berlin

Pufé, I. (2012): „Nachhaltigkeit", UVK Verlagsgesellschaft mbH, Konstanz, UVK/ Lucius, München

Schäfer, G. E. (2004): „Beobachten und Dokumentieren in Kitas. Umsetzung des neuen Bildungsverständnisses". In: „Kindergarten heute", Heft 8, Herder-Verlag, Freiburg Internetzugriff unter: www.uni-koeln.de/ew-fak/paedagogik/fruehekindheit/texte

Schäfer, G. E. (2007) (Hrsg.): „Bildung beginnt mit der Geburt – ein offener Bildungsplan für Kindertageseinrichtungen in Nordrhein-Westfalen",
Cornelsen Scriptor, Berlin

Singer, W. (2002): „Der Beobachter im Gehirn. Essays zur Hirnforschung." Suhrkamp Verlag, Frankfurt / Main

Stahel, W. R. (1994): „Langlebigkeit und Mehrfachnutzung – Wege zu einer höheren Ressourceneffizienz" In: Produkt und Umwelt: „Anforderungen, Instrumente und Ziele einer ökologischen Produktpolitik". Metropolis-Verlag, S. 189-209, Marburg

Stoltenberg, U. (2008): „Bildungspläne im Elementarbereich – Ein Beitrag zur Bildung für nachhaltige Entwicklung?", Eine Untersuchung im Rahmen der UN-Dekade „Bildung für nachhaltige Entwicklung". Deutsche UNESCO-Kommission e.V. (Hrsg.), Bonn

Stoltenberg, U. (2012): „Leuchtpol – ein bundesweites Modellprojekt zu Bildung für eine nachhaltige Entwicklung in Kitas – Ein Zwischenbericht zur Evaluation". Leuchtpol gemeinnützige Gesellschaft zur Förderung, Schriftenreihe der Arbeitsgemeinschaft Natur- und Umweltbildung, Bundesverband e. V. Band 25, Frankfurt am Main

Stoltenberg, U. / Benoist, B. / Kosler, T. (2013): „Modellprojekte verändern die Bildungslandschaft – Energie & Umwelt neu erleben - Bildung für eine nachhaltige Entwicklung im Elementarbereich am Beispiel des Projekts Leuchtpol", VAS- Verlag für akademische Schriften, Bad Homburg

Weinert, F. E. (2001): „Leistungsmessung an Schulen", Hrsg. F. E. Weinert, Belz Verlag, Weinheim Basel

Goethe, J. W. (1821-1829): veröffentlicht unter „Wilhelm Meisters Wanderjahre" (1982), Inselverlag, Frankfurt am Main

Zocher, U. (2001): „Lernen entdecken – vom entdeckenden Lernen undder Bedeutung der eigenen Frage" Readerbeitrag zur Tagung „Subjektsein in der Schule – eine Auseinandersetzung mit dem Lernbegriff Klaus Holzkamps". Entdeckendes Lernen e. V., Stuhr oder im Netz unter www.entdeckendes-lernen.de

ARTIKEL

AGENDA 21, „Konferenz der Vereinten Nationen für Umwelt und Entwicklung", UNCED (1992), Rio de Janeiro

Aktionsplan: „Bericht des Weltgipfels für nachhaltige Entwicklung" (26. August - 4. September 2002), Johannesburg (Südafrika), (auszugsweise Übersetzung) Brundtland Commission, and Brundtland Commission (1987): „Our common future"

Baranek, E. / Fischer, C. / Walk, H. (2005): „Partizipation und Nachhaltigkeit Reflektionen über Zusammenhänge und Vereinbarkeiten", Nr.15/05, ZTG Zentrum für Technik und Gesellschaft, Berlin

KITA21- Kriterienkatalog (2014): „KITA21 – Die Zukunftsgestalter – Eine Bildungsinitiative der S. O. F. Save Our Future", Umweltstiftung, S. 18, Hamburg

Kluth, Winfried (2010): „Generationengerechtigkeit, Berlin Institut für Bevölkerung und Entwicklung", Berlin

Linz, M. (2004): „Weder Mangel noch Übermaß: Über Suffizienz und Suffizienzforschung". No. 145. Wuppertal papers

SRU Sachverständigenrat für Umweltfragen (1994): „Umweltgutachten 1994. Für eine dauerhaft-umweltgerechte Entwicklung", Stuttgart, Mainz

UBM Umweltbundesamt (2000): „Weiterentwicklung und Präzisierung des Leitbildes der nachhaltigen Entwicklung in der Regionalplanung und regionalen Entwicklungskonzepten", Texte 59/00, Dessau – Roßlau

INTERNETSEITEN

http://www.bne-portal.de/was-ist-bne/grundlagen/nachhaltigkeitsbegriff/, letzter Zugriff am 23.09.2014

http://www.va-bne.de/, Nachhaltige Entwicklung, Gerhard de Haan, Kapitel Gestaltungs-kompetenzen, letzter Zugriff am 05.09.2014

www.transfer21.de, letzter Zugriff am 23.09.2014

http://www.qm-wissen.de/wissen/qm-lexikon/pdca-zyklus.php Lexikon Qualitätsmanage-ment, Wissen, letzter Zugriff am 21.08.2014

http://www.bpb.de/apuz/26785/lokale-agenda-21-in-deutschland-eine-bilanz?p=all , Lokale Agenda 21 in Deutschland – eine Bilanz, letzter Zugriff am 12.05.2015

LITERATUR ZU DEN „AKTIONEN AUS TEIL II"

Im Folgenden sind die Quellen zu den Informationstexten und Aktionen aufgeführt. Weitere Links sind bei den jeweiligen Themen als Ideenimpulse zu finden:

LITERATUR UND LINKS ZU DEN THEMEN

1. Biodiversität: Pflanzen und Tiere

2. Klima

3. Boden

4. Wasser

5. Natürliche Ressourcen und Energie

6. Kreisläufe und Systeme

1. BIODIVERSITÄT: TIERE UND PFLANZEN

LITERATUR

Bastian, H.-W. (2000): „Vogelgerechte Nistkästen – selbst gebaut", Kosmos Verlag, Stuttgart

Blessing, K. / Brämer, R. / Jäkel, L. / Köthe, R. (2010): „Artenwissen als Basis für Handlungskompetenz zur Erhaltung der Biodiversität", Beiträge der Akademie für Natur- und Umweltschutz Baden-Württemberg, Band 49, Stuttgart

Bundesamt für Naturschutz, im Auftrag des Bundesministeriums für Umwelt, Naturschutz, Bau und Reaktorsicherheit (2014), verfügbar unter: http://www. biologischevielfalt.de/ einfuehrung_nbs.html und http://www.bfn.de/0307_klima_ aktiv.html, letzter Zugriff am 24.01.2015

Bundesministerium für Umwelt, Naturschutz, Bau und Reaktorsicherheit (Hrsg.) (o. J., o. S.), verfügbar unter: http://www.bmub-kids.de/themen/artenschutz/, letzter Zugriff am 30.08.2014

Bund für Umwelt und Naturschutz Deutschland (BUND) Landesverband Schleswig-Holstein e. V. Kiel (o. J., o. S.) verfügbar unter: http://www.bund-sh.de/themen_und_projekte/natur_ und_artenschutz/amphibien/lebensweise/, letzter Zugriff am 14.01.2015

Campbell, N. / Reece B. (2009): „Biologie", 8. aktualisierte Auflage, Verlag Pearson Studium, München

Gilsenbach, H. (2001): „Bäume", Tessloff Verlag, Nürnberg

Greenpeace e. V. Hamburg (o. J., o. S.): Texte verfügbar unter: kids.greenpeace.de, „Massentier- haltung", https://kids.greenpeace.de/taxonomy/ term/11?type=knowledge&page=3, letzter Zugriff am 24.01.2015

Hecker, F. / Hecker, K. (2011): „Natur entdecken rund ums Jahr", Eugen Ulmer Verlag, Stuttgart

Himmelhuber, P. (2011): „Mein Garten lebt", Ökobuch Verlag, Staufen bei Freiburg

Jessel, B. (2013): „Was ist neu an der Situation des Naturschutzes im Klimawandel?". In: Essl, F., Rabitsch, W. (Hrsg.) (2013): Biodiversität und Klimawandel – Auswirkungen und Handlungs- optionen für den Naturschutz in Mitteleuropa", Springer-Spektrum, Berlin / Heidelberg

Könneker, C. (o. J., o. S.): „Spektrum der Wissenschaft, Gehirn und Geist", verfügbar unter „spek- trum.de", „Lexikon der Biologie: Zierpflanzen": http:// www.spektrum.de/lexikon/biologie/ zierpflanzen/71737, „Lexikon der Biologie Nutzpflanzen": http://www.spektrum.de/lexikon/ biologie/nutzpflanzen/47047, letzter Zugriff am 24.01.2015

Knoch, W. (2013): „Wasser, Abwasser, Abfall, Boden, Luft, Energie – Das praktische Umwelt- schutzbuch für jeden", Verlag freier Autoren, (6. aktualisierte Auflage), Niederkassel-Mondorf

Kubb, C. (2014): „Homoiothermie und Poikilothermie", verfügbar unter: http:// www.biolo- gie-schule.de/homoiotherm-poikilotherm.php, letzter Zugriff am 14.01.2015

Küntzler, T. (2013): „Das Tierschutzgesetz". In: Südwestrundfunk (Hrsg.): „kindernetz.de", verfügbar unter: http://www.kindernetz.de/infonetz/thema/natur/ tierschutzgesetz/-/ id=86822/nid=86822/did=269980/1uxs4ja/index.html, letzter Zugriff am 24.01.2015

Lüder, R. (2006): „Grundkurs Pflanzenbestimmung. Eine Praxisanleitung für Anfänger und Fortgeschrittene", Quelle & Meyer Verlag, Wiebelsheim

Medienwerkstatt Mühlacker, Grupp, A. (o. J., o. S.): verfügbar unter: http:// medienwerk-statt-online.de/lws_wissen/vorlagen/showcard.php?id=2401&edit=0, letzter Zugriff am 24.01.2015

Mertens, D. (2005): „Ausgestorbene und bedrohte Tiere", Tessloff Verlag, Nürnberg

Ministerium für Umwelt, Klima und Energiewirtschaft Baden-Württemberg (o. J.): verfügbar unter: http://www.themenpark-umwelt.baden-wuerttemberg.de/servlet/ is/6246/?path=3968;4058, letzter Zugriff am 24.01.2015

Mosbrugger, V., Brasseure, G., Schaller, M., Stribrny, B. (2012): „Klimawandel und Biodiversität – Folgen für Deutschland", WBG Verlag, Darmstadt

Paeger, J. (2006 - 2014), verfügbar unter: http://www.oekosystem-erde.de/html/ biodiversi-tat.html, letzter Zugriff am 24.01.2015

PMS Kreuzlingen (o. J.): verfügbar unter: http://wizard.webquests.ch/pics/ upload/1222/ Text%20Aufgabe%202.pdf, letzter Zugriff am 14.01.2015

Rahmsdorf, S. (2013): „Die Reise ins Anthropozän – und ihre Folgen". In: Essl, F. / Rabitsch, W. (Hrsg.) (2013): „Biodiversität und Klimawandel – Auswirkungen und Handlungsoptionen für den Naturschutz in Mitteleuropa", Springer-Spektrum, Berlin / Heidelberg

Republik Österreich – Parlamentsdirektion (o. J., o. S.): Kinderbüro Universität Wien GmbH: „Haustier, Heimtier, Nutztier oder Wildtier?", verfügbar unter: http://www.demokratieweb-statt.at/thema/haben-tiere-rechte/haustier-heimtier-nutztier- oder-wildtier/, letzter Zugriff am 12.01.2015

Steghaus-Kovac, S. (2010): „Insekten", Tessloff Verlag, Nürnberg Link (o. A., o. J., o. S.): Doku-mentation: „Kartoffeln auf der Kippe – Zwischen Sortenvielfalt und Monokultur", verfügbar unter: http://doku.cc/kartoffeln-kippe-sortenvielfalt- monokultur.html, letzter Zugriff am 24.01.2015

LINKS ZU DEN AKTIONEN

Bundesanstalt für Landwirtschaft und Ernährung (2014): „Oekolandbau", verfügbar unter: http://www.oekolandbau.de/kinder/selber-machen/experimentieren/ kartoffeln-aus-dem-eimer/, letzter Zugriff am 15.12.2014

NABU Baden-Württemberg (o .J.) https://baden-wuerttemberg.nabu.de/tiere-und-pflanzen/ o .J., o. S. letzter Zugriff am 29.05.2015)

Selber-machen Heimwerkerlexikon (2014): „Nistkasten Masse", verfügbar unter: http:// heimwerkerlexikon.selbermachen.de/system/images/instruction_item/ images/instruction/4434/nistkasten-masse.jpg?1330522988,
letzter Zugriff am 15.05.2014

S. O. F. Save Our Future – Umweltstiftung (2013): „Henne-Berta-Experiment: Wie viel Platz hat ein Huhn", verfügbar unter: http://www.kinder-tun-was.de/fileadmin/ user_upload/pdfs/ experiment_9_wie_viel_platz_hat_ein_huhn.pdf, letzter Zugriff am 15.12.2014

Zukunftsinitiative Rheinland-Pfalz (2014): „Phaenomene der Natur entdecken", verfügbar unter: http://www.zirp.de/images/stories/Wissenschaft/phaenomene_ der_natur_entdecken.pdf, letzter Zugriff am 14.12.2014

2. KLIMA

LITERATUR

Allianz Umweltstiftung, ohne Autor (2007), verfügbar unter: https://umweltstiftung. allianz.de/static-resources/upload/allianzumweltstiftung/download/ publikationen/v_1178638754000/klimamappe_lesezeichen.pdf, letzter Zugriff am 12.01.2015

Brandstetter, J. / Gorgas, M. / Wagner, Ch. (2009): „Expedition Wissen – Wetter", Ravensburger Buchverlag, Ravensburg

Buchczik, C. (Hrsg.) (2011): „kidsweb.de", verfügbar unter: http://www.kidsweb. de/schule/ wetter/kliimawandel_betrifft.html (Text: Nicole Potthoff), Ust-ID-Nr.: DE201587298, letzter Zugriff am 12.01.2015

Cosmos Media UG (Hrsg.) (2011), verfügbar unter: „Helles Köpfchen" / www. helles-koepf-chen.de, letzter Zugriff am 12.01.2015

Knoch, W. (2013): „Wasser, Abwasser, Abfall, Boden, Luft, Energie – Das praktische Umwelt-schutzbuch für jeden", Verlag freier Autoren, (6. aktualisierte Auflage), Niederkassel-Mondorf

Noleppa, S. (2012): „Klimawandel auf dem Teller". In: WWF Deutschland, Berlin (Hrsg.), Berlin, Stand 2. unveränderte Auflage vom Oktober 2012, Druckstudio GmbH, Düsseldorf, verfügbar unter: http://www.wwf.de/fileadmin/fm-wwf/ Publikationen-PDF/Klimawandel_auf_dem_Teller.pdf, letzter Zugriff am 12.12.2014

Orsenna, E. (2010): „Die Zukunft des Wassers – Eine Reise um die Welt", Verlag C. H. Beck, München

Van Rose, S. (2003): „Die Erde – der faszinierende Aufbau unseres Planeten", Gerstenberg Verlag, Hildesheim

Woodward, J. (2008): „Klimawandel, Ursachen, Auswirkungen, Perspektiven", Gerstenberg Verlag, Hildesheim

LINKS ZU DEN AKTIONEN

Goethe-Institut (2014): „Klimaexperiment", verfügbar unter: http://www.goethe. de/ins/pt/pro/amazonas/campus/dokumente-lehrer/klimaexperimente.pdf, letzter Zugriff am 22.12.2014

S. O. F. Save Our Future – Umweltstiftung (2013): „Wind Bastelanleitung", verfügbar unter: http://www.kinder-tun-was.de/fileadmin/user_upload/pdfs/Wind_Bastelanleitung.pdf, letzter Zugriff am 16.12.2014

Verkehrsclub Deutschland (2006): „Unterrichtsmaterialien und Spielideen für Kindergarten und Grundschule zum Thema „Klima, Verkehr und Nachhaltigkeit", verfügbar unter: http://www.klima-tour.de/fileadmin/user_upload/redakteur/Lehrer/Umaterialien/ Grund-schule/unterrichts-_und_spielideen.pdf, letzter Zugriff am 14.12.2014

3. BODEN

LITERATUR

Beckert, E. (o. J., o. S.) verfügbar unter: http://www.helpster.de/monokultur-vor- und-nachteile_79520, letzter Zugriff am 22.12.2014

Bundesverband Boden e. V. (o. J., o. S.) verfügbar unter: http://www.bodenwelten. de/content/ was-ist-humus, letzter Zugriff am 22.12.2014

Cosmos Media UG (Hrsg.) (2011), verfügbar unter: „Helles Köpfchen" / www. helles-koepf-chen.de, Seite: http://www.helles-koepfchen.de/Massentierhaltung_ Leben_fuer_den_Tod_ Teil4.html, letzter Zugriff am 12.01.2015

Faltermayr C. / Mönter, B. (2001): „Was ist da unten los? Das Leben im Boden und in der Erde", Kinderbuchverlag Luzern, Aarau / Schweiz

Förderverein der Station Natur und Umwelt e. V. (o. J., o. S.): Hrsg. Oberbürgermeister der Stadt Wuppertal l ahu AG, Aachen, verfügbar unter: https://www.wuppertal.de/rathaus-buerger-service/medien/dokumente/ Teil0_03wasistboden.pdf, letzter Zugriff am 22.12.2014

Gisi, U. / Schenker, R. u. a. (1997): „Bodenökologie", Georg Thieme Verlag, Stuttgart

Giradet, H. (2007) : „Der Boden – Dreck oder Lebewesen?". In: Caspari, T. (Hrsg.): verfügbar unter: http://www.thomas-caspari.de/bodenkunde/index.htm, letzter Zugriff am 18.01.2015

Knoch, W. (2013): „Wasser, Abwasser, Abfall, Boden, Luft, Energie – Das praktische Umwelt-schutzbuch für jeden", Verlag freier Autoren, (6. aktualisierte Auflage), Niederkassel-Mondorf

Maresch, W. / Medenbach, O. (1996) : „Gesteine" – Reihe Steinbachs Naturführer, Mosaik Verlag, München

Ministerium für Umwelt, Klima und Energiewirtschaft Baden-Württemberg (o. J., o. S.), verfügbar unter: http://www.themenpark-umwelt.baden-wuerttemberg.de/ servlet/ is/3966/?path=3968, letzter Zugriff am 18.01.2015

Scheffer, F. / Schachtschabel, P. (2002): „Lehrbuch der Bodenkunde", 15. Auflage, Spektrum Akademischer Verlag, Heidelberg

Schreier, Helmut (2004): „Die Welt des Bodens: Ludwig, die Dinge und Ich – Für Kinder, die nach dem Warum fragen", Kallmeyer Verlag, Hannover

Steinbach, G. (Hrsg.) (1991): „Wir tun was für naturnahe Gärten", Kosmos-Verlag, Stuttgart

Stiftung Unternehmen Wald (o. J., o. S.): verfügbar unter: http://www.wald.de/der- wald/, letzter Zugriff am 22.12.2014

Sutton, F. (1985): „Wüsten", Tessloff Verlag, Hamburg

Van Rose, S. (2003): „Die Erde – der faszinierende Aufbau unseres Planeten", Gerstenberg Verlag, Hildesheim

Wikipedia – die freie Enzyklopädie, „Boden", verfügbar unter http://de.wikipedia.org/, letzter Zugriff am 18.01.2015

Link (o. A., o. J., o. S.): http://www.wald.de/bodenkunde/, letzter Zugriff am 26.01.2015

LINKS ZU DEN AKTIONEN

Berlin – Das offizielle Hauptstadtportal (2014): „Der Boden und ich! Anleitung zur Erkundung des Umweltmediums Boden mit 2- bis 6-jährigen Kindern", verfügbar unter: http://www.berlin.de/imperia/md/content/umwelt/boden_und_ich.pdf?start&ts=1320911103&file=boden_und_ich.pdf, letzter Zugriff am 10.12.2014

Goethe-Institut (2010): „Bodenexperimente – Wie speichert der Boden Wasser", verfügbar unter: http://www.goethe.de/ins/pt/pro/amazonas/campus/dokumente- lehrer/bodenexperimente.pdf, letzter Zugriff am 14.12.2014

4. WASSER

LITERATUR

Allianz Umweltstiftung, ohne Autor (2007), verfügbar unter: https://umweltstiftung.allianz.de/static-resources/upload/allianzumweltstiftung/download/ publikationen/v_1187950083000/wassermappe.pdf, letzter Zugriff am 16.01.2015

Bauer, J. / Hallermann S. u. a. (2008): „Wasser", Schroedel-Verlag, Braunschweig

Bayrisches Staatsministerium (2010), (Redaktion: Hellfritsch, M.), verfügbar unter: http://www.bsj.org/BSJ/newsletter/2011/pdf/umweltbildung_erziehung_kiga.pdf, letzter Zugriff am 16.01.2015

Bundesamt für Naturschutz (Hrsg.) (2010), Bonn, verfügbar unter: http://www. naturdetektive.de/natdet-wochenwettbewerb_2010-22.html, letzter Zugriff am 22.12.2014

Bundesministerium für Umwelt, Naturschutz, Bau und Reaktorsicherheit Redaktion, Berlin (o. J.): verfügbar unter http://www.bmub-kids.de/themen/ gewaesserschutz, letzter Zugriff am 16.01.2015

Crummenerl (2010): „Meereskunde", Ragnar Tessloff GmbH & Co. KG Verlag: „Was ist Was", Band 32, Nürnberg

Knoch, W. (2013): „Wasser, Abwasser, Abfall, Boden, Luft, Energie – Das praktische Umwelt-schutzbuch für jeden", Verlag freier Autoren, (6. aktualisierte Auflage), Niederkassel-Mondorf

Krämer, T. (2008): „Kampf ums Wasser", Herder-Verlag, Freiburg

Mauser, W. (2007): „Wie lange reicht die Ressource Wasser? – Vom Umgang mit dem blauen Gold", Fischer Verlag, Frankfurt am Main

Mesch, K. (2009): „Ein Ratgeber für zuhause: der kleine Wasser(spar)knigge". In: Mayer-Tasch, P. C. (Hrsg.): „Welt ohne Wasser – Geschichte und Zukunft eines knappen Gutes", Campus Verlag, Frankfurt am Main

Onequest Health (HK) Ltd. (2014), verfügbar unter: http://www.info-wasserfilter.de/ verun-reinigungen_trinkwasser.html, letzter Zugriff am 10.12.2014

Orsenna, E. (2010): „Die Zukunft des Wassers – Eine Reise um die Welt", Verlag C. H. Beck, München

Ragnar Tessloff GmbH & Co. KG (2014): Internetseite „Was ist Was", Thema: „Vom Regen in die Flasche: So entsteht Mineralwasser", verfügbar unter http://www. wasistwas.de/archiv-wis-senschaft-details/vom-regen-in-die-flasche-so-entsteht- mineralwasser.html, Tessloff Verlag, Nürnberg, letzter Zugriff am 22.12.2014

Schomburg, S. (o. J., o. S.), verfügbar unter: http://www.yazio.de/ernaehrungslexikon/was-sergehalt.html#wassergehalt-im-korper-taglich-ausgleichen, letzter Zugriff am 16.01.2015

Steinbach, G. (1990): „Wir tun was für naturnahe Gewässer", Kosmos-Verlag, Stuttgart

Wiechoczek, D. (2012): „Selbstreinigung der Gewässer" (o. S.), verfügbar unter: http://www. chemieunterricht.de/dc2/wasser/w-selb-r.htm, letzter Zugriff am 22.12.2014

Sächsisches Staatsministerium für Umwelt und Landwirtschaft (o. J., o. S.), verfügbar unter: http://www.umwelt.sachsen.de/umwelt/wasser/1414.htm, letzter Zugriff am 20.12.2014

SOF – Save Our Future – Umweltstiftung Hamburg (o. J., o. S.), verfügbar unter: http://www.kinder-tun-was.de/themen_wasser.html, letzter Zugriff am 17.01.2015

Woodward, J. (2009): „Wasser – der wichtigste Rohstoff der Erde", Gerstenberg Verlag, Hildesheim

Link (o. A., o. J. o. S.):
http://www.wasistwas.de/wissenschaft/eure-fragen/erde/link//cee4a00ad2/ article/kann-uns-irgendwann-das-trinkwasser-ausgehen.html, letzter Zugriff am 28.08.2014

LINKS ZU DEN AKTIONEN

S. O. F. Save Our Future – Umweltstiftung (2013): „Wasserkreislauf – Garten im Glas", verfügbar unter: http://www.kinder-tun-was.de/fileadmin/user_upload/pdfs/ Wasserkreislauf_Garten_im_Glas.pdf,
letzter Zugriff am 14.12.2014

S.O. F. – Save Our Future (2013): „Wasserspartipps", verfügbar unter: http://www.kinder-tun-was.de/fileadmin/user_upload/pdfs/Spartipps_WasserKTW. pdf, letzter Zugriff am 15.12.2014

5. NATÜRLICHE RESSOURCEN UND ENERGIE

LITERATUR

Fachagentur Nachwachsende Rohstoffe e.V. (o.J.,o.S.), verfügbar unter: http://www.energie-pflanzen.info/aktuelles/, letzter Zugriff am 29.08.2014

Fardou, J. (2008): „Erdöl – die Macht des schwarzen Goldes", Gerstenberg Verlag, Hildesheim

Hennemann, L. (2013): „Energie – Was die Welt antreibt", Tessloff Verlag, Nürnberg

Informationszentrale der Elektrizitätswirtschaft e.V. IZE (Hrsg.) (1996): „Energie" – Heft 1 des Arbeitskreises Schulinformation Energie, Unterrichtsmaterialien zum Thema Energie, Sekundarstufe I, Frankfurt /Main

Knoch, W. (2013): „Wasser, Abwasser, Abfall, Boden, Luft, Energie - Das praktische Umweltschutzbuch für jeden", Verlag freier Autoren, (6.aktualisierte Auflage), Niederkassel-Mondorf

Köthe, R. (1998): „Unsere Erde", Tessloff Verlag, Nürnberg

Medienwerkstatt Mühlacker Verlagsgesellschaft (o.J., o.S.), verfügbar unter: http://www.medienwerkstatt-online.de/lws_wissen/vorlagen/showcard.php?id=10737&edit=0, letzter Zugriff am 22.01.2015

Umweltministerium Baden-Württemberg (Hrsg.)(o.J.): „Umwelt- und Klimaschutz in Kindertageseinrichtungen", verfügbar unter: http://www.kea-bw.de/fileadmin/user_upload/pdf/Umwelt-_und_Klimaschutz_in_Kindertageseinrichtungen.pdf, letzter Zugriff am 22.01.2015

Umwelt- und Energieberatungszentrum, Kreisverwaltung Mainz-Bingen(Hrsg.) (o.J.), verfügbar unter: http://www.mainz-bingen.de/deutsch/downloads/uebz/Energiesparen_fuer_und_mit_Kindern-Ueberarbeitung2010.pdf, letzter Zugriff am 22.12.2014

Zentrum für Kinder- und Jugendmedizin Heidelberg (o.J., o:S.). verfügbar unter: http://www.medizin-fuer-kids.de/bibliothek/koerperfunktionen/verdauungssystem.htm, letzter Zugriff am 22.01.2015

Links (o.A.,o.J., o.S.):
http://www.wasistwas.de/technik/die-themen/artikel/link//0873a247f2/article/nachwachsende-rohstoffe.html, letzter Zugriff am 29.08.2014, Link nicht mehr verfügbar

http://www.energie-pflanzen.info/aktuelles/, letzter Zugriff am 29.08.2014

http://www.wissen.de/lexikon/energie-physik, letzter Zugriff am 22.01.2015

LINKS ZU DEN AKTIONEN

S.O.F. Save Our Future – Umweltstiftung (2013): „Wind Bastelanleitung", verfügbar unter: http://www.kinder-tun-was.de/fileadmin/user_upload/pdfs/Wind_Bastelanleitung.pdf, letzter Zugriff am 16.12.2014

Verkehrsclub Deutschland e.V. (2006): „Unterrichts- und Spielideen", verfügbar unter: http://www.klima-tour.de/fileadmin/user_upload/redakteur/Lehrer/Umaterialien/Grundschule/unterrichts-_und_spielideen.pdf, letzter Zugriff am 14.12.2014

6. KREISLÄUFE UND SYSTEME

LITERATUR

Bommert, W. (2009): „Kein Brot für die Welt- Die Zukunft der Welternährung", Riemann Verlag, München

Bramwell, M. (2001): „Was wir essen", Dorling Kinderslesy Verlag, München

Bundesministerium für Ernährung und Landwirtschaft Berlin/ Bonn (o.J.,o.S.), verfügbar unter: http://www.bmel-durchblicker.de/essen-trinken.html, letzter Zugriff am 23.01.2015

Floto-Stamen, S. (2009): „Ernährung", Tessloff Verlag, Hamburg

Greenpeace e.V. Hamburg (o.J., o.S.), verfügbar unter: „kids.greenpeace.de", „Ist doch alles Müll? - was kann ich tun?": https://kids.greenpeace.de/taxonomy/term/10?type=knowledge&page=8, und „Plastikmüll im Meer": https://kids.greenpeace.de/taxonomy/term/10?-type=knowledge&page=5, und „Die große Verschwendung": https://kids.greenpeace.de/taxonomy/term/10?type=knowledge&page=10, letzter Zugriff am 23.01.2015

Hellfritsch, M. (2010): „Umweltbildung und -erziehung in Kindertageseinrichtungen. Ausgewählte Themen und Projekte". Bayerisches Staatsministerium für Umwelt und Gesundheit (Hrsg.), verfügbar unter: http://www.bsj.org/BSJ/newsletter/2011/pdf/umweltbildung_erziehung_kiga.pdf, letzter Zugriff am 23.01.2015

Knoch, W. (2013): „Wasser, Abwasser, Abfall, Boden, Luft, Energie – Das praktische Umweltschutzbuch für jeden", Verlag freier Autoren, (6.aktualisierte Auflage), Niederkassel-Mondorf

Lemke, H. (2012): „Politik des Essens – Wovon die Welt von morgen lebt", transcript Verlag, Bielefeld

Medienwerkstatt Mühlacker (o.J., o.S.), verfügbar unter: http://www.medienwerkstatt-online.de/lws_wissen/vorlagen/showcard.php?id=1636, letzter Zugriff am 01.09.2014

Rettet den Regenwald e. V. Hamburg (o.J.,o.S.): „Abenteuer Regenwald", verfügbar unter: http://www.abenteuer-regenwald.de/wissen/folgen, letzter Zugriff am 31.08.2014

LINKS ZU DEN AKTIONEN

Greenpeace (2014): „Kids Greenpeace – Urwaldzerstörung", verfügbar unter: http://kids. greenpeace.de/taxonomy/term/48?type=knowledge, letzter Zugriff am 15.12.2014

Republik Österreich - Parlamentsdirektion (2014): „Abfall und Müll- Kinderbüro der Universität in Wien", verfügbar unter: http://informationskompetenz.e-learning.imb-uni-augsburg. de/node/1175, letzter Zugriff am 12.12.2014

BILDNACHWEIS

Titelbild: Karsten Richert
[1] Theoretisches Wissen
www.istockphoto.com
Bildnummer:000054359782
[2] Unsere Erde
www.istockphoto.com
Bildnummer: 000045939442
[3] Kulturen und Generationen
www.istockphoto.com
Bildnummer: 000034454122
[4] Holzspielzeug
www.istockphoto.com
Bildnummer: 000065214737
[5 a-f)] Lernräume
Jun.Prof. Dr.Jeanette Alisch mit Genehmigung der Kita "KIGAWU" Wustenriet
(Helga Gerwin-Fritz) und der Stadt
Schwäbisch Gmünd (Thilo Störzer)
a. KIGAWU Frontansicht
b. Hochbeete
c. Aktionsgelände 1
d. Aktionsgelände 2
e. Ruheplatz
f. KIGAWU Rückseite
www.istockphoto.com
Bildnummer: 000010451495_Large
[6] Naturraum
www.istockphoto.com
Bildnummer: 000049915406
[7] Insekten-Hotel
www.istockphoto.com
Bildnummer: 000051742234

[8] Kunstraum
www.istockphoto.com
Bildnummer: 000017076117
[9] Ruheraum
www.istockphoto.com
Bildnummer: 000025659524
[10] Spielende Kinder
www.istockphoto.com
Bildnummer: 000039866694
[11, 12 ,13] Zubehör Sicherheit
www.istockphoto.com
Bildnummern:
000019955839
000019955839
000003382807
[14] Planung
www.istockphoto.com
Bildnummer: 000018722713
[15] Kürbisse
www.istockphoto.com
Bildnummer: 000017806815
[16] Praxisteil
Karsten Richert, 2015
[17] Schmetterling
www.istockphoto.com
Bildnummer: 000019231037
[18,19,20] Kartoffeln
www.istockphoto.com
Bildnummern:
000043146796
000010139819
https://commons.wikimedia.org/wiki/
File:Potato_sprouts.jpg

[21] Rote Bohne
www.istockphoto.com
Bildnummer: 000011997574
[22] Nistkasten
www.istockphoto.com
Bildnummer: 000040075142
[23] Hühner
www.istockphoto.com
Bildnummer: 000016697770
[24, 25] Landschaften
www.istockphoto.com
Bildnummern:
000019217882
000052168616
[26] gebasteltes Windrad
Dorothee Walter, 2015
[27, 28, 29, 30] Klima im Treibhaus
www.istockphoto.com
Bildnummern:
000009997344
000013964844
000009299144
000002495111
[31] Orangensaft
www.istockphoto.com
Bildnummer: 000053023898
[32] Ackerboden
www.istockphoto.com
Bildnummer: 000005518258
[33, 34] Verschiedene Böden
www.istockphoto.com
Bildnummern:
000006191334
000025169187
[35] Tiere in der Laubstreu
www.istockphoto.com
Bildnummer: 000025864901
[36] Bachlauf
www.istockphoto.com
Bildnummer: 000014089461

[37] Klee
www.istockphoto.com
Bildnummer: 000052048336
[38] Fließendes Wasser
www.istockphoto.com
Bildnummer: 000035647600
[39] Energie
www.istockphoto.com
Bildnummer: 000006383725
[40] Sonne
www.istockphoto.com
Bildnummer: 000033592260
[41] Windräder
www.istockphoto.com
Bildnummer: 000020861399
[42] Gebasteltes Windrad
Dorothee Walther, 2015
[43] Komposthaufen
www.istockphoto.com
Bildnummer: 000016214089
[44] Müll
www.istockphoto.com
Bildnummer: 000009000601
[45] Wald, [46] Waldrodung
www.istockphoto.com
Bildnummern:
000040645794
000009641232

1. BILDUNGSINSTITUTION UND IHR BETRIEB

BETRIEBS-MITTEL	SUFFIZIENTER UMGANG (WENIGER)	EFFIZIENTER UMGANG (BESSER)	KONSISTENTER UMGANG (ANDERS)	BIO	SAISONAL	QUALITATIV HOCHWERTIG	LIEFERANTEN-AUSWAHL, FAIR TRADE, ETC.
STROM							
WASSER							
HEIZUNG							
NAHRUNG							
SPIELSACHEN							
MÖBEL							
PAPIER							
KLEBER							
SEIFE							
USW.							

2. LERNRÄUME IN DER KITA

	SINNES- UND NATURRÄUME	AKTIONS- UND HANDLUNGSRÄUME	RUHE- UND KOMMUNIKA-TIONSRÄUME
INNENRAUM DER KITA			
FORSCHUNGSECKEN			
LERNECKEN			
KOMMUNIKATIONSECKEN			
MINILABORE			
AQUARIUM			
PFLANZKÜBEL			
AUSSENGELÄNDE, GARTEN			
GARTEN			
AKTIONS- UND BEWEGUNGSPLÄTZE			
TERRASSE			
BÄUME			
HECKEN			
BEET			
INSEKTENKÄSTEN			
VOGELHAUS			
RÄUME AUSSERHALB DER KITA			
WALD			
STADTPARK			
ZOO			
WIESE			
BÄCKER			
LANDWIRTSCHAFT			
SCHUHMACHER			
SCHREINER			

3. KOOPERATION, PARTIZIPATION UND TRANSFER

ANTWORTEN: Z.B. JA, NEIN, MÖGLICH	KOOPERATION	PARTIZIPATION DER KINDER	PARTIZI-PATION VON AUSSEN	TRANSFER NACH INNEN	TRANSFER NACH AUSSEN	ART DER ZUSAMMEN-ARBEIT	WEITERE IDEEN
LAND							
SCHULE							
GEMEINDE							
RATHAUS							
UMWELTAMT							
LOKALE AGENDA21							
BETRIEBE							
LANDWIRTSCHAFT							
GÄRTNER							
SCHREINER							
BAUER							
JÄGER							
VEREINE							
SPORTVEREINE							
MUSIKVEREIN							
FEUERWEHR							
NGO'S							
BUND							
DRK							
PERSONEN							
ELTERN							
GROSSELTERN							
FACHMANN FÜR...							

4. LERNFELDER UND INHALTE ZU BNE / THEMENWAHL FÜR EIN PROJEKT

PROJEKT / AKTION	KÜRBISSUPPE KOCHEN			
DIMENSIONEN				
ÖKOLOGIE	BIOKÜRBIS, SELBER KOCHEN			
ÖKONOMIE	EINKAUF			
SOZIALES	KOCHEN IM TEAM, ERNÄHRUNG			
STRATEGIEN				
SUFFIZIENT	STROM SPAREN. MUSS ICH ÜBERHAUPT LICHT EINSCHALTEN?			
EFFIZIENT	WO KANN ICH ENERGIESPARLAMPEN EINSETZTEN? (MEHR LEISTUNG – WENIGER ENERIEVERBRAUCH)			
KONSISTENT	SOLARSTOM			
PRINZIPIEN				
INTERGENERATIONELLE GERECHTIGKEIT	KREISLÄUFE SAATGUT			
INTRAGENERATIONELLE GERECHTIGKEIT	GERECHTE VER-TEILUNG DER SUPPE			
INTERDISZIPLINARITÄT UND VERNETZUNG	EXTERNE			
PARTIZIPATION	GEMEINSAM PLANEN			

GLOKALITÄT	EINKAUF, REGIONAL				
ZUKUNFTSORIENTIERUNG	PLANEN				
GESTALTUNGSKOMPETENZ					
T1: WELTOFFEN UND NEUE PERSPEKTIVEN INTEGRIEREND WISSEN AUFBAUEN	WISSEN ERWERBEN				
T2: VORAUSSCHAUEND ENTWICKLUNGEN ANALYSIEREN UND BEURTEILEN KÖNNEN	REFLEKTIEREN				
T3: INTERDISZIPLINÄR ERKENNTNISSE GEWINNEN UND HANDELN	WISSEN ERWERBEN PLANEN UND HANDELN				
T4: RISIKEN, GEFAHREN UND UNSICHER- HEITEN ERKENNEN UND ABWÄGEN KÖNNEN	REFLEKTIEREN				
T5: GEMEINSAM MIT ANDEREN PLANEN UND HANDELN KÖNNEN	PLANEN UND HANDELN				
T6: ZIELKONFLIKTE BEI DER REFLEXION ÜBER HANDLUNGSSTRATEGIEN BERÜCKSICHTIGEN KÖNNEN	REFLEKTIEREN				
T7: AN KOLLEKTIVEN ENTSCHEIDUNGSPRO- ZESSEN TEILHABEN KÖNNEN	PLANEN UND HANDELN				
T8: SICH UND ANDERE MOTIVIEREN KÖNNEN, AKTIV ZU WERDEN	PLANEN UND HANDELN				
T9: DIE EIGENEN LEITBILDER UND DIE ANDE- RER REFLEKTIEREN KÖNNEN	REFLEKTIEREN				
T10: VORSTELLUNGEN VON GERECHTIGKEIT ALS ENTSCHEIDUNGS- UND HANDLUNGS- GRUNDLAGE NUTZEN KÖNNEN	PLANEN UND HANDELN				
T11: SELBSTSTÄNDIG PLANEN UND HANDELN KÖNNEN	PLANEN UND HANDELN				
T12: EMPATHIE FÜR ANDERE ZEIGEN KÖNNEN	FÜHLEN UND DIES DEMONSTRIEREN				